Despoblación rural y envejecimiento: políticas públicas y servicios municipales de protección y atención a las personas mayores

Claves**40**

Serie Claves del Gobierno Local

Despoblación rural y envejecimiento: políticas públicas y servicios municipales de protección y atención a las personas mayores

MÓNICA DOMÍNGUEZ MARTÍN
Profesora titular de Derecho Administrativo.
Universidad Autónoma de Madrid
Orcid iD: https://orcid.org/ 0000-0003-4436-1855

Prólogo de ALFREDO GALÁN GALÁN

FUNDACIÓN
DEMOCRACIA
Y GOBIERNO LOCAL

Este trabajo se ha desarrollado en el marco del Proyecto TED 2021-1309900B-I00, Regeneración Urbana Climática (REUR-CLIMA), financiado por el MCIN/AEI 10.13039/501100011033 y por la UE, cuyos IP son J.A. CHINCHILLA PEINADO y F. IGLESIAS GONZÁLEZ; del Proyecto I+D "Políticas y servicios públicos contra la despoblación" (PID2019-105799RB-I00), financiado por el Ministerio de Ciencia, Innovación y Universidades y dirigido por F. VELASCO CABALLERO y C. NAVARRO GÓMEZ; y del Proyecto LoGov (Local Government and the Changing Urban-Rural Interplay), convocatoria Horizon 2020, Marie Slodowska-Curie Action, n. 823961.

Corrección y revisión de textos: María Teresa Hernández Gil

Producción: Estilo Estugraf Impresores, S.L.

Depósito legal: M-5733-2024
ISBN: 978-84-125912-6-2

A mis padres, Ángel y M.ª del Carmen,
y a nuestro pueblo, San Bartolomé de Pinares.

Índice

Despoblación rural y envejecimiento: políticas públicas y servicios municipales de protección y atención a las personas mayores

Fundación Democracia y Gobierno Local
Serie: Claves del Gobierno Local, 40
ISBN: 978-84-125912-6-2

9

10

Despoblación rural y envejecimiento:
políticas públicas y servicios municipales
de protección y atención a las personas mayores

Fundación Democracia y Gobierno Local
Serie: Claves del Gobierno Local, 40
ISBN: 978-84-125912-6-2

Despoblación rural y envejecimiento: políticas públicas y servicios municipales de protección y atención a las personas mayores

Fundación Democracia y Gobierno Local
Serie: Claves del Gobierno Local, 40
ISBN: 978-84-125912-6-2

11

12

Despoblación rural y envejecimiento: políticas públicas y servicios municipales de protección y atención a las personas mayores

Fundación Democracia y Gobierno Local
Serie: Claves del Gobierno Local, 40
ISBN: 978-84-125912-6-2

Abreviaturas

ATJUE	Auto del Tribunal de Justicia de la Unión Europea
CDFUE	Carta de los Derechos Fundamentales de la Unión Europea
CE	Constitución Española
CEAL	Carta Europea de Autonomía Local
CEDH	Convenio Europeo de Derechos Humanos
EAC	Estatuto de Autonomía de Cataluña
EAPN España	Red Europea de Lucha contra la Pobreza y la Exclusión Social en el Estado español
ECLI	*European Case Law Identifier*
ERD	Estrategia regional frente a la despoblación 2021-2031 de Castilla-La Mancha
FEMP	Federación Española de Municipios y Provincias
FJ	Fundamento jurídico
IFS	Inversiones financieras sostenibles
INE	Instituto Nacional de Estadística
LAPAD	Ley de Promoción de la Autonomía Personal y Atención a las personas en situación de dependencia
LBRL	Ley Reguladora de las Bases del Régimen Local
LRJSP	Ley de Régimen Jurídico del Sector Público
LRSAL	Ley 27/2013 de racionalización y sostenibilidad

Despoblación rural y envejecimiento: políticas públicas y servicios municipales de protección y atención a las personas mayores

Fundación Democracia y Gobierno Local
Serie: Claves del Gobierno Local, 40
ISBN: 978-84-125912-6-2

13

	de la Administración Local
ODS	Objetivo de Desarrollo Sostenible
OMS	Organización Mundial de la Salud
PIB	Producto Interior Bruto
pp.	páginas
Rec.	Recurso
ROF	Reglamento de Organización, Funcionamiento y Régimen Jurídico de las Entidades Locales
SAD	Servicio de atención domiciliaria
SAAD	Sistema para la Autonomía y la Atención a la Dependencia
SAREB	Sociedad de Gestión de Activos procedentes de la Reestructuración Bancaria
SIEG	Servicios de interés económico general
SIG	Servicios de interés general
SIGNE	Servicios de interés general no económico
ss.	siguientes
STC/SSTC	Sentencia/s del Tribunal Constitucional
STEDH	Sentencia del Tribunal Europeo de Derechos Humanos
STJUE/SSTJUE	Sentencia/s del Tribunal de Justicia de la Unión Europea
STS/SSTS	Sentencia/s del Tribunal Supremo
STSJ	Sentencia del Tribunal Superior de Justicia
TEDH	Tribunal Europeo de Derechos Humanos
TFUE	Tratado de Funcionamiento de la Unión Europea
TIC	Tecnologías de la información y de la comunicación
TJUE	Tribunal de Justicia de la Unión Europea
TRLHL	Texto Refundido de la Ley de Haciendas Locales
TRLSRU	Texto Refundido de la Ley del Suelo y Rehabilitación Urbana
TRRL	Texto Refundido del Régimen Local
TSJ	Tribunal Superior de Justicia
TSJM	Tribunal Superior de Justicia de la Comunidad de Madrid
TUE	Tratado de la Unión Europea
UE	Unión Europea

Despoblación rural y envejecimiento: políticas públicas y servicios municipales de protección y atención a las personas mayores

Fundación Democracia y Gobierno Local
Serie: Claves del Gobierno Local, 40
ISBN: 978-84-125912-6-2

PRÓLOGO

Gobiernos locales, despoblación rural, envejecimiento demográfico y servicios de protección a las personas mayores

Alfredo Galán Galán
*Director de la Fundación
Democracia y Gobierno Local.
Catedrático de Derecho Administrativo
de la Universidad de Barcelona*

El denominado "reto demográfico" se ha introducido con fuerza y de manera transversal en la agenda política. Su relevancia e incidencia en el nivel local de gobierno no escapa a la Fundación Democracia y Gobierno Local, que lo ha configurado como objeto de una de sus principales líneas de actuación. La finalidad de la Fundación, que cuenta ya con más de veinte años de recorrido, es el estímulo y desarrollo de iniciativas de estudio y divulgación en materias de interés para las entidades locales. No cabe duda de que la combinación de reto demográfico, despoblación rural, servicios sociales y atención a las personas mayores constituye destacadamente una de esas materias.

La tendencia a la despoblación en extensas áreas del territorio español es uno de los grandes desafíos que afrontamos como sociedad. El llamado "vaciamiento demográfico" no es un fenómeno único en España, ni tampoco nuevo, si bien sus concretas manifestaciones son cambiantes a lo largo del tiempo y en España muestra también perfiles específicos. Los datos estadísticos muestran que una buena parte de los municipios de España pierde población. Esto es un hecho indubitado. Y, aunque no es un patrón único, un elemento característico y muy generalizado del fenómeno de la despoblación en la actualidad es que ya no solo afecta a los municipios más pequeños netamente rurales, sino también a los semiurbanos e, incluso, a las ciudades intermedias. Asistimos a un proceso acelerado de concentra-

Despoblación rural y envejecimiento:
políticas públicas y servicios municipales
de protección y atención a las personas mayores

Fundación Democracia y Gobierno Local
Serie: Claves del Gobierno Local, 40
ISBN: 978-84-125912-6-2

15

ción de la población en unas pocas áreas metropolitanas y en las llamadas "megaciudades". Por tanto, junto a la despoblación, de manera combinada, se produce un proceso de concentración demográfica, una "metropolización" de nuestra sociedad, dada la alta capacidad de atracción de capital humano de las llamadas "ciudades globales", que concentran la actividad económica y los servicios auxiliares vinculados a esas actividades económicas de primera línea.

Estamos ante un fenómeno complejo para cuya comprensión deben ser tenidas en cuenta otras variables y, destacadamente, la del aumento porcentual de la población de mayor edad. Si los datos de la despoblación rural se conectan con los de envejecimiento demográfico, claramente se puede pronosticar un agravamiento muy acusado de la despoblación de los pequeños municipios en la próxima década. Incluso localidades de tamaño intermedio, que a mediados del siglo XX ganaron población a costa de los pueblos próximos, ofrecen ahora datos demográficos decrecientes y con mayores tasas de envejecimiento.

Desde diferentes disciplinas se han ofrecido variadas explicaciones de estos movimientos migratorios interiores, pero mayoritariamente coinciden en destacar la importancia de la creación de oportunidades económicas y de empleo en los distintos municipios, junto con otras explicaciones complementarias que se refieren a las condiciones de vida en cada municipio. Esto es, la disponibilidad y calidad de los servicios públicos que se ofertan a los ciudadanos. Entre los servicios más relevantes para la calidad de vida se incluyen algunos servicios supralocales esenciales (como la educación, los servicios sociales y la sanidad) y otros de escala propiamente local, en los que participan los municipios o en los que su intervención es determinante (servicios de movilidad, asistencia social, dependencia, reducción de la brecha digital, vivienda, etc.), aunque esto varía enormemente en función del tamaño del municipio y de su capacidad financiera.

Partiendo de estos datos contextuales esenciales, este trabajo propone un análisis del ordenamiento jurídico y de las políticas públicas desarrolladas en España en los últimos años, para comprobar en qué medida la regulación vigente y los diferentes instrumentos aprobados para luchar contra la despoblación incentivan positiva o negativamente las políticas demográficas propias de cada municipio. Esto es, comprobar si el actual régimen jurídico local posibilita o no políticas públicas que frenan o mitigan la despoblación y, adicionalmente, si se reserva un papel decisivo a los municipios en el diseño de esas políticas o, al menos, en la adopción de medidas concretas.

Despoblación rural y envejecimiento: políticas públicas y servicios municipales de protección y atención a las personas mayores

Fundación Democracia y Gobierno Local
Serie: Claves del Gobierno Local, 40
ISBN: 978-84-125912-6-2

La autora de este libro, Mónica Domínguez Martín, profesora titular de Derecho Administrativo de la Universidad Autónoma de Madrid, ha dedicado una parte importante de su labor investigadora a los temas centrales que constituyen la columna vertebral de esta obra: el concepto de servicios públicos y sus formas de gestión, las competencias de las entidades locales, la configuración de los servicios sociales y sociosanitarios, la despoblación y la protección de las personas mayores. Se trata, por tanto, de un eslabón más en una clara línea de investigación, desarrollada durante muchos años en el marco de diferentes proyectos de investigación y que integra gran parte de esa experiencia previa. En esta ocasión, la autora no pretende abordar un análisis de la configuración de los servicios sociales municipales, sino que este estudio tiene un planteamiento más abierto, desde una aproximación que tiene muy en cuenta los diseños de políticas públicas emprendidos por los diferentes niveles de gobierno en España, dentro del contexto planteado también desde la Unión Europea, y en un momento fundamental en el que se están evaluando las políticas públicas en este ámbito para verificar si están o no funcionando adecuadamente.

La autora llega a la conclusión de que el actual régimen jurídico local y el propio diseño de los instrumentos de políticas públicas de lucha contra la despoblación contienen elementos contradictorios con la finalidad que proclaman. Y, además, pueden estar ofreciendo dificultades para que se adopten iniciativas propiamente locales de efectiva lucha contra la despoblación. Por otro lado, en ocasiones no tienen en cuenta las variables del envejecimiento de la población rural y de la prestación de servicios de calidad a las personas que residen en el ámbito rural, como elementos estructurales y determinantes de los procesos de descenso de la población, destacadamente en los municipios intermedios y pequeños.

Y ello porque, de un lado, una buena parte de la actividad local se rige por las mismas reglas que se aplican a la Administración General del Estado y a las Administraciones autonómicas. Así ocurre, por ejemplo, con la legislación común en materia de contratos públicos, aplicable de manera uniforme, sin tomar en consideración las limitaciones propias de los pequeños y medianos municipios. En segundo lugar, también las reglas específicas para las entidades locales son altamente uniformes y, en consecuencia, son por completo ajenas a los problemas de despoblación de los municipios pequeños e intermedios. Incluso, la Ley 27/2013, de 27 de diciembre, de racionalización y sostenibilidad de la Administración Local (LRSAL) llevó a cabo una reducción del papel de los municipios en lo relativo a los servicios sociales. Tampoco el régimen financiero local contenido en el Real Decreto Legislativo 2/2004, de 5 de marzo, por el que se aprueba el Texto Refundido de la Ley

Despoblación rural y envejecimiento:
políticas públicas y servicios municipales
de protección y atención a las personas mayores

Fundación Democracia y Gobierno Local
Serie: Claves del Gobierno Local, 40
ISBN: 978-84-125912-6-2

17

Reguladora de Haciendas Locales (LHL), refleja las necesidades específicas de los municipios en situación o riesgo de despoblación.

Tanto en la normativa como en los diferentes instrumentos de lucha contra la despoblación adoptados, se relega a un segundo plano a los Gobiernos locales a la hora de poder adoptar iniciativas en este sentido, de tal forma que los municipios, más que protagonistas al frente de la lucha contra la despoblación y de diseñar medidas de protección, en especial a su población de más edad, se convierten en receptores o sujetos pasivos de las políticas y medidas desplegadas por los niveles administrativos y políticos territorialmente superiores.

Por tanto, estamos ante un diseño de política pública *top-down*, en que se incluyen, de forma mayoritaria, posibles medidas o acciones del Estado y de las comunidades autónomas en cuya ejecución raramente se involucra a los municipios y Gobiernos locales intermedios. Muy excepcionalmente en estos instrumentos se plantea la posibilidad de que los propios Gobiernos locales tomen la iniciativa en la lucha contra la despoblación y en la prestación de servicios de calidad a su población mayor. Y, en el plano organizativo, proliferan los comisionados (estatal y autonómicos) para el reto demográfico o la despoblación (por ejemplo, en el Estado: Comisionado del Gobierno frente al Reto Demográfico). Pero, de nuevo, también estas formas organizativas tienen a los municipios como meros destinatarios de políticas supralocales contra la despoblación.

No está en manos de la doctrina y, por lo tanto, tampoco de esta obra, resolver una cuestión tan compleja y con tantas variables a tener en cuenta. Lo que aporta esta monografía, y no es poco, es que pone en evidencia ciertas contradicciones que existen en las iniciativas de lucha contra la despoblación que, frecuentemente, no tienen en cuenta la incidencia sobre los mayores, que es un sector fundamental de su población, además de invitar a realizar una necesaria reflexión acerca del papel que parece que deberían jugar los municipios en el diseño de una política en la que se juegan su propia existencia. La identificación de la raíz de los problemas es siempre el primer paso para poder solucionarlos, y aquí se aportan información y reflexiones útiles para afrontar el fenómeno de la despoblación teniendo en cuenta el envejecimiento de la población rural. Sirvan los breves apuntes realizados en este prólogo para animar a la lectura de esta obra y de felicitación por el acierto de su autora.

Despoblación rural y envejecimiento:
políticas públicas y servicios municipales
de protección y atención a las personas mayores

Fundación Democracia y Gobierno Local
Serie: Claves del Gobierno Local, 40
ISBN: 978-84-125912-6-2

INTRODUCCIÓN

La atención a las personas mayores: un reto ante la despoblación rural. Aproximación metodológica

El envejecimiento de la población es una realidad que se produce en toda Europa desde hace años, como puso en evidencia el Dictamen del Comité Europeo de las Regiones, de 16 de junio de 2016, "La respuesta de la UE al reto demográfico", en el que se describe el cambio demográfico que ha venido desarrollándose en Europa, al que se califica como uno de los mayores desafíos a los que se enfrenta la Unión Europea, con el envejecimiento de su población, la disminución del número de jóvenes y una baja tasa de natalidad. Desde el año 2000, el crecimiento de la población de Europa se sitúa en torno al 0,5 % anual, que, además, tiene un patrón global de mayor crecimiento en las áreas urbanas que en las áreas rurales. Existen importantes diferencias entre el este y el oeste de Europa, y también, aunque en menor medida, entre el norte y el sur[1]. Según datos de Eurostat (2016), se prevé que los mayores porcentajes de población en edad avanzada se alcancen en el este de Alemania, norte de España, Italia y algunas zonas de Finlandia. Debe tenerse en cuenta que en España el porcentaje de población mayor de 65 años, según los datos del INE de 2014, se sitúa en el 18,4 % de la población, y pasará a ser del 24,9 % en 2029 y del 34,6 % en 2066. La proyección realizada por Naciones Unidas es todavía más espectacular. Prevé que España, en el año 2050, sea el

---

1. Eurostat (2016).

Despoblación rural y envejecimiento:
políticas públicas y servicios municipales
de protección y atención a las personas mayores

Fundación Democracia y Gobierno Local
Serie: Claves del Gobierno Local. 40
ISBN: 978-84-125912-6-2

19

país más envejecido del mundo, con la población de más de 60 años superando el 40 % del total[2].

A la vista de esto, más recientemente, se aprueba la Resolución del Parlamento Europeo sobre la inversión de las tendencias demográficas en las regiones de la Unión mediante los instrumentos de cohesión, aprobada el 20 de mayo de 2021, que insta a todas las autoridades públicas de los Estados miembros a aplicar un enfoque integrado para abordar los retos demográficos a través de los instrumentos de la política de cohesión. En ella se afirma la necesidad de la Comisión de proponer una estrategia sobre cambio demográfico con base en unos factores o rasgos principales: condiciones de empleo digno, equilibrio entre la vida profesional y la privada, dimensión territorial de las políticas de promoción de la actividad económica y el empleo, prestación adecuada de servicios sociales de interés general en todos los territorios, un transporte público eficaz y unos cuidados adecuados de las personas dependientes, prestando especial atención a las nuevas formas de trabajo y su impacto social[3].

Algo similar se puede afirmar en relación con la despoblación: la mitad de la población europea vivirá en declive demográfico en 2040, tal y como afirma el 8.º Informe de Cohesión Territorial de la Unión Europea[4], que lo considera un tema prioritario y anticipa futuras propuestas legislativas y de priorización de fondos de la Unión Europea[5]. Entre otras iniciativas, también destaca la presentación por parte de la Comisión, el 30 de junio de 2021, del documento *Visión a largo plazo para las zonas rurales*, con la mirada puesta en 2040, en la que se indican los retos y problemas a los que se enfrentan y se hace hincapié en algunas de las oportunidades más prometedoras de que disponen estas regiones. Sobre la base de previsiones y amplias consultas con los ciudadanos y otros interlocutores de las zonas rurales, la visión propone un Pacto Rural y un Plan de Acción Rural, con el objetivo de hacer que las zonas rurales sean más fuertes, resilientes y prósperas, y estén conectadas.

Y todo ello en el marco del art. 174 TFUE, que insta a la Unión Europea a prestar especial atención a las zonas rurales y a las zonas en declive de-

---

2. Fariña Tojo (2016). Sobre las políticas públicas de la Unión Europea para regenerar el mundo rural, González Bustos (2023: 31-40).
3. Apartado 33 de la Resolución del Parlamento Europeo sobre la inversión de las tendencias demográficas en las regiones de la Unión mediante los instrumentos de cohesión, aprobada el 20 de mayo de 2021. Disponible en https://eur-lex.europa.eu/legal-content/ES/TXT/PDF/?uri=CELEX:52021IP0248&from=EN.
4. Comisión Europea (2022).
5. Pazos-Vidal (2023: 59).

Despoblación rural y envejecimiento:
políticas públicas y servicios municipales
de protección y atención a las personas mayores

Fundación Democracia y Gobierno Local
Serie: Claves del Gobierno Local, 40
ISBN: 978-84-125912-6-2

mográfico, entre otros territorios con déficits estructurales (islas, zonas de reconversión industrial, territorios transfronterizos, etc.), a promover su desarrollo armónico general, fortalecer su cohesión económica, social y territorial, y reducir las disparidades entre las distintas regiones. Este precepto del TFUE complementa al art. 3.3 TUE, que establece como uno de los objetivos de la Unión la consecución de la cohesión territorial.

Pero, aunque es un fenómeno que afecta a Europa[6] en su conjunto, la despoblación rural tiene un especial impacto en España, donde la mitad de los municipios pierden población[7], y, si nos fijamos en los municipios menores de 5000 habitantes, según el *Informe sobre el reto demográfico y la despoblación en cifras* (Gobierno de España, 2020), vemos que ocho de cada diez municipios de este tamaño han perdido población en la última década. Por su parte, el *Plan de Recuperación: 130 medidas frente al Reto Demográfico* (Gobierno de España, 2021), dando dimensión al alcance del problema, afirma que nuestro modelo territorial vive un proceso de declive o estancamiento de la mayor parte de nuestro territorio, especialmente de nuestras áreas rurales y los pequeños municipios, el 50 % de los cuales está en riesgo de desaparecer en las próximas décadas.

El estudio del sistema local español permite defender que, en nuestro país, se pueden calificar como pequeños municipios aquellos que tienen menos de 5000 habitantes y que cuentan con un presupuesto que no supera los 3 000 000 de €, de media en los últimos cuatro ejercicios. Y, dentro de los municipios pequeños, se puede identificar el grupo de los microayuntamientos, con características propias, ligadas a su estructura y capacidad de gestión, que son aquellos en los que residen menos de 1000 personas y que disponen de un presupuesto que no excede de los 600 000 €, de media en los últimos cuatro ejercicios[8].

El proceso de abandono demográfico de los territorios rurales de la España interior debe vincularse con la pérdida progresiva de competitividad, capital humano y, en general, capital territorial[9]. Los rasgos que caracterizan esta situación son una baja densidad de población, un crecimiento vegetativo negativo, una alta tasa de envejecimiento y una diseminación de los

---

6. Y no solo a Europa, por supuesto. Sobre la despoblación rural en Estados Unidos, Johnson y Lichter (2019).

7. Collantes y Pinilla (2019: 248). Cañal-Fernández y Álvarez (2022: 34-35) realizan un modelo econométrico que proyectan sobre Asturias, dan cuenta de la abundante doctrina y presentan evidencias empíricas que demuestran que las zonas rurales han perdido y siguen perdiendo población.

8. Almeida Cerreda (2023a; 2023b: 62-64).

9. Molina Ibáñez (2019: 154).

Despoblación rural y envejecimiento, políticas públicas y servicios municipales de protección y atención a las personas mayores

Fundación Democracia y Gobierno Local
Serie: Claves del Gobierno Local, 40
ISBN: 978-84-125912-6-2

21

núcleos de población, todo lo cual conlleva una actividad económica muy limitada y una grave dificultad de garantizar la prestación de los servicios públicos de sus habitantes[10].

Pues bien, desde una perspectiva general, en las siguientes páginas se desarrollará la idea primaria de que uno de los factores clave que explican el éxodo rural es la falta de servicios básicos, especialmente para la población de mayor edad. Cuando los pueblos se quedan vacíos y los servicios públicos básicos desaparecen, la población que es más vulnerable y que sufre las consecuencias con mayor intensidad son las personas mayores. Si tuviéramos que marcar un perfil de la persona mayor en la sociedad actual española, diríamos que, en términos generales, esas personas comparten los siguientes temores ante el envejecimiento: pérdida de la salud, deterioro físico, pérdida de autonomía, soledad, sentimiento de inutilidad, pérdida de amigos y familiares, y pérdida de memoria[11]. Además, los mayores que viven en municipios rurales alejados se enfrentan a dificultades para acceder a servicios esenciales como centros de salud, farmacias, bancos o supermercados. Tienen mayores dificultades que otros colectivos para acceder a servicios que se reducen o se alejan porque pasan a prestarse desde ciudades o municipios más grandes, y esto aumenta su sensación de soledad, inseguridad y aislamiento: los centros de salud o las farmacias se cierran, el transporte público deja de pasar, los comercios, bancos y negocios locales cierran, los jóvenes se marchan, dejan de nacer niños y se cierran escuelas, escasean las oportunidades para la interacción social, etc.

El transporte público es esencial para que los mayores puedan acceder a servicios básicos: atención médica, servicios sociales, compra en comercios, bancos, relacionarse presencialmente con las Administraciones públicas, relacionarse con su entorno o participar en actividades sociales. Sin embargo, a medida que las poblaciones rurales envejecen y disminuyen, las rutas de autobuses y trenes se vuelven menos rentables y frecuentes, y esto puede dejar a los mayores aislados. Sin transporte público disponible, accesible y asequible, aquellas personas que tienen movilidad reducida o no disponen de medios propios para trasladarse se encuentran prácticamente confinadas en sus hogares, y asisten así, poco a poco, al declive del entorno rural y al deterioro demográfico y social de los pueblos. Además, este aislamiento se vincula con problemas de salud tanto físicos como mentales.

---

10. Bello Paredes (2023: 126).
11. Alemán Bracho (2013: 8).

Despoblación rural y envejecimiento: políticas públicas y servicios municipales de protección y atención a las personas mayores

Fundación Democracia y Gobierno Local
Serie: Claves del Gobierno Local, 40
ISBN: 978-84-125912-6-2

La población mayor en el ámbito rural es especialmente vulnerable a las dificultades de acceso a una adecuada atención sanitaria. Dos son las causas principales de este fenómeno. De un lado, la escasez de médicos y enfermeras en las zonas rurales despobladas dificulta el acceso de los mayores a la atención médica. Y de otro, y vinculado en parte con la escasez de personal sanitario, el cierre de centros de salud locales obliga a los mayores a viajar largas distancias para recibir atención, lo que puede ser difícil debido a problemas de movilidad o transporte, como ya se ha señalado.

Causas parecidas afectan a las prestaciones sociales, que se han visto especialmente afectadas también por los recortes en los presupuestos locales en los tiempos de crisis económica, lo que conduce a la reducción de los servicios sociales como los centros de día, la ayuda domiciliaria y las actividades sociales que combaten la soledad y el aislamiento. Especialmente, la atención domiciliaria y los centros de día son servicios esenciales para muchos mayores. La disminución o la falta de estas redes de apoyo tiene un gran impacto en el bienestar emocional y físico de los mayores, y se ve especialmente agravado en el ámbito rural.

Y, por último, dentro de los ámbitos de mayor impacto sobre las necesidades esenciales de las personas mayores, se han de tener en cuenta los elementos de vulnerabilidad vinculados con la vivienda. Si atendemos a las preferencias que los mayores manifiestan, las políticas de vivienda deberían centrarse en permitirles vivir de forma independiente durante el mayor tiempo posible en su propia vivienda, que ha de reunir condiciones adecuadas y adaptadas de habitabilidad. Y, cuando ello no sea posible, o los mayores no lo deseen, contribuir a facilitar otras soluciones habitacionales, en los términos que se verán en el apartado correspondiente de este trabajo.

En definitiva, las prestaciones sociales[12], dirigidas a las personas mayores en el ámbito local, son fundamentales para mejorar su calidad de vida,

---

12.   Sobre la conceptualización de los servicios sociales, en sentido amplio y en sentido estricto, Garrido Juncal (2020: 67-80), que la califica de "auténtico galimatías terminológico". Este concepto se utiliza con significados diferentes por la diversa y numerosa legislación dictada en este ámbito, por la jurisprudencia y por la doctrina: el mismo nombre es empleado para designar diferentes cosas y, a la vez, la misma cosa recibe diferentes denominaciones. Junto a la expresión "servicios sociales" se utilizan otras como "prestaciones sociales", "asistencia social", "actividades sociales", "política social", "bienestar social", "servicios sociales de interés general", "ayuda social", "servicios socio-sanitarios" o "acción social". Aquí, con carácter general, se utilizará preferentemente la expresión "servicios sociales" o "prestaciones sociales", entendidas en sentido estricto, como aquellos servicios o prestaciones emprendidos por las Administraciones públicas que tienen como objetivo atender las necesidades específicas de determinados colectivos, detectar y prevenir las situaciones de marginalidad social, elevar la calidad de vida,

Despoblación rural y envejecimiento:
políticas públicas y servicios municipales
de protección y atención a las personas mayores

Fundación Democracia y Gobierno Local
Serie: Claves del Gobierno Local, 40
ISBN: 978-84-125912-6-2

23

favorecer su envejecimiento activo en el entorno en el que han desarrollado sus vidas, y luchar contra la soledad y el aislamiento en las zonas rurales.

El acercamiento a las diferentes dimensiones científicas y prácticas con incidencia en el problema de la despoblación y el impacto (recíproco) con la atención a los mayores en el ámbito rural presenta múltiples implicaciones: se trata de una denuncia o demanda de un sector de la población, además de tener implicaciones demográficas, institucionales, organizativas, económicas, ambientales, culturales y territoriales. La gestión integral de los riesgos sociales que afectan a los mayores requiere de un enfoque científico que desborda el marco tradicional tanto del servicio público como de la procura asistencial pública, a partir de los cuales se articuló en el siglo XX la actividad prestacional del Estado social[13]. La heterogeneidad de las necesidades de los mayores, especialmente en el ámbito rural, requiere también de respuestas heterogéneas.

Por ello, aunque el acercamiento al objeto de análisis de este trabajo se va a realizar desde una perspectiva eminentemente jurídica (desde el derecho administrativo, en concreto), adicionalmente se va a tratar de tomar en consideración, en alguna medida al menos, las aportaciones y los enfoques de estudios empíricos, especialmente de los procedentes de la ciencia política y del análisis de las políticas públicas. Los conceptos y categorías con los que pretendemos entender y analizar esta realidad están formulados científicamente partiendo de la influencia recíproca de diversas disciplinas, y, de esta forma, viajan de una a otra, interactuando y enriqueciéndose entre sí[14].

El derecho administrativo (actual) no puede ser explicado sobre las premisas tradicionales de la unicidad de la Administración; la formalización de sus acciones sobre la base de una programación material precisa efectuada por la ley; y el control de la jurisdicción contencioso-administrativa a partir de la programación completa contenida en la ley, donde la aplicación del derecho consiste en su mera ejecución[15]. La doctrina iuspublicista debería contribuir a reducir la complejidad jurídica que rodea el sector de los servicios a las personas, para así ofrecer mayor seguridad jurídica a las Administraciones públicas y a los sujetos receptores o prestadores de los

---

promover el bienestar individual y colectivo, facilitar la adaptación recíproca y la integración de la persona y el medio social, etc.

13. Darnaculleta *et al.* (2022: 17).

14. Navarro *et al.* (2023: 8-9) y Díez Sastre (2018).

15. Schmidt-Assmann (2012: 35).

Despoblación rural y envejecimiento: políticas públicas y servicios municipales de protección y atención a las personas mayores

Fundación Democracia y Gobierno Local
Serie: Claves del Gobierno Local. 40
ISBN: 978-84-125912-6-2

servicios[16]. Y, para ello, hay que tener en cuenta que configurar lo que es la Administración (y lo que hace) no es una realidad objetiva que se pueda describir con un relato único: depende en gran medida de las perspectivas analíticas desde las que se observe la Administración[17].

A pesar de que la legislación y la práctica administrativa constatan la irrealidad de ese pretendido modelo tradicional, y aunque ha sido frecuente integrar en nuestro ordenamiento jurídico numerosos conocimientos y contenidos propios de otras disciplinas, no ha habido una preocupación excesiva metodológica sobre cómo llevar a cabo un proceso de incorporación hasta tiempos recientes. Sin embargo, en los últimos años ya se ha incorporado un debate sobre las utilidades de los conocimientos provenientes de otras ciencias en el derecho administrativo y cómo, en su caso, se debe llevar a cabo la incorporación de los mismos[18]. Hoy la implementación del derecho administrativo no responde a un único modelo, y la investigación debe ser coherente con ello. Más allá de poner el foco en una concepción del derecho en clave binaria, debe tratarse de indagar, además, si los actos jurídico-administrativos resultan eficaces en la realidad[19]. Ante la complejidad creciente de la realidad social a regular, con incertidumbre y dinamismo de nuevos sectores, es necesaria una perspectiva en la ciencia del derecho administrativo, orientada hacia la dirección de la acción administrativa y no solo hacia el acto administrativo, con estrategias reguladoras en búsqueda de soluciones y no solo de la interpretación de la norma[20]. Es necesario que el derecho administrativo incorpore el conocimiento de la realidad (social, cultural, técnica, ecológica), tanto a través de información y material empírico como por medio del conocimiento de otras disciplinas científicas. Ello exige un enfoque más interdisciplinar, con una nueva relación con las ciencias sociales, económicas[21], las ciencias de la administración[22], e incluso las ciencias naturales[23], en clave interdisciplinar, transdisciplinar[24] o, al menos, multidisciplinar.

---

16.   Darnaculleta *et al.* (2022: 18).
17.   Velasco Caballero (2020a: 41).
18.   Cerrillo Martínez (2015).
19.   Barnés Vázquez (2011: 49).
20.   Schmidt-Assmann y Vosskuhle (2012: 149).
21.   Entre otros, Ariño y López (1999); Mercado Pacheco (2013); Doménech Pascual (2014); y García-Andrade Gómez (2020).
22.   La relación entre derecho y otras ciencias sociales (en particular, las ciencias de la administración), en una interacción que no debe implicar disolución, se manifiesta especialmente en el ámbito del buen gobierno y la buena administración, cuya interdisciplinariedad ha analizado, entre otros, Ponce Solé (2014).
23.   Así, en el ámbito del derecho del medio ambiente, para el concepto de "sostenibilidad" debe acudirse a las ciencias naturales.
24.   Schmidt-Assmann y Vosskuhle (2012: 176) señalan que es necesario aunar perspectivas diferentes, sin renunciar a la identidad de cada disciplina, con reglas apropiadas (de una "me-

Despoblación rural y envejecimiento, políticas públicas y servicios municipales de protección y atención a las personas mayores

Fundación Democracia y Gobierno Local
Serie: Claves del Gobierno Local, 40
ISBN: 978-84-125912-6-2

25

En definitiva, se debería apostar por una investigación que permita situar el derecho administrativo en su contexto real, que permita una elaboración científica del derecho "bien informada", con conocimiento de los aportes de otras ciencias, que atienda a los efectos y consecuencias de la acción administrativa[25]. Se requiere, así, que la investigación traduzca o incorpore esos conocimientos procedentes de otras ramas a conceptos jurídicos y de otras disciplinas jurídicas[26]. En particular, el estudio de la Administración pública desde la ciencia política y de la administración puede resultar útil para el derecho administrativo tanto desde el punto de vista instrumental como desde el conceptual: la ciencia política y de la administración aporta un aparato analítico que puede facilitar al derecho administrativo elementos útiles para la interpretación del ordenamiento jurídico, la conexión (y adaptación) con la realidad en su aplicación y las necesidades cambiantes de nuestro tiempo, así como la innovación de diversas instituciones, y ayudar a solventar las tensiones en la legitimidad de nuestras Administraciones públicas[27].

La tradición académica define la ciencia política como el conjunto de saberes que explican el funcionamiento del Estado, del Gobierno, del régimen y del sistema político, así como los valores y las creencias que atesoran para sí los actores intervinientes en los procesos de toma de decisiones (partidos, instituciones públicas, ciudadanos, asociaciones no gubernamentales...). En ese sentido, la división de la política como objeto de estudio en tres dimensiones[28] está asociada al conocimiento de los poderes públicos como estructura política (*polity*), el comportamiento o proceso político (*politics*) y las políticas públicas o consecuencias de la acción pública (*policy*), según una clasificación habitual en la disciplina. Por su parte, la ciencia de la administración ha instituido un saber de contenido específico, en cuanto se pretende el conocimiento de las Administraciones públicas en su complejidad y diversidad, lo que obliga, cada vez más, a la adopción de una perspectiva de amplio espectro, donde las políticas públicas y la acción social aparecen conjugadas como vectores mutuamente complementarios. Así entendida, la ciencia de la administración resulta de indispensable aplicación para la ciencia política, dado que la primera es una extensión empírica de esta. Se trata, pues, de una disciplina de relevancia esencial para la com-

---

tateoría transdisciplinar"), que deben incluir: transparencia metodológica, honestidad del método, la necesaria motivación de toda transferencia de teorías y conceptos, la demostración de diferentes escenarios de aplicación, y la construcción de mecanismos de protección.

25.   Barnés Vázquez (2011: 54).
26.   Chinchilla Peinado (2020b: 13).
27.   Cerrillo Martínez (2015).
28.   Vallès (2006).

Despoblación rural y envejecimiento:
políticas públicas y servicios municipales
de protección y atención a las personas mayores

Fundación Democracia y Gobierno Local
Serie: Claves del Gobierno Local, 40
ISBN: 978-84-125912-6-2

prensión de la sociedad, de su ordenamiento político-institucional, además de para el avance de la democracia como sistema de valores[29].

Los tiempos cambian, la sociedad también, y los sistemas políticos igualmente deben evolucionar. Es evidente que estamos asistiendo a una recomposición de los aparatos públicos que tiende hacia la complejidad y la multiplicidad, desarrollando mecanismos generadores de pluralismo y diversidad. Las relaciones entre poderes ya no se estructuran fundamentalmente con base en el principio de jerarquía, sino sobre la idea de competencia; y sus tareas no se conciben como ámbitos de responsabilidad exclusiva y excluyente, sino como esferas de acción compartida y complementaria. El principio de lealtad y el respeto al equilibrio institucional disciplinan la acción de los distintos y superpuestos poderes públicos. En este contexto, revisar las finalidades y las modalidades de la repartición de poderes o, mejor, la evolución de las responsabilidades del nivel de gobierno más próximo al ciudadano puede suministrarnos un buen prisma para dar cuenta de los cambios acaecidos y revisar algunos tópicos que todavía hoy encorsetan la acción colectiva municipal[30]. Destacadamente en el ámbito de la prestación de servicios sociales, existe una falta de articulación jurídica del sistema de gobernanza multinivel[31].

Repensar la democracia, atendiendo a los desafíos que la globalización supone, requiere no solo indagar sobre el papel del Estado, sino también reformular cuál es el nivel más adecuado de control democrático: ¿el local, el nacional, el regional, el global? Cada instancia es apropiada para abordar distintos problemas y cuestiones de carácter público, y por ello debemos examinar cómo evoluciona precisamente uno de estos nodos de política democrática, como es el municipio[32].

Al igual que la ciencia política aporta teorías y marcos para interpretar y entender la realidad política (y social), la disciplina de las políticas públicas trata de proporcionar herramientas que nos permiten generar conocimiento útil sobre cualquier decisión política: cómo se conforma una agenda de gobierno; razones por las que determinados problemas son calificados de públicos y a otros se les niega tal condición; por qué y cómo se eligen ciertas estrategias para solucionar los problemas en detrimento de otras; qué dinámicas llevan a determinados actores a influir en la decisión, mientras que otros quedan excluidos; cómo y por qué algunos cursos de

---

29. Sanmartín Pardo (2014: 37, 46).
30. Malaret (2006: 74).
31. Darnaculleta *et al.* (2022: 18).
32. Malaret (2006: 75).

Despoblación rural y envejecimiento: políticas públicas y servicios municipales de protección y atención a las personas mayores

Fundación Democracia y Gobierno Local
Serie: Claves del Gobierno Local, 40
ISBN: 978-84-125912-6-2

27

acción fracasan mientras que otros constituyen un éxito; cómo enjuiciar el rendimiento de una política o seleccionar los criterios valorativos o indicadores con los que evaluarla. Y este conocimiento que aporta la disciplina ayuda no solo a los investigadores (de la ciencia política y de otras disciplinas, entre ellas el derecho administrativo), sino también, adicionalmente, a todos aquellos que participan en los procesos de diseño e implementación de políticas públicas (técnicos, responsables y empleados públicos, sujetos o colectivos de afectados), lo que puede contribuir a mejorar las decisiones y sus efectos[33].

Esquemáticamente, el círculo de conexión entre el derecho administrativo y la ciencia política se podría plantear de la siguiente forma: la ciencia política plantea posibilidades de resolución de problemas, marca (o lo intenta, al menos) la agenda, aporta información, contextualiza y conecta con la realidad: se centra en los procesos de toma de decisiones gubernamentales y en los contenidos, puesta en marcha, efectos y evaluación de las políticas públicas[34]. Y, por su parte, el derecho administrativo es ahí donde interviene: tomando en consideración (si es que procede y así lo considera) todo lo anterior, filtra estos planteamientos de problemas y, o bien los impulsa, o bien los frena, o bien responde con la inacción, de tal forma que actúa sobre las políticas públicas, las determina. Ante hipotéticas transformaciones administrativas, el derecho puede cumplir diferentes funciones: imponer ciertas reformas administrativas; dirigir, promover o incentivar positivamente (pero sin imponer) dichas reformas; también el derecho puede simplemente legitimar determinadas reformas administrativas, pero sin imponer ni incentivar; y, por último, el derecho puede también desincentivar o abiertamente impedir ciertas reformas administrativas[35]. Detrás de cada una de estas acciones que conforman las políticas públicas existen unas o varias intervenciones públicas de diferente calado, estrategia y objetivos, que hacen posible y determinan su desarrollo.

Adicionalmente, la ciencia política también intenta aportar explicaciones en relación con la forma de dar respuesta a un problema determinado, sobre la toma de decisiones o teorías del poder. De forma sintética, los enfoques o teorías "tradicionales", que pretenden explicar qué determina las decisiones de políticas públicas, por qué las mismas difieren entre países y sectores y por qué cambian o permanecen estables, atendiendo a cinco

---

33. Navarro Gómez (2014: 275-276).
34. Navarro Gómez (2014: 276).
35. Estas ideas, con un mayor desarrollo, en Velasco Caballero (2019: 116-118).

28

Despoblación rural y envejecimiento:
políticas públicas y servicios municipales
de protección y atención a las personas mayores

Fundación Democracia y Gobierno Local
Serie: Claves del Gobierno Local, 40
ISBN: 978-84-125912-6-2

tipos de variables o factores explicativos: la estructura socioeconómica, las instituciones, la interacción entre actores, la elección racional y las ideas[36].

En definitiva, el estudio de la Administración requiere de un estudio interdisciplinar, que ponga en conexión la ciencia de la administración con el derecho administrativo: las interacciones posibles de estas dos perspectivas son múltiples. Tomar como punto de partida o centrar la atención en el derecho administrativo e introducir en su análisis los planteamientos, información y conocimientos generados por la ciencia de la administración, tiene como inconveniente que esta perspectiva no capta los fenómenos de reforma administrativa carentes de expresión normativa, y que analiza los fenómenos tomando en consideración tal y como se regulan por el derecho en un momento concreto (y no como procesos complejos de evoluciones y mutaciones con múltiples variables). Por ello, puede resultar más útil seguir otro patrón de interacción entre ambas disciplinas: atender primero a qué fenómenos de reforma o problemáticos son considerados por la ciencia de la administración, así como sus posibles líneas de evolución, para luego, a continuación, proyectar este análisis sobre el derecho administrativo (en general, sobre el derecho público) y tratar de dilucidar en qué medida ese derecho estimula o frena las reformas identificadas como necesarias o en proceso por la ciencia de la administración[37].

Por otro lado, junto a lo anterior, se puede señalar la utilidad para el derecho administrativo de los denominados conceptos clave/puente, que gradúan y designan nuevas realidades (como desregulación, gobernanza o privatización), cumplen una función puente con otras disciplinas y permiten la recepción de conceptos de otras disciplinas[38]. Con diversas funciones (comprensiva, interpretativa y explicativa, orientadora, trabajo en red), su naturaleza jurídica los sitúa en un campo intermedio entre el análisis sociológico y la dogmática jurídica, como ideas fundamentales para repensar el repertorio de instituciones jurídicas, habida cuenta de los cambios que ha experimentado la realidad[39]. Con todo, hay que advertir que el uso de los conceptos puente o conceptos propios de otras disciplinas en la interpretación y el análisis del ordenamiento jurídico exige ser consciente de su ori-

---

36.   Con más detalle, Navarro Gómez (2014: 282-284).

37.   Este análisis, en Velasco Caballero (2019: 108-109), para el que esta conexión metodológica entre ciencia de la administración y derecho administrativo es asimétrica, porque de la ciencia administrativa se toman hipótesis universales (cuáles son las líneas de transformación de la administración en el mundo), mientras que el análisis jurídico es local (en qué medida el derecho aplicable en España incentiva esas corrientes de transformación).

38.   Díez Sastre (2015, 2018).

39.   Schmidt-Assmann y Vosskuhle (2012: 177).

Despoblación rural y envejecimiento:
políticas públicas y servicios municipales
de protección y atención a las personas mayores

Fundación Democracia y Gobierno Local
Serie: Claves del Gobierno Local, 40
ISBN: 978-84-125912-6-2

29

gen, de su contexto y de su papel en la ciencia de procedencia, y analizar su contenido tanto desde la perspectiva de la ciencia de origen como desde la del derecho administrativo. Por otro lado, en el caso de que se incorporen, deben adaptarse al contexto jurídico en el que se incorporan, es decir, debe evitarse la incorporación de forma indiscriminada de los conocimientos de otras ciencias a través del uso de los conceptos puente. En este sentido, para proceder a esta incorporación, el procedimiento a seguir debe permitir, en primer lugar, la propia identificación de los conceptos e instituciones que sean útiles a los efectos de interpretar, acercar a la realidad o innovar el derecho administrativo; y, en segundo lugar, la elaboración teórica de los mismos en el derecho administrativo. Los presupuestos en los que se basan las ciencias sociales y económicas pueden ser de carácter analítico, empírico o normativo, lo que tiene consecuencias al manejarlos desde el derecho administrativo[40]. En última instancia, se trata de asegurar que la incorporación de los elementos externos no afecta a los cimientos del derecho administrativo: es necesario realizar un esfuerzo de comprensión mutuo (entre disciplinas) que permita al derecho administrativo incorporar adecuadamente los conceptos y las instituciones propias de la ciencia política y de la administración[41] (y viceversa).

Y, así, la ciencia política centra su atención en la Administración como poder y, desde esta visión, las cuestiones que centran su interés son la legitimidad de la Administración, su relación con los cargos electos y los partidos, su responsabilidad (*accountability*), su interacción con la sociedad[42] (así, la articulación de la participación ciudadana) y las relaciones interadministrativas (como centros de poder con ámbitos competenciales propios). De tal forma que esta aproximación politológica, que pone el foco en la comprensión de la Administración como poder público definido por su falta de legitimación democrática directa (porque esta legitimación se sitúa en las asambleas legislativas), con frecuencia no distingue con precisión entre Administración y Gobierno (englobando ambos en el concepto de poder ejecutivo), tampoco deslinda siempre con precisión a la Administración respecto del conjunto del Estado o *government* (suma de los poderes públicos de un país)[43], y también tiene dificultades para identificar el papel y la ubicación de la llamada Administración instrumental, y las formas de gestión de los servicios públicos a través de medios propios o entidades de

---

40. Cerrillo Martínez (2015), citando a Schmidt-Assmann.
41. Cerrillo Martínez (2015), que señala que se han de "superar ciertos escollos a la vista de las *tormentosas* relaciones entre la Ciencia Política y de la Administración y el Derecho Administrativo" del pasado.
42. Velasco Caballero (2020a: 42).
43. Velasco Caballero (2020a: 42-43).

30

Despoblación rural y envejecimiento: políticas públicas y servicios municipales de protección y atención a las personas mayores

Fundación Democracia y Gobierno Local
Serie: Claves del Gobierno Local, 40
ISBN: 978-84-125912-6-2

derecho público o derecho privado vinculados o dependientes de la Administración. En definitiva, la perspectiva politológica muestra una imagen amplia de Administración, sin límites precisos en el conjunto del Estado e, incluso, en el seno del poder ejecutivo[44].

Junto a lo anterior, con una visión más global, la llamada ciencia de la administración, que conecta disciplinas y metodologías diversas (incluye el derecho administrativo y la ciencia política, pero también la economía política, hacienda pública, sociología, psicología social), pone su acento en la Administración como organización instrumental al servicio de unos objetivos: su organización interna, su capacidad y formas de gestión[45].

Partiendo de estas premisas metodológicas, este trabajo aborda una reflexión sobre algunos de los factores que se consideran más relevantes para definir el diseño presente y de futuro inmediato de las políticas públicas de protección de los mayores, en general, y, más específicamente, de los mayores que viven en el ámbito rural más afectado por la despoblación, en un contexto de destacada incertidumbre por la deriva de nuestra pirámide demográfica y por la evolución de nuestro modelo de distribución territorial de la población. Y ahí radican, precisamente, la novedad y el valor añadido de este trabajo, que está integrado por la recopilación de varias publicaciones anteriores, desarrolladas en el marco de varios proyectos de investigación, que son actualizadas y complementadas junto con contenidos de nuevo cuño. Todo ello es sistematizado y estructurado para configurar esta monografía, con la protección de los mayores y el fenómeno de la despoblación como elementos transversales que recorren y articulan todo su contenido. Además, se incorporan las previsiones contenidas en el Real Decreto-ley 6/2023, de 19 de diciembre, que reforma la LBRL, que ha añadido contenidos que afectan a la atribución de competencias a los municipios. Esta reforma parece estar pensando precisamente en la gestión de los servicios públicos de los municipios pequeños (de menos de 20 000 habitantes, dice la ley), con la previsión del establecimiento de sistemas de gestión colaborativa dirigidos a garantizar los recursos suficientes para el cumplimiento de las competencias municipales y, en particular, para una prestación de calidad, financieramente sostenible, de los servicios públicos mínimos obligatorios.

En primer lugar, se exponen las líneas generales que definen las políticas públicas de protección de los mayores y la relevancia que tienen en

---

44. Velasco Caballero (2020a: 42).
45. Velasco Caballero (2020a: 45).

Despoblación rural y envejecimiento: políticas públicas y servicios municipales de protección y atención a las personas mayores

Fundación Democracia y Gobierno Local
Serie: Claves del Gobierno Local, 40
ISBN: 978-84-125912-6-2

31

relación con las políticas y las medidas tomadas para luchar contra la despoblación del ámbito rural. Igualmente, se trata de poner en evidencia la influencia recíproca, las contradicciones y las sinergias que se producen entre estas políticas y las medidas tomadas. Dentro de este ámbito de análisis, se pone el foco, especialmente, en la incidencia que tienen la existencia y la prestación de servicios públicos de calidad sobre las políticas públicas de protección de los mayores y de lucha contra la despoblación, para centrar el objeto de análisis. A partir de ahí, ya desde una perspectiva con un enfoque más centrado en el derecho administrativo, se expone, en primer lugar, un concepto de servicio público desde el derecho de la Unión Europea y su proyección en el derecho local español y los servicios públicos locales.

A continuación, en el capítulo 2, dentro del mandato constitucional de protección a los mayores que impone la CE de 1978, que afecta a todos los poderes públicos, se pretende exponer cuáles son los servicios que se prestan a los mayores en el ámbito local, como factor con impacto sobre el fenómeno de la despoblación. En los capítulos 2 y 3 resulta fundamental mostrar el alcance competencial que corresponde a los municipios y el papel que pueden desarrollar como actores protagonistas y principalmente afectados por la despoblación, así como la relación entre las competencias autonómicas y las competencias locales en la prestación de los servicios sociales. En el capítulo 3 también se presta atención a cómo fue la prestación de los servicios sociales durante la crisis sanitaria y social producida por la pandemia de la COVID-19. Es un modelo de experiencia muy interesante porque muestra la capacidad de reacción que desarrollaron los municipios en un contexto ciertamente extremo que pone en evidencia, además, la necesidad de reflexionar sobre las limitaciones competenciales impuestas por nuestro modelo organizativo y competencial en este ámbito, que deja poco espacio para la codecisión multinivel y, mucho menos, para la iniciativa municipal.

En el capítulo 4 se aborda un análisis de los planes de lucha contra la despoblación, especialmente los aprobados por las comunidades autónomas hasta el momento, para verificar si, efectivamente, incluyen estas variables dentro de su contenido y, más específicamente, cómo las recogen: qué medidas referidas a los servicios públicos incluyen, si suponen un fortalecimiento o impulso, y si tienen en cuenta las especiales necesidades de las personas mayores. Y, por último, se pretende verificar el carácter de estos instrumentos y su impacto sobre los servicios públicos locales: si son vinculantes o meramente programáticos, y si dejan espacio de decisión a los municipios para programar estratégicamente su desarrollo en cada uno de ellos. Cuanto mayor es el ámbito de la realidad social que asumen los

Despoblación rural y envejecimiento:
políticas públicas y servicios municipales
de protección y atención a las personas mayores

Fundación Democracia y Gobierno Local
Serie: Claves del Gobierno Local. 40
ISBN: 978-84-125912-6-2

poderes públicos, mayor es la necesidad de utilizar el conocimiento científico para planificar, y, tradicionalmente, a la idea del plan se vincula el prestigio que deriva del análisis racional de la realidad y la solución científica de los problemas sociales mediante la puesta en conexión del conocimiento y la acción política[46]. En resumen, el estudio que se aborda aquí supone contrastar, en un ámbito específico y concreto de la acción pública, como es la lucha contra la despoblación y para la protección a los mayores en el ámbito rural, el alcance y la posible utilidad de los instrumentos de planificación pública.

---

46.   Rodríguez de Santiago (2023: 15).

Despoblación rural y envejecimiento:
políticas públicas y servicios municipales
de protección y atención a las personas mayores

Fundación Democracia y Gobierno Local
Serie: Claves del Gobierno Local. 40
ISBN: 978-84-125912-6-2

33

CAPÍTULO 1

La lucha contra la despoblación rural y su conexión con el envejecimiento demográfico: los servicios públicos de protección a los mayores

1. La relevancia de las políticas públicas de protección de los mayores y la lucha contra la despoblación y sus contradicciones

Si atendemos a los anuncios de medidas y a las declaraciones públicas de los responsables de los distintos niveles de gobierno, la despoblación, entendida como la pérdida efectiva de población en un período determinado de tiempo, ha despertado un gran interés político y mediático en los últimos años, escalando puestos en las agendas políticas nacional y autonómicas hasta llegar a tener un gran protagonismo y alcance. A ello ha contribuido la acuñación y la extensión de la utilización de los términos "España vacía" y "España vaciada", que se han mostrado muy gráficos y eficaces para dar visibilidad al problema[1]. Y, por ello, la lucha contra la despoblación rural se ubica dentro de una de las prioridades de las políticas públicas españolas y se presenta como una de las preocupaciones de la sociedad española, en general[2], situándose en el momento actual en el eje de los problemas cuya proyección futura es indudable[3]. Por citar datos muy recientes, en el Barómetro del Centro de Investigaciones

---

1. Navarro *et al.* (2023: 10, 15), con cita (en p. 10) de Pinilla y Sáez (2021: 76) y Johnson y Lichter (2019: 3).
2. Velasco Caballero (2022: 7); Sanz Larruga (2022).
3. Molina Ibáñez (2019: 153). También Mellado Ruiz (2023: 11), que afirma que no solo es un eje fundamental estratégico de las últimas legislaturas, sino un auténtico "reto país".

Despoblación rural y envejecimiento: políticas públicas y servicios municipales de protección y atención a las personas mayores

Fundación Democracia y Gobierno Local
Serie: Claves del Gobierno Local, 40
ISBN: 978-84-125912-6-2

35

Sociológicas (CIS) de julio de 2023, la despoblación ocupa el puesto 50 dentro de la percepción que tienen los españoles de los principales problemas que existen actualmente en España, y sube al puesto 46 en cuanto a la percepción del problema que personalmente afecta más a la persona cuestionada (en el Barómetro de abril de 2023, por tomar otra referencia, ocupaba los puestos 42 y 38, respectivamente). En este barómetro no se percibe el envejecimiento de la población como un problema, pero sí otros factores que tienen interés a los efectos de este trabajo: la percepción de las pensiones como problema general ocupa el puesto 35 y sube al puesto 16 cuando se trata de la percepción personal; el funcionamiento de los servicios públicos ocupa el puesto 21 como problema general, y 18 en cuanto a la percepción personal; las infraestructuras, los puestos 56 y 29, respectivamente; y por último, la falta de servicios públicos y los recortes se visualizan como un problema general en el puesto 55, y en el 57 en la percepción personal[4].

En definitiva, se puede afirmar que existe un elevado consenso social y político sobre la conveniencia de frenar el proceso de despoblación y, en la medida de lo posible, revertirlo. En general, no se cuestiona que la lucha contra la despoblación es algo que se debe hacer por tratarse de una cuestión de igualdad: se parte de la presunción de que se tiene el derecho subjetivo a vivir donde se quiera y con buenas condiciones y acceso a servicios, con independencia del lugar de domicilio. Y, desde esta concepción, la despoblación supone una transgresión del principio constitucional de igualdad de trato consagrado en el art. 14 CE, puesto que implica que una parte de la población no puede acceder a los servicios públicos en unas condiciones de calidad óptima[5]. Esta situación genera una brecha de desigualdad que es incompatible con los principios constitucionales de equidad e igualdad en el acceso a los servicios públicos básicos[6].

Incluso han surgido varias plataformas ciudadanas y partidos políticos en provincias y regiones de la España interior, las más afectadas por la despoblación, que reivindican su malestar ante lo que consideran que es un olvido institucional que están sufriendo sus respectivos territorios; y, además, las propuestas de lucha contra la despoblación se han ido incluyendo progresivamente en los programas políticos de todos los partidos en los sucesivos procesos electorales. Destacadamente, un partido político como Teruel Existe, que tiene como reivindicación central y causa de su existencia la lu-

---

4. Todo ello en el Barómetro del CIS de julio de 2023, que se puede consultar en www.cis.es.
5. Bello Paredes (2023: 131).
6. Defensor del Pueblo (2019a: 93). También Mellado Ruiz (2023: 11) hace una referencia a la "sociedad de las brechas" que incluye, entre sus "desgarros sociales", la contraposición entre lo rural y lo urbano.

36

Despoblación rural y envejecimiento:
políticas públicas y servicios municipales
de protección y atención a las personas mayores

Fundación Democracia y Gobierno Local
Serie: Claves del Gobierno Local, 40
ISBN: 978-84-125912-6-2

cha contra la despoblación, ha obtenido un representante en el Congreso de los Diputados[7] y dos senadores en las elecciones generales de 2019. Sin embargo, en las elecciones generales de julio de 2023, Teruel Existe, referente de la España vaciada, desaparece en el Congreso y el Senado, al no conseguir revalidar los resultados de las elecciones de 2019 y perder el diputado y los dos senadores con los que contaba.

El análisis de los programas marco de los grandes partidos de implantación nacional que se presentaban a las elecciones locales del 28 de mayo de 2023 permite comprobar que en todos ellos se recoge el problema de la despoblación, incluso en relación con la necesidad del mantenimiento de servicios públicos de calidad. Sin embargo, en general, podemos concluir que estos programas marco no realizan una propuesta de medidas concretas que nos puedan indicar cuál es su modelo de gestión de los servicios públicos locales, que tengan en cuenta la dimensión rural/urbana o que ayuden en la lucha contra la despoblación. Se limitan a hacer una apuesta por unos servicios públicos de calidad y que atiendan a diversas necesidades de las personas, especialmente en relación con colectivos más vulnerables (mayores, jóvenes, familia, discapacitados), con afirmaciones genéricas en las que las cuestiones locales, autonómicas y nacionales aparecen mezcladas. Una excepción a esto lo constituye el Programa Marco de Unidas Podemos y, en menor medida, el de Vox, que sí contienen medidas específicamente referidas a la mejora de los servicios públicos en el ámbito rural despoblado[8].

Pues bien, la existencia de este consenso generalizado sobre la evidencia de un problema que va más allá de una mera denuncia y que presenta una evidente dimensión demográfica, institucional, económica, ambiental y territorial[9], tiene un reflejo en el documento *España 2050. Fundamentos y propuestas para una Estrategia Nacional de Largo Plazo*[10], especialmente en los desafíos 5 ("Preparar nuestro estado de bienestar para una sociedad más longeva"), 6 ("Promover un desarrollo territorial equilibrado, justo y sostenible") y 9 ("Ampliar las bases de nuestro bienestar futuro"), que tienen en cuenta los problemas de envejecimiento demográfico de nuestra sociedad y los cambios en la distribución de la población en el territorio de aquí a 2050. El despoblamiento ya no afecta solo a la España rural; también se da en muchas ciudades medias de nuestro país, incluidas las capitales de provincia y

---

7. Navarro *et al.* (2023: 7-8, 15).
8. Con más detalle, Domínguez Martín (2023), donde se analizan los programas marco del Partido Socialista Obrero Español, del Partido Popular, de Unidas Podemos/Sumar y de Vox.
9. Navarro *et al.* (2023: 8). La amplitud del problema se refleja en el complejo marco normativo que ha ido desarrollando España para revitalizar el mundo rural (González Bustos, 2023: 40).
10. Oficina Nacional de Prospectiva y Estrategia del Gobierno de España (2021).

Despoblación rural y envejecimiento: políticas públicas y servicios municipales de protección y atención a las personas mayores

Fundación Democracia y Gobierno Local
Serie: Claves del Gobierno Local. 40
ISBN: 978-84-125912-6-2

37

las cabeceras de comarca[11]. Si estos datos se conectan con los de envejecimiento demográfico, claramente se puede pronosticar un agravamiento muy acusado de la despoblación de esos municipios en la próxima década[12].

Por tanto, se puede afirmar que el discurso formal imperante es de un claro apoyo a la lucha contra la despoblación, y esto se refleja en destacadas actuaciones públicas que claramente fomentan la adopción de medidas de consolidación de la vida en el ámbito rural; aunque también se ha afirmado que estamos más ante gestos que ante auténticas medidas, y que, en realidad, en España no ha habido una verdadera política de desarrollo rural, salvo la relativa a los fondos de la Unión Europea resultantes de la aplicación de la Política Agraria Común: ha habido intentos de promover dicha política, pero con escasos resultados[13].

Pero, más allá de este "mundo de imágenes y gestos"[14], al tiempo que se afirma la voluntad pública de luchar contra la despoblación, se adoptan medidas o decisiones que resultan incoherentes o, al menos, se manifiestan como claramente insuficientes; esto es, se desarrollan políticas públicas no favorables a la consolidación de la población rural y que no fomentan los servicios en el ámbito local. Antes al contrario, incluso se trata de decisiones o medidas que dificultan el acceso a los servicios y la participación en las decisiones públicas de la población rural en general y que, por ende, afectan (en algunos de casos muy especialmente) a los mayores que viven en el ámbito rural: las dificultades de acceso o la reducción de servicios o prestaciones sanitarias (desaparición de centros de salud de los pequeños municipios, por la concentración territorial de los mismos) o sociales, la supresión de transportes de acceso al ámbito rural, la generalización del modelo de ciudad imperante (que favorece la concentración en ciudades), los reproches relativos a la insostenibilidad de ayudas vinculadas a la ganadería y al campo o el choque entre los objetivos o políticas medioambientales y los intereses sectoriales del desarrollo ganadero o agrícola, el cierre de centros escolares en el ámbito rural[15], los reproches de una inadecuada política de prevención de los incendios forestales (también con choque con la política medioambiental), insuficientes políticas de protección del patrimonio cultural, etc.

---

11. Oficina Nacional de Prospectiva y Estrategia del Gobierno de España (2021: 245); Vaquero y Losa (2020; 1); Escudero *et al.* (2023: 76).

12. Pinilla *et al.* (2008).

13. Sanz Larruga (2022: 308; 2023: 144) y González Bustos (2023: 40). Sobre la importancia de una política agraria común adaptada al desarrollo rural, González Bustos (2023: 105 y ss.).

14. "Este mundo de imágenes y gestos", expresión utilizada por López Ramón (2020a: 126).

15. Morales Romo (2018). Problemas y retos de las zonas rurales en González Bustos (2023: 20-22).

38

Despoblación rural y envejecimiento:
políticas públicas y servicios municipales
de protección y atención a las personas mayores

Fundación Democracia y Gobierno Local
Serie: Claves del Gobierno Local, 40
ISBN: 978-84-125912-6-2

Merece una mención aparte la dificultad o falta de acceso a servicios bancarios en el ámbito rural, que tiene un especial impacto sobre los mayores por sus problemas de movilidad y, además, porque, en general, especialmente este sector de la población tiene carencias relacionadas con las habilidades digitales, lo que impide la utilización de la banca telemática. Para hacer frente a este problema, se aprueba la Ley 4/2022, de 25 de febrero, de protección de los consumidores y usuarios frente a situaciones de vulnerabilidad social y económica, que refuerza la protección de colectivos desvalidos en las relaciones de consumo, como menores, personas de avanzada edad o con bajo nivel de digitalización. Y, más en concreto, entre sus medidas, esta ley aumenta la protección de los mayores en sus trámites con el banco. Esta ley identifica a los mayores como potenciales consumidores vulnerables. Así, en su preámbulo se parte de una realidad: las personas mayores son uno de los grupos más numerosos de consumidores en España. Según los datos del INE de enero de 2020, hay 9 278 923 personas de 65 o más años para un total de población española de 47 332 614, lo que supone un 19,6 % del total de la población. En muchas ocasiones, factores que pueden estar asociados a la edad, como el estado de salud, el desfase generacional o el nivel sociocultural, influyen en la posibilidad de las personas mayores para desenvolverse como personas consumidoras en igualdad de condiciones, principalmente en la sociedad de la información actual. Además, las personas mayores enfrentan en ocasiones barreras relacionadas con la forma en que se genera o proporciona la información en las relaciones de consumo (incrementándose el riesgo de que puedan ser inducidas a error), así como barreras relacionadas con prejuicios y estereotipos asociados a la edad. Este desfase generacional que puede afectar a sus relaciones de consumo se observa, por ejemplo, respecto al consumo *online*, puesto que el uso de internet de forma frecuente por personas de entre 65 y 74 años se sitúa por debajo del 60 %, muy lejos del 83,1 % del total de la población mayor de 16 años, de acuerdo con datos del INE. Otro factor que destaca el preámbulo de la Ley es el lugar de residencia, que también se considera que puede ser una causa de vulnerabilidad en las relaciones de consumo. Aparte de la ya mencionada dificultad de acceso a servicios bancarios, pues según el Banco de España 4109 municipios españoles, el 51,8 % del total, no tienen acceso a ninguna oficina bancaria, también es importante mencionar que los hogares con al menos un miembro de 16 a 74 años residentes en el 26,3 % de las ciudades de menos de 10 000 habitantes no tienen acceso a internet por banda ancha fija.

En definitiva, en el ámbito rural, cuando no se presta un servicio o se deja de prestar, además de la pérdida del servicio en sí y de las dificultades o molestias que para los ciudadanos implica, el cierre de los servicios

Despoblación rural y envejecimiento: políticas públicas y servicios municipales de protección y atención a las personas mayores

Fundación Democracia y Gobierno Local
Serie: Claves del Gobierno Local, 40
ISBN: 978-84-125912-6-2

39

públicos, especialmente de las escuelas, se percibe como un símbolo de la decadencia del municipio y desincentiva la permanencia de la población, especialmente de los jóvenes, y esto también tiene un impacto, indirecto, sobre los mayores que residen en dicho municipio.

Todo ello pone en evidencia que ha existido en nuestra sociedad cambiante una tendencia al fomento de la concentración de la población en ciudades, más allá de la formalidad de la adopción de medidas de lucha contra la despoblación. La despoblación deriva de la configuración de un modelo territorial de concentración de la inversión, del empleo y por consiguiente de la población, creándose sistemas urbanos-metropolitanos dinámicos, pero que, al tiempo que se refuerza el modelo urbano/metropolitano, generan importantes externalidades negativas frente al abandono rural. Este modelo de concentración/dinamismo, en relación con las ciudades, frente a desertización/estancamiento-retroceso en el ámbito rural, obedece a la dinámica del mercado, pero, también, al diseño de políticas públicas que han estado orientadas a generar crecimientos rápidos a partir de economías de escala, desde una óptica sectorial y no auténticamente socioterritorial, sustentados sobre variables e indicadores tradicionales vinculados al PIB o a la renta. Se ha ido agravando la brecha rural-urbana, sin que actuaciones dirigidas a este entorno y específicas para fijar población hayan tenido un efecto corrector y de cambio. Se puede citar, como ejemplo, el caso de la Política Agraria Común de la Unión Europea (PAC), que, si bien ha contribuido a mejorar las condiciones de trabajo, los ingresos y la vida de pequeños y medianos agricultores, no ha fijado población (uno de sus principales objetivos), ni ha contribuido al relevo generacional. Las políticas públicas desarrolladas en este ámbito en su conjunto han sido más sectoriales que territoriales y han propiciado el crecimiento económico más que el desarrollo, con graves consecuencias en el aumento de los desequilibrios territoriales y en la falta de equidad social, causa fundamental de las migraciones interiores desde el ámbito rural a la ciudad, por lo que se propicia la despoblación rural[16]. En definitiva, la apuesta por implementar y potenciar sistemas de organización territorial que han optado por la dotación de equipamientos refleja un problema que ha afectado al modelo territorial español durante décadas: la ausencia endémica de criterios racionales de ordenación territorial, que han priorizado, en materia económica o de inversión técnica, los ámbitos urbanos respecto a los rurales[17].

Y, adicionalmente, también nos encontramos ante políticas públicas que inciden sobre el ámbito local y sobre la despoblación, pero que resultan

---

16.   Molina Ibáñez (2029: 153-154, 158).
17.   Navarro *et al.* (2023: 17).

Despoblación rural y envejecimiento: políticas públicas y servicios municipales de protección y atención a las personas mayores

Fundación Democracia y Gobierno Local
Serie: Claves del Gobierno Local, 40
ISBN: 978-84-125912-6-2

contradictorias entre sí o que no tienen que ver realmente con el reto demográfico, el envejecimiento de la población y su conexión con la despoblación, teniendo en cuenta, además, que no todo lo rural es reto demográfico. El concepto de reto demográfico describe una amplia gama de problemas asociados al comportamiento y a las características de la población actual, como el descenso de la natalidad, el creciente envejecimiento, la multiplicación de los procesos migratorios que implican movilizaciones o traslados poblacionales o los procesos de despoblación[18]. Así, aunque se parte de la evidencia de que el despoblamiento de la España rural se ha visto intensificado por el envejecimiento progresivo de su población[19], no hay coincidencia entre las medidas de políticas antienvejecimiento y despoblación: las medidas son distintas y/o hay dificultad para conectar ambas; no van a la par, a pesar de que actúan, en gran medida, sobre un mismo territorio. Así, en la estrategia *España 2050* (Oficina Nacional de Prospectiva y Estrategia del Gobierno de España, 2021), el Desafío 5 ("Preparar nuestro estado de bienestar para una sociedad más longeva") no cruza las variables de envejecimiento demográfico y despoblación. Sí que lo hace el Desafío 6 ("Promover un desarrollo territorial equilibrado, justo y sostenible"), que señala que el envejecimiento demográfico y la falta de empleo y servicios amenazan con vaciar muchos núcleos rurales (casi la mitad de los municipios españoles están en "riesgo de despoblación") y acelerar la pérdida de población en algunas capitales de provincia. Y el Desafío 9 ("Ampliar las bases de nuestro bienestar futuro") también tiene en cuenta los problemas de envejecimiento demográfico de nuestra sociedad y el impacto sobre el bienestar de la población española derivados de la despoblación y los cambios en la distribución de la población en el territorio.

De igual forma, desde el punto de vista de las prioridades en los valores de las políticas públicas, se pone de manifiesto una dualidad en la actuación de los poderes públicos, y de la sociedad en general, en relación con la protección de los mayores. Junto a un discurso formal y destacadas actuaciones públicas que claramente fomentan la protección de los mayores, al tiempo, asistimos a lo que pueden ser manifestaciones de discriminación *de facto* por edad. El Tribunal Constitucional ha considerado que la edad es uno de los factores que se integran en la cláusula de prohibición de discriminación del art. 14 CE. Así en la STC 75/1983 (ECLI:ES:TC:1983:75), de 3 de agosto (FJ 2), salvo que concurra una justificación razonable y proporcionada (STC 66/2015, de 13 de abril; ECLI:ES:TC:2015:66). También contiene una prohibición de discriminación por razón de la edad la CDFUE (art. 21.1), así como la

---

18. Navarro *et al.* (2023: 10).
19. Oficina Nacional de Prospectiva y Estrategia del Gobierno de España (2021: 246).

Despoblación rural y envejecimiento:
políticas públicas y servicios municipales
de protección y atención a las personas mayores

Fundación Democracia y Gobierno Local
Serie: Claves del Gobierno Local, 40
ISBN: 978-84-125912-6-2

41

jurisprudencia del TJUE, en la que se afirma que la prohibición de la discriminación por circunstancias personales es un principio general del derecho de la Unión Europea. Así, la STJUE de 13 de noviembre de 2014 (cuestión prejudicial C-416/213, asunto Mario Vital Pérez y Ayuntamiento de Oviedo), la STJUE de 15 de noviembre de 2016 (cuestión prejudicial C-258/15, asunto Gorka Salaberria Sorondo contra Academia Vasca de Policía y Emergencias) y la Sentencia de la Gran Sala de 19 de enero de 2010 (C-555/07, asunto Kücükdeveci c. Swedex GmbH, FJ 21).

Pues bien, se pueden citar algunas actuaciones públicas que cabe considerar como manifestaciones de discriminación por edad o de insolidaridad generacional: supuesta prioridad en la atención sanitaria por razón de la edad en un contexto de recursos limitados (como ocurrió en los primeros momentos de la gestión de la pandemia de la COVID-19 y la imputación de inactividad o mala praxis de los poderes públicos)[20], políticas públicas no favorables a los mayores o que dificultan su acceso a los servicios y su participación en las decisiones públicas[21], el fenómeno de la gentrificación de las ciudades y, vinculada con ello, la despoblación de las zonas rurales, medidas de protección diferenciada por edad, reproches relativos a la insostenibilidad del sistema de pensiones (que implica un exceso de esfuerzo de los jóvenes para "mantener" a los mayores), los problemas derivados del mantenimiento de ayuda a la dependencia, el cierre de los comercios de cercanía, etc. Todo ello pone en evidencia la posible existencia en nuestra sociedad cambiante de una tendencia a la *gerontofobia* o, cuando menos, de las bases para la presencia de un conflicto intergeneracional[22].

El proceso de envejecimiento de la población resulta principalmente visible con el incremento de la población de 65 o más años. España aporta un buen ejemplo del creciente desequilibrio entre generaciones. La pobla-

---

20. La dramática situación vivida en los centros residenciales de mayores (de titularidad privada y también de titularidad/gestión pública, generalmente autonómica, y algunos, aunque minoritariamente, de titularidad/gestión municipal): aún queda pendiente realizar un análisis exhaustivo de los fallos del sistema en prestar una protección adecuada en estos centros; la única constancia que tenemos es que en las residencias han muerto muchos miles de personas mayores en circunstancias muy poco precisas, la mayor parte de las veces en la soledad más absoluta. Sobre esto, Jiménez Asensio (2020).

21. Como la extensión de la digitalización de la sociedad, en general, y de la Administración pública, en particular. Al tiempo que supone, desde luego, importantísimos beneficios para el conjunto de la sociedad, ha de tenerse en cuenta la "brecha digital" sufrida por parte de la ciudadanía, destacadamente por los mayores, con los consiguientes perjuicios que para ellos supone: no acceso a servicios públicos o a información administrativa, e invisibilidad de su opinión al no poder participar en la toma de decisiones. Sobre brecha digital y lucha contra la despoblación, Sierra Morón (2023), que, con una gráfica expresión, hace referencia a la "procura existencial digital".

22. Domínguez Martín (2020b, 2021a).

42

Despoblación rural y envejecimiento: políticas públicas y servicios municipales de protección y atención a las personas mayores

Fundación Democracia y Gobierno Local
Serie: Claves del Gobierno Local, 40
ISBN: 978-84-125912-6-2

ción mayor de 64 años aumenta invariablemente en las últimas décadas. En 2022 ya superaba ligeramente el 20 % de la población, casi tres puntos porcentuales más que diez años antes (2012: 17,4 %). En cambio, la población menor de 20 años va cayendo progresivamente. Como ya ha ocurrido en Alemania, Italia y Portugal, entre otros países europeos, la proporción de población mayor de 64 años en España (20,1 %) ya aventaja a la proporción menor de 20 años (19,2 %). Las proyecciones demográficas apuntan consistentemente hacia una consolidación de esas tendencias demográficas en las próximas décadas; es decir, hacia un mayor desequilibrio entre generaciones[23].

Sin embargo, la intensidad de su impacto en el sistema económico o en la estructura social se deriva también de su asociación con otros cambios sociodemográficos (reducida tasa de natalidad, descenso del número de miembros de las familias, despoblación, reducción de la tasa de mortalidad e incremento de la esperanza de vida)[24].

En una sociedad altamente envejecida (y con tendencia a serlo mucho más), y con los desequilibrios de nuestra pirámide poblacional, esta visión dinamita los fundamentos de cohesión de la sociedad, con una denuncia bastante extendida de haberse abandonado la "ética del cuidado"; en especial en relación con ciertos colectivos, entre los que se encuentran los mayores[25]. Finalizada la vida laboral, no es suficiente el sistema de pensiones para cubrir muchas necesidades que tienen los mayores, en su propio hogar, en el ámbito de su familia, en su entorno habitual y comunitario de vida, y en muchos aspectos que requieren la atención y los cuidados de la persona a medida que avanza su ciclo vital. Por ello, son necesarios los servicios sociales, a fin de mejorar el bienestar social y la calidad de vida de las personas de edad[26].

Sin embargo, las manifestaciones de la tensión intergeneracional son prácticamente desconocidas en el espacio público español. Entre las razones explicativas de esta ausencia de conflicto intergeneracional hay que considerar las estrechas relaciones entre generaciones que cultivan las familias españolas. Históricamente, las redes sociales y familiares han tenido un marcado protagonismo. Existe un fuerte apoyo familiar entre generaciones

---

23.   Funcas (2023: 2-3). Sobre envejecimiento demográfico de las ciudades y su reflejo en el caso español, Díez Sastre (2020a).

24.   Egea de Haro (2020: 22-23).

25.   Estas ideas, más detalladas y con mucha más contundencia, en crítico texto de Jiménez Asensio (2020). Ver también Funcas (2023: 3).

26.   Alemán Bracho (2013: 8).

Despoblación rural y envejecimiento:
políticas públicas y servicios municipales
de protección y atención a las personas mayores

Fundación Democracia y Gobierno Local
Serie: Claves del Gobierno Local, 40
ISBN: 978-84-125912-6-2

y la familia es el enclave fundamental de las relaciones intergeneracionales primarias; en su seno se aprende a tratar a quienes pertenecen a generaciones distintas (vivan o no en el mismo hogar), se proveen cuidados y apoyos mutuos desinteresadamente y se establecen relaciones de reciprocidad generalizada[27]. Con todo, existen efectos potenciales de los cambios demográficos con impacto en la concepción y el modelo de la familia: el modelo de familia que ha permanecido vigente a lo largo de las últimas décadas ha experimentado ya una evolución considerable, con una tendencia hacia una mayor desestructuración familiar, con la evidente repercusión en la atención a la persona mayor, o la de esta hacia hijos y nietos. Aumentan las personas mayores que viven solas en sus domicilios y las que no poseen familiares próximos o cercanos[28].

Pero, aun constatando la importancia de las políticas de protección de los mayores en el ámbito rural, esto no puede suponer, si es que se quiere afrontar el problema de la despoblación, que el centro de gravedad de los servicios públicos descuide a los segmentos de la población, especialmente los jóvenes y las familias. En un contexto de recursos limitados, en la decisión de cuáles son las políticas públicas adecuadas, ha de tomarse en consideración la óptica de la justicia intergeneracional, teniendo en cuenta que el proceso de envejecimiento genera un desequilibrio entre jóvenes y mayores: las decisiones a adoptar en materia de envejecimiento reconducen a la cuestión acerca de hasta qué punto es justo detraer recursos de los grupos etarios más jóvenes para concentrarlos en aquellos grupos de edad avanzada[29]. Debería buscarse un adecuado modelo de cuidado y protección de los mayores, al tiempo que se realizan ajustes para que los jóvenes[30] se sigan fiando del sistema y evitar, así, la ruptura del contrato intergeneracional[31]. Y, además, teniendo en cuenta que el mantenimiento (o, al menos, la no pérdida) de población en el ámbito rural ha de pasar, necesariamente, por no perder y, si es posible, atraer población joven.

---

27.   Funcas (2023: 3). Alemán Bracho (2013: 8).

28.   Alemán Bracho (2013: 10). González Bustos (2023: 139) también señala la importancia de la atención a los jóvenes para entender el abandono del medio rural.

29.   Egea de Haro (2020: 23).

30.   Sevillano (2023: 320) expone un análisis de la lucha contra la despoblación desde una perspectiva centrada en las políticas para jóvenes.

31.   Ares Castro-Conde (2018: 172-191), con una exposición crítica de los planteamientos sobre gerontocracia y justicia intergeneracional. Sobre esto, el Libro Verde "Haciendo frente al Cambio Demográfico: Una Nueva Solidaridad entre Generaciones", de la Comisión Europea (16 de marzo de 2005). También el evento de la Presidencia de la Unión Europea, celebrado en Eslovenia (abril de 2008), financiado por la Comisión Europea, bajo el título "Solidaridad Intergeneracional para Sociedades Cohesivas y Sostenibles", como ejemplo de la implicación de la Comisión Europea para promover la solidaridad intergeneracional.

44

Despoblación rural y envejecimiento: políticas públicas y servicios municipales de protección y atención a las personas mayores

Fundación Democracia y Gobierno Local
Serie: Claves del Gobierno Local, 40
ISBN: 978-84-125912-6-2

2. Contexto y factores determinantes de la lucha contra la despoblación y de la protección de los mayores: la disponibilidad y calidad de servicios

Resulta incuestionable que un factor determinante de las migraciones interiores está en la disponibilidad y calidad de los servicios públicos y privados: el mayor atractivo que presentan las ciudades en acceso a servicios, infraestructuras[32] y oportunidades laborales, educativas y de ocio constituye un elemento clave en la explicación del porqué las personas tienen preferencia por vivir en las ciudades. Pese a los muchos avances acometidos en las últimas décadas, la diferencia entre el mundo rural y el urbano es todavía notable. Ello se debe a que a las Administraciones públicas y a las empresas les resulta más rentable ofrecer servicios en zonas densamente pobladas, donde, por unos costes fijos similares, obtienen una mayor cobertura de necesidades. Esto hace que los servicios e infraestructuras de las zonas rurales estén mucho menos desarrollados. Una realidad que se aprecia, por ejemplo, en el acceso a banda ancha, donde la brecha urbano-rural en España es aún significativa y más elevada que la observada en los países más avanzados de Europa. De forma análoga, se detecta una mayor densidad de autopistas y autovías en aquellos lugares que concentran más población, algo que facilita las interacciones con otras zonas, incrementa el tamaño del mercado de compra y venta de productos y servicios, y reduce los costes de producción[33].

Un primer acercamiento a la despoblación sitúa en el nivel local los factores responsables de este fenómeno. Estos factores están vinculados a procesos demográficos (envejecimiento y baja tasa de natalidad), de gestión pública (limitaciones en la provisión de servicios) y económicos (menor

---

32.   Bello Paredes (2023: 144). Específicamente sobre esta cuestión, Cañal-Fernández y Álvarez (2022), que realizan un modelo econométrico que proyectan sobre Asturias, y que muestran la importancia de las infraestructuras y la presencia de una ciudad de tamaño medio cerca del municipio para fijar la población en el campo. El estudio constata que la proximidad a las infraestructuras sociales y físicas es un factor importante para mantener a la población en las zonas rurales. En concreto, los autores se fijan en la distancia al hospital y a la autopista más cercanos, la presencia de una estación de tren, y disponer de infraestructuras educativas (pp. 40-41). Sin embargo, concluyen afirmando que no está claro si este resultado implica que deban construirse más infraestructuras en las zonas rurales. Al fin y al cabo, las infraestructuras son costosas, y algunos economistas consideran que el éxodo rural es el resultado de un proceso de maximización de la utilidad por parte de los individuos, que se viene produciendo desde la Revolución Industrial y que poco (o nada) hay que hacer para detenerlo. En conclusión, los responsables políticos deberían plantearse seriamente si las costosas inversiones en infraestructuras (hospitales, escuelas, autopistas, estaciones de ferrocarril...) resultan rentables para mantener la población en las zonas rurales de la región (p. 48). También González Bustos (2023: 131 y ss.) señala el carácter esencial de las infraestructuras y los servicios en el ámbito rural.

33.   Oficina Nacional de Prospectiva y Estrategia del Gobierno de España (2021: 247). Un buen ejemplo también lo puede constituir el ámbito energético. Sobre esto, López de Castro García-Morato (2022).

Despoblación rural y envejecimiento, políticas públicas y servicios municipales de protección y atención a las personas mayores

Fundación Democracia y Gobierno Local
Serie: Claves del Gobierno Local, 40
ISBN: 978-84-125912-6-2

45

productividad y diversidad de la actividad económica en las zonas menos pobladas). Hay un amplio consenso en torno a dos soluciones prioritarias: la diversificación económica en las zonas rurales, más allá de las tradicionales actividades agropecuarias; y la accesibilidad efectiva a servicios públicos y privados en condiciones comparables con las áreas urbanas[34]. Existe un desequilibrio que las referidas tendencias demográficas producen entre la población activa afectada por el descenso en la tasa de natalidad y una población dependiente cada vez más amplia y con mayores necesidades de servicios y prestaciones sociales[35].

En los análisis del proceso de despoblación, el tamaño poblacional del municipio parece funcionar como modulador de estos factores, de manera que, a menor población del municipio, mayor es el impacto del envejecimiento, la baja productividad, los menores incentivos para la inversión privada y la menor (o peor) provisión de servicios públicos, entre otros. El resultado es que la despoblación resulta más prevalente en los municipios menos poblados, aunque también hay que tener en cuenta que la evolución de la población no solo se explicaría por el tamaño del municipio, sino también por factores asociados a las comunidades autónomas donde se localizan[36]. De ahí la importancia de analizar el contenido de los planes autonómicos de lucha contra la despoblación.

En esta misma línea se mueve la Unión Europea, aunque carece de competencias claras relativas al reto demográfico y la lucha contra la despoblación. Sí que se puede hacer referencia al art. 174 del Tratado de Funcionamiento (TFUE), en el que se establece que se prestará una especial atención a las zonas rurales, a las zonas afectadas por una transición industrial y a las regiones que padecen desventajas naturales o demográficas graves y permanentes. El art. 174 TFUE se desarrolla, actualmente, por el art. 9 del Reglamento (UE) 2021/1058 del Parlamento Europeo y del Consejo, de 24 de junio de 2021, relativo al Fondo Europeo de Desarrollo Regional y al Fondo de Cohesión (FEDER), en el que se establece que, de conformidad con dicho art. 174 TFUE, el FEDER se centrará especialmente en afrontar los retos de las zonas rurales desfavorecidas, específicamente las zonas rurales y las regiones que padecen desventajas naturales o demográficas graves y permanentes[37].

---

34.   Velasco Caballero (2022: 7).
35.   Egea de Haro (2020, 2022).
36.   Egea de Haro (2022).
37.   Bello Paredes (2023: 127) pone de manifiesto que existe una dificultad de métrica para su aplicación en España, pues los cálculos estadísticos para medir la despoblación que utiliza la Unión Europea y, en concreto, Eurostat, se realizan sobre una base territorial (las denominadas NUTS) de base supramunicipal, siendo, las NUTS 3, que serían la categoría territorial más

46

Despoblación rural y envejecimiento:
políticas públicas y servicios municipales
de protección y atención a las personas mayores

Fundación Democracia y Gobierno Local
Serie: Claves del Gobierno Local, 40
ISBN: 978-84-125912-6-2

Las instituciones europeas han adoptado, en relación con estas cuestiones, instrumentos normativos no vinculantes: estudios, dictámenes o recomendaciones. Y así, destacadamente, el Dictamen del Comité Europeo de las Regiones sobre la respuesta de la Unión Europea al reto demográfico, de 16 de junio de 2016 (2017/C 017/08), ya apostaba por una política de cohesión más contundente respecto a las consecuencias del reto demográfico, y, expresamente, prevé una "especial atención a las zonas rurales, afectadas por una transición industrial y a las regiones que padecen desventajas naturales o demográficas graves". Este dictamen parte de una visión amplia, coordinada e integradora, puesto que se trata de un tema transversal en el que se pone un especial énfasis sobre ciertas líneas de actuación[38]. Y, para ello, establece un amplio paquete de medidas que constituyen políticas de apoyo a las familias, medidas de conciliación de la vida laboral y familiar, acciones destinadas al mantenimiento de los centros de enseñanza en zonas rurales aisladas, medidas que buscan el mantenimiento de los jóvenes en el ámbito rural y la recuperación de talento que se ha marchado. Destacadamente, incluye una línea de acción (en el apdo. 20) que apuesta por "alentar la vida autónoma de las personas de edad avanzada, aumentando la esperanza de vida sana y reducir su dependencia". También tiene relación con los mayores, aunque más indirectamente, la línea de acción que aboga por "luchar contra la exclusión social que afrontan algunas capas de la población". Y establece que deben ser las entidades locales y regionales las entidades territoriales que deben estar plenamente capacitadas para aplicar estas políticas de integración, incluidos los pequeños municipios de las zonas rurales (apdo. 27).

Poco después se aprobó la Resolución del Parlamento Europeo, de 14 de noviembre de 2017, sobre el despliegue de los instrumentos de la política de cohesión por parte de las regiones para afrontar el cambio demográfico, en la que se apuesta por la coordinación de los instrumentos financieros de la Unión Europea para hacer frente al cambio demográfico, y se priorizan actuaciones en diferentes ámbitos: empleo, promoción económica, creación de infraestructuras, acceso a nuevas tecnologías, conciliación laboral, atención a la dependencia y dotación de servicios básicos.

En definitiva, la mayoría de los estudios, diagnósticos e, incluso, instrumentos públicos elaborados sobre el reto demográfico y la despobla-

---

pequeña, las correspondientes a escala española con las provincias. Y es que el peso de la despoblación es mucho mayor a nivel municipal en su conjunto que a nivel provincial. Esta discrepancia entre la forma de cálculo hace imposible la aplicación del artículo citado y, por ende, una de las líneas de subvenciones.

38.   Bello Paredes (2023: 127).

Despoblación rural y envejecimiento:
políticas públicas y servicios municipales
de protección y atención a las personas mayores

Fundación Democracia y Gobierno Local
Serie: Claves del Gobierno Local, 40
ISBN: 978-84-125912-6-2

47

ción ponen en evidencia el carácter transversal del problema y reflejan la necesidad de que sean tomados en consideración en todas o, al menos, en muchas de las políticas públicas sectoriales, refrendando así la complejidad y el carácter interdisciplinar de estas realidades que afectan a nuestra sociedad. Y de forma más concreta, en lo que aquí interesa, se considera, entre los elementos para mantener o aumentar población de una entidad local, que es necesario que esta, en función del tamaño poblacional, sea capaz de ofrecer, en cantidad y calidad, los servicios que demandan los ciudadanos. La falta de servicios o su baja calidad, los problemas de accesibilidad o el aislamiento, son elementos determinantes, junto a otros factores, del progresivo abandono que han experimentado las zonas rurales españolas. Partiendo de esta premisa, las políticas de lucha contra la despoblación (plasmadas en los últimos tiempos en los variados planes de lucha contra la despoblación aprobados por las distintas Administraciones públicas) parece que deberían incluir, sin perjuicio de otras medidas, actuaciones destinadas a garantizar el acceso a las infraestructuras y a los servicios públicos esenciales. Y, en especial, el diseño y despliegue de estos servicios debería partir de una realidad: sin perder de vista el deseo (o la necesidad) de atraer población joven, una gran parte (y creciente porcentualmente) de la población rural es mayor y tiene necesidades de prestaciones sociales específicas.

El envejecimiento y la disminución de población han venido acompañados de un deterioro en el acceso a servicios básicos como la educación, la atención médica, el transporte público o la banca, y han hecho que muchas personas que desean permanecer en el mundo rural se encuentren con más dificultades para lograrlo. Además, el vaciamiento de la España rural también ha acelerado el deterioro medioambiental: el difícil acceso a la tierra ha limitado la incorporación de las generaciones más jóvenes a la actividad agraria, y el abandono de muchas prácticas agrícolas y silvícolas ha aumentado la vulnerabilidad ante los incendios, la erosión del suelo o la pérdida de biodiversidad, al tiempo que ha puesto en riesgo el desarrollo de algunas actividades primarias esenciales para el conjunto del país. De forma análoga, la despoblación rural está poniendo en peligro la conservación de una parte importante de nuestro patrimonio material (iglesias, arquitectura popular, caminos, puentes) e inmaterial (dialectos, tradiciones orales, danzas, festejos, técnicas artesanales, tradiciones culinarias), con todo lo que ello supone para el bienestar de la ciudadanía y nuestra identidad cultural[39].

---

39. Oficina Nacional de Prospectiva y Estrategia del Gobierno de España (2021: 254).

Despoblación rural y envejecimiento: políticas públicas y servicios municipales de protección y atención a las personas mayores

Fundación Democracia y Gobierno Local
Serie: Claves del Gobierno Local, 40
ISBN: 978-84-125912-6-2

3. Políticas públicas de protección a mayores: mayor demanda de servicios asistenciales y el paradigma del envejecimiento activo

Aunque el colectivo que se engloba dentro del sector de personas mayores se caracteriza por su diversidad y heterogeneidad, atendiendo a diversos factores (diferencia de edad dentro de los mayores, género, ingresos económicos, estado de salud y nivel de dependencia, nivel cultural, participación social, etc.) que nos llevan a no poder trazar un perfil único[40], sí que podemos afirmar que, como colectivo, las personas mayores constituyen uno de los más vulnerables a las situaciones de dependencia, que requiere la prestación de servicios específicos que atienda a sus necesidades. En Eurostat (2019)[41] se proporciona una amplia gama de estadísticas que describen la vida cotidiana de las generaciones mayores de la Unión Europea, y se señala que el envejecimiento de la población es un fenómeno que probablemente tenga un impacto considerable en la mayoría de los aspectos de la sociedad y la economía, incluyendo la vivienda, la atención médica y la protección social, los mercados laborales, la demanda de bienes y servicios, la sostenibilidad macroeconómica y fiscal, las estructuras familiares y los lazos intergeneracionales[42].

En el informe EAPN España (2022), sobre los indicadores de riesgo de pobreza y exclusión social, con el objetivo de ofrecer una radiografía actualizada del impacto de la pobreza y la exclusión social en España y sus comunidades autónomas, se muestran los cambios registrados en el número de personas en riesgo de pobreza y/o exclusión social mediante el estudio de la evolución del indicador AROPE (*At risk of poverty and/or exclusion*) y de sus componentes, entre los años 2015 y 2021.

La vulnerabilidad de los mayores se vincula a diferentes factores: sus especiales necesidades de atención, cuidado y residencia; problemas de adaptación derivados de la digitalización; su dificultad para participar activamente en la sociedad[43], entre otros extremos. Como se ha señalado, tiene una especial incidencia sobre las políticas de protección a los mayores el fenómeno de la despoblación del ámbito rural español, aunque, en realidad, ya no solo afecta a los municipios netamente rurales, sino también a los semiurbanos e incluso a las ciudades intermedias. Pero aquí debe tenerse en cuenta, además, que, sin que ello suponga revertir el proceso de despoblación de las zonas rurales, existe una tendencia creciente de llegada de

---

40.   Alemán Bracho (2013: 8).
41.   Se publicó una segunda edición en 2020.
42.   *Ibidem* (edición 2020).
43.   Díez Sastre (2020a).

Despoblación rural y envejecimiento: políticas públicas y servicios municipales de protección y atención a las personas mayores

Fundación Democracia y Gobierno Local
Serie: Claves del Gobierno Local, 40
ISBN: 978-84-125912-6-2

49

nuevos habitantes, fundamentalmente personas mayores que se jubilan y que deciden volver a sus lugares de origen, en el ámbito rural. Y ello supone incrementar aún más el envejecimiento de la población rural.

Entre los servicios públicos relevantes para la calidad de vida se cuentan servicios esenciales de competencia propiamente local o participados por los municipios o donde su intervención es determinante, aunque también muchos de competencia supralocal[44], siendo los más relevantes los servicios sanitarios, de asistencia social y de vivienda. En general, el envejecimiento de la población está asociado a una mayor demanda de servicios asistenciales, fundamentalmente en el ámbito sanitario y social, junto con el desarrollo de los sistemas de pensiones. Se trata de políticas intensivas en el uso de recursos económicos y personales que han provocado el debate acerca de la sostenibilidad misma de los regímenes de bienestar por la intensificación del proceso de envejecimiento. Existe un desequilibrio que las referidas tendencias demográficas producen entre la población activa afectada por el descenso en la tasa de natalidad, y una población dependiente cada vez más amplia y con mayores necesidades de servicios y prestaciones sociales[45].

El contenido de la política de mayores tiene su centro de gravedad en los servicios sociales orientados a la prevención de riesgos, la atención de necesidades y la promoción del bienestar del individuo[46]. El paradigma de envejecimiento activo genera una amplia aceptación a nivel institucional desde su impulso en los años 90 del siglo pasado por la OMS, y tiene como resultado la existencia de programas de envejecimiento activo y de promoción de un envejecimiento saludable cada vez más extendidos en todos los niveles de gobierno. En 2016, la 69.ª Asamblea Mundial de la Salud de la OMS adoptó la "Estrategia y plan de acción mundial sobre el envejecimiento y la salud (2016-2010)" y el "Decenio del Envejecimiento Saludable (2010-2030)". Igualmente, la atención a las personas mayores se ha convertido en uno de los objetivos primordiales de la Unión Europea, que quiere ancianos activos, pero que también incentiva estas medidas desde el pragmatismo de optimizar los ingentes gastos en sanidad que se avecinan, porque mayor longevidad no va asociada necesariamente a mayor calidad de vida, pero, desde luego, a lo que sí va asociada, en general, es a una mayor (y por más tiempo) demanda de prestaciones sociales[47].

---

44. Esta cuestión, con más detalle, en Domínguez Martín (2020b, 2021a). Sobre este tema, también, Pacheco-Mangas (2022).

45. Egea de Haro (2020).

46. Egea de Haro (2020).

47. Lauroba Lacasa (2018: 50); sobre el paradigma del envejecimiento activo, Astier *et al.* (2018: 76-78).

Despoblación rural y envejecimiento:
políticas públicas y servicios municipales
de protección y atención a las personas mayores

Fundación Democracia y Gobierno Local
Serie: Claves del Gobierno Local. 40
ISBN: 978-84-125912-6-2

En el plano nacional, el Pleno del Consejo Estatal de Personas Mayores aprobó, el 30 de noviembre de 2017, la denominada "Estrategia nacional de personas mayores para un envejecimiento activo y para su buen trato 2018-2021", que apuesta también por el concepto de "envejecimiento saludable", que amplía sus objetivos y los sujetos destinatarios, en cuanto pretende asegurar la capacidad funcional, la salud y la igualdad de derechos y oportunidades para todas las personas a lo largo de su vida, para garantizar el bienestar en la vejez. Las leyes autonómicas de servicios sociales y/o de atención a los mayores también prevén la adopción de similares planes estratégicos. El carácter programático de la política de mayores se manifiesta en el predominio de la identificación de principios y objetivos de gestión amplios, haciendo abstracción de los medios, en la pluralidad de áreas de actuación que se enuncian y en la promoción de la coordinación entre distintos niveles de gobierno y unidades administrativas, dada la pluralidad de áreas políticas y de sujetos implicados[48].

Igualmente, en la política municipal de mayores se observa un énfasis, bajo el paradigma del envejecimiento activo, en el desarrollo de actuaciones para responder a las necesidades de las personas mayores y garantizar e incrementar la autonomía de los individuos en una edad adulta cada vez más prolongada. En esta línea, la red de "ciudades y comunidades amigables con las personas mayores" creada por la OMS reúne precisamente a entidades locales de todo el mundo comprometidas con la creación de espacios inclusivos y accesibles a las personas mayores. A partir de este paradigma, los Gobiernos locales incluyen entre sus objetivos garantizar que el envejecimiento no limite la participación del individuo en la sociedad ni condicione su decisión en aspectos esenciales como la elección de la residencia o la participación en la actividad económica. En ese contexto, promueven y gestionan una gran variedad de políticas públicas relacionadas, fundamentalmente, con la prestación de servicios sociales a personas mayores (de atención domiciliaria y de cuidados en centros especializados, pero también de fomento de actividades de ocio y cultura), y con la garantía de su derecho a la ciudad[49].

Los programas municipales de subvenciones más extendidos son, con diferencia, los que pretenden promover la oferta de actividades lúdicas, culturales, formativas, terapéuticas y deportivas a disposición de los mayores que residen en el municipio. Aunque mucho menos extendidas que las anteriores, otras líneas relativamente comunes de subvención son las liga-

48.   Egea de Haro (2020).
49.   Domínguez Martín (2020b, 2021a).

Despoblación rural y envejecimiento:
políticas públicas y servicios municipales
de protección y atención a las personas mayores

Fundación Democracia y Gobierno Local
Serie: Claves del Gobierno Local, 40
ISBN: 978-84-125912-6-2

51

das a facilitar las condiciones de la vivienda (políticas de "envejecimiento en casa", *aging at home*)[50], a los problemas de vulnerabilidad económica y social de los mayores y a la promoción de la autonomía e integración de los mayores. Aunque la promoción del envejecimiento activo no es la única finalidad de las subvenciones que otorgan los ayuntamientos en el ámbito de sus políticas de mayores, se pueden identificar tres tipos fundamentales de programas municipales de subvenciones para el envejecimiento activo: los programas de subvención cuya finalidad es financiar las actividades organizadas en el marco de los centros y asociaciones de mayores del municipio; los programas de subvención cuya finalidad es apoyar financieramente los convenios que celebra el ayuntamiento con entidades ajenas al municipio o no directamente ligadas a los mayores, para que estas presten servicios y organicen actividades ligadas al envejecimiento activo en el municipio; y, por último, se incluyen aquí los programas en los cuales son los mayores quienes perciben la subvención para sufragar el coste que supone para ellos la participación en una determinada actividad[51].

Llegado este punto, no se puede perder de vista que circunstancias de índole demográfica y socioeconómica que vivimos en nuestra sociedad podrían aconsejar una revisión de la justificación de la política de mayores a partir del paradigma de envejecimiento activo, porque estas políticas parecen tender más a un mantenimiento del *statu quo* que a revertir posibles situaciones de exclusión o dependencia[52]. Este fenómeno es una característica de la transformación demográfica y se presenta de manera generalizada en el contexto europeo, con una tendencia hacia la disminución de los porcentajes de personas en riesgo de pobreza y de exclusión social cuando se avanza hacia grupos de mayor edad: la vulnerabilidad de los mayores se vincula con especiales necesidades de atención, cuidado y residencia, pero, generalmente, no se suele vincular con situaciones de riesgo de pobreza. Esto podría generar, o intensificar, un escenario de conflicto entre generaciones en cuanto a la distribución de los costes y beneficios de la política de mayores. Un factor que puede haber influido en esta visión de la política de mayores orientada a garantizar la elección personal o desarrollar la denominada *silver economy* (entendida como la economía asociada a las necesidades vitales de la población de más edad)[53] puede ser su situación económica, el "poder gris" (los mayores como controladores de la agenda política). El creciente desequilibrio en el tamaño de las generaciones de mayor y de

---

50. Chinchilla y Domínguez (2021); Chinchilla Peinado (2019); Chinchilla *et al.* (2020).
51. Todo ello en Pastor Merchante (2020).
52. Domínguez Martín (2020b, 2021a).
53. Bello Paredes (2023: 138).

52

Despoblación rural y envejecimiento:
políticas públicas y servicios municipales
de protección y atención a las personas mayores

Fundación Democracia y Gobierno Local
Serie: Claves del Gobierno Local, 40
ISBN: 978-84-125912-6-2

menor edad plantea un desafío a la solidaridad intergeneracional, toda vez que los colectivos de los que se esperan comportamientos solidarios —es decir, de cooperación y generosidad mutuas— tienen, por su distinto volumen, recursos que los sitúan en posiciones diferentes en la estructura económica, social y política. Hoy día, gracias a los sistemas de protección social, las generaciones mayores son las que absorben más parte de la renta nacional canalizada por los Estados del bienestar. También suelen ser las que disponen de más patrimonio financiero e inmobiliario. Por añadidura, su peso demográfico las convierte en actores determinantes de los resultados electorales[54]. En este sentido, una investigación empírica reciente ha estimado el efecto observado del envejecimiento en el crecimiento económico, afirmando que un crecimiento del 10 % en el grupo de individuos de 60 o más años disminuye el crecimiento del PIB per cápita en un 5,5 %, asociándolo a una disminución de la productividad. Sin embargo, otros análisis limitan el efecto del envejecimiento en la productividad o consideran una relación más compleja y no lineal entre el envejecimiento y la productividad[55].

En un contexto de recursos limitados, en la decisión de cuáles son las políticas públicas de mayores adecuadas, ha de tomarse en consideración la óptica de la justicia intergeneracional. El aumento del gasto público en los sistemas de protección social, especialmente en sanidad, seguridad social y servicios sociales, cuyos destinatarios son en gran medida los mayores, dificulta el sostenimiento financiero desde el sector público de estos sistemas, con el fuerte impacto social que esto puede suponer para la población, ya que la existencia de dichos sistemas supone una importante disminución del gasto para los ciudadanos, en especial de aquellos que disponen de menores recursos económicos[56]. Teniendo en cuenta que el proceso de envejecimiento genera un desequilibrio entre jóvenes y mayores, las decisiones a adoptar en materia de envejecimiento reconducen a la cuestión acerca de hasta qué punto es justo detraer recursos de los grupos etarios más jóvenes para concentrarlos en aquellos grupos de edad avanzada[57]. Debería buscarse un adecuado modelo de cuidado y protección de los mayores, al tiempo que se realizan ajustes para que los jóvenes se sigan fiando del sistema y evitar, así, la ruptura del contrato intergeneracional[58], aprovechando que, en

---

54. Funcas (2023: 2).
55. Estas cuestiones, con más detalle, en el interesante análisis que realizan, sobre las políticas públicas de mayores, Egea y Navarro (2019: 15-18). También hace referencia a esta conflictividad o insolidaridad intergeneracional Jiménez Asensio (2020).
56. Alemán Bracho (2013: 10).
57. Egea de Haro (2020).
58. Ares Castro-Conde (2018: 172-191), con una exposición crítica de los planteamientos sobre gerontocracia y justicia intergeneracional. Sobre esto, el Libro Verde "Haciendo frente al Cambio Demográfico: Una Nueva Solidaridad entre Generaciones", de la Comisión

Despoblación rural y envejecimiento:
políticas públicas y servicios municipales
de protección y atención a las personas mayores

Fundación Democracia y Gobierno Local
Serie: Claves del Gobierno Local, 40
ISBN: 978-84-125912-6-2

53

España, el modelo de familia es aún robusto y tenemos mimbres para mantener dicho contrato.

4. La intervención de los poderes públicos en materia de protección a mayores como servicio de interés general

4.1. El concepto de servicio de interés general en el derecho de la Unión Europea y su proyección como título de intervención también en los servicios públicos locales de carácter social

Para entender cómo se puede articular, y con qué alcance, la intervención de las Administraciones públicas y, más concretamente, las Administraciones locales en el ámbito de los servicios sociales de protección de los mayores, deber partirse, desde un punto de vista conceptual, del concepto de servicio público. Y este concepto, en la actualidad, no se puede entender si no se toma como referencia el concepto de servicios de interés general (SIG)[59], elaborado por y desde el derecho de la Unión Europea. Ello nos permite entender en qué marco jurídico se desarrollan los servicios públicos locales sociales o prestacionales.

Resulta incuestionable que la configuración de los servicios de interés general generada por el derecho de la Unión Europea está provocando un profundo proceso de europeización de los diferentes derechos administrativos nacionales, entendido como un proceso complejo de reinterpretación, modificación sustantiva y sustitución de normas autónomas por normas determinadas en su contenido por el derecho de la Unión, realizado por vías directas e indirectas[60]. Este proceso repercute en la sistematización de la normativa interna en su conjunto: la interiorización del modelo de Estado como regulador (garante)[61] impone nuevas formas de organización y de actuación en la prestación de los SIG. En especial, la crisis económica de la primera década del siglo XXI[62] tuvo importantes repercusiones en la estructura de la Unión Europea y

---

Europea (16 de marzo de 2005). También el evento de la Presidencia de la Unión Europea, celebrado en Eslovenia (abril de 2008), financiado por la Comisión Europea, bajo el título "Solidaridad Intergeneracional para Sociedades Cohesivas y Sostenibles", como ejemplo de la implicación de la Comisión Europea para promover la solidaridad intergeneracional.

59. Sobre este concepto, con más detalle, ver Chinchilla y Domínguez (2018).
60. Sobre este proceso de europeización, Aguado i Cudolà (2012).
61. Esteve Pardo (2015: 51); García Álvarez (2014: 86); Ruffert (2013).
62. Sobre la reacción de las Administraciones en tiempos de crisis económica, Garrido Juncal (2020: 56-60), que pone en evidencia el tránsito brusco de una época de bonanza a otra de recesión. Más en concreto, acerca del impacto sobre la vivienda de la crisis económica de la primera década del siglo XXI, Ponce Solé (2017a).

Despoblación rural y envejecimiento: políticas públicas y servicios municipales de protección y atención a las personas mayores

Fundación Democracia y Gobierno Local
Serie: Claves del Gobierno Local, 40
ISBN: 978-84-125912-6-2

el papel de los Estados miembros en el ámbito de los servicios o prestaciones sociales, como instrumentos de cohesión social y desarrollo de la dignidad humana[63].

El Libro Verde sobre los servicios de interés económico general, aprobado por la Comisión, en 2003, constituye una herramienta a través de la cual la Comisión se compromete a efectuar una revisión completa de sus políticas en materia de servicios de interés general, un debate sobre el papel general de la Unión en la definición de los objetivos de interés general perseguidos por esos servicios. Y, así, la Comisión defiende la importante contribución que han hecho el mercado interior y las normas de competencia a la modernización y mejora de la calidad y eficacia de numerosos servicios públicos en beneficio de los ciudadanos y de las empresas de Europa[64].

La calificación y regulación de un servicio como SIG articula un título de intervención del poder público del Estado miembro[65] sobre criterios de supervisión pública para optimizar los mercados, la creación y el mantenimiento de la competencia y la salvaguardia del bien común. Las normas reguladoras de los mercados actúan *ex ante*, siendo su objetivo la protección del interés general y la satisfacción de las necesidades y los derechos de los usuarios. Por el contrario, las normas sobre competencia operan *ex post* (salvo en materia de concentraciones económicas), sin que su objetivo directo sea garantizar los derechos de los usuarios del servicio[66].

La posición que adoptan las Administraciones territoriales competentes según el orden constitucional de competencias establecido por el ordenamiento interno de cada Estado miembro (como se verá aquí, más adelante, para el caso de España) y el propio derecho de la Unión Europea, es la de reguladores de los mercados donde operan los SIG, más o menos abiertos a la competencia. Pero también pueden actuar como prestadores de tales servicios, con carácter exclusivo o en concurrencia con la iniciativa privada. Desde la perspectiva del derecho de la Unión Europea, la titularidad privada o pública del sujeto (empresa) que presta el SIG es un dato relativamente poco relevante (principio de neutralidad, art. 354 TFUE)[67]. Lo decisivo es que a tales empresas no se les otorguen ayudas públicas o derechos exclusivos que distorsionen la libre competencia, salvo que cumplan misiones de servicio público en los términos del art. 106 TFUE. El art. 106 TFUE pretende con-

---

63. Moreno Molina (2017).
64. Salvador Armendáriz (2022: 42-43).
65. Laguna de Paz (2016: 21).
66. Baño León (2011: 5).
67. Fernández (1999: 69).

Despoblación rural y envejecimiento: políticas públicas y servicios municipales de protección y atención a las personas mayores

Fundación Democracia y Gobierno Local Serie: Claves del Gobierno Local. 40 ISBN: 978-84-125912-6-2

55

ciliar el interés de los Estados miembros en utilizar determinadas empresas como instrumento de política económica o social con el interés de la Unión en la observancia de las normas sobre la competencia y en el mantenimiento de la unidad del mercado común.

El mercado interior se articula fundamentalmente sobre la base de la libertad de establecimiento y la libertad de prestación de servicios (arts. 49, 56 y 57 TFUE). Pero esa orientación hacia la libre competencia no excluye que, como instrumentos para lograr la cohesión social (arts. 14 y 106 TFUE, Protocolo 26 del TFUE, y art. 36 CDFUE), los poderes públicos puedan actuar en el mercado mediante la prestación o la regulación de servicios de interés general (SIG) que satisfacen necesidades básicas de los ciudadanos, tengan carácter económico (SIEG)[68] o carácter no económico (SIGNE)[69].

El art. 1 del Protocolo núm. 26 del TFUE reconoce la existencia de una amplia "capacidad de discreción" a los poderes públicos sobre la base de la diversidad y variabilidad de necesidades de los ciudadanos, además de asumir la diversidad de los servicios de interés económico general y la disparidad de las necesidades y preferencias de los usuarios que pueden resultar de las diferentes situaciones geográficas, sociales y culturales. Y el art. 2 del Protocolo núm. 26 del TFUE determina que las disposiciones de los tratados no afectarán en modo alguno a la competencia de los Estados miembros para prestar, encargar y organizar servicios de interés general que no tengan carácter económico.

En la arquitectura actual de la Unión Europea, los SIG deben configurarse no como obstáculos, sino como elementos activos para la construcción del mercado interior en una economía social de mercado[70] ante la existencia de fallos del mismo que no permiten satisfacer necesidades sociales consideradas de obligada prestación a todos los ciudadanos en cada Estado miembro[71]. A ello debe unirse que los SIG presentan una clara influencia en el proceso de europeización de los distintos derechos administrativos nacionales[72].

La finalidad de esta categoría es agrupar todas las necesidades que resultan esenciales para los ciudadanos de la Unión Europea, integrando

---

68. Al respecto, Parejo Alfonso (2004: 57) identifica los SIEG con la noción dogmática del servicio público funcional u objetivo.
69. Así, Parejo Alfonso (2004: 57) identifica los SIGNE, desde una perspectiva dogmática, con las funciones públicas en sentido estricto.
70. Sauter (2015: 738).
71. Maziarz (2016: 19).
72. Aguado i Cudolà (2012: 33).

Despoblación rural y envejecimiento:
políticas públicas y servicios municipales
de protección y atención a las personas mayores

Fundación Democracia y Gobierno Local
Serie: Claves del Gobierno Local. 40
ISBN: 978-84-125912-6-2

tanto actividades que tienen una dimensión económica como las que no la tienen.

Las nociones de SIG y de sus diferentes modalidades constituyen conceptos autónomos del derecho europeo, lo que implica que han de interpretarse *prima facie* de manera uniforme en todo el territorio de la Unión y sin que su concreción pueda hacerse depender directamente de conceptos preexistentes en la legislación nacional de los Estados miembros. La problemática surge ante la inexistencia de una definición normativa expresa del concepto de SIEG o SIGNE en el derecho primario o secundario. La posición del derecho terciario, constituida por las sucesivas comunicaciones de la Comisión Europea, no muestra una línea constante[73]. Por su parte, el TJUE ha mantenido una posición errática[74].

En una primera aproximación puede convenirse que, desde una perspectiva positiva, el elemento clave en los SIG es que el servicio se dirija a la satisfacción de un interés general (público) al servicio de la comunidad, entendida esta como un todo o referida solo a alguna de sus partes, que puede estar limitado territorial u objetivamente. Las necesidades sociales a las que debe dar respuesta cada Estado miembro difieren de uno a otro, por lo que una misma actividad puede ser calificada o no como SIG en función del desarrollo económico y del modelo de constitución social asumida por cada Estado miembro[75]. La generalidad (relevancia) del interés en la prestación del servicio deriva del hecho de que su prestación solo puede ser garantizada por la autoridad pública o por una empresa autorizada por la autoridad pública[76]. En todos ellos el elemento clave es la garantía de la calidad y la accesibilidad de los SIG que se prestan a los usuarios. El interés público se encuentra no tanto en la titularidad como en su universalidad[77]. Desde una perspectiva negativa, no tienen la consideración de SIG aquellos servicios prestados en interés particular, aun cuando este tenga una dimensión más o menos colectiva, o esté reconocida por el Estado miembro como legítima o beneficiosa[78]. Tampoco aquellas actividades donde el Estado ejerce su soberanía o actúa como tal Estado[79].

---

73. Sobre la evolución del concepto de SIEG, Piernas López (2017: 119), quien pone de relieve cómo la Comisión pasa de una descripción estrictamente económica (fallo del mercado) a una descripción funcional (satisfacción de las necesidades de los usuarios) o, por último, aúna ambas descripciones.
74. Vaquer Caballería (2010: 9); Carlón Ruiz (2016: 47).
75. Maziarz (2016: 16); Sauter y Hancher (2014: 541).
76. Zemánek (2016: 200); Ponce Solé (2011: 16).
77. Sauter (2015: 757).
78. Maziarz (2016: 21).
79. Laguna de Paz (2016: 22). En este caso pueden incluirse los servicios de autoridad en general (Policía, Justicia, Asuntos Exteriores) o la inspección de actividades privadas.

Despoblación rural y envejecimiento:
políticas públicas y servicios municipales
de protección y atención a las personas mayores

Fundación Democracia y Gobierno Local
Serie: Claves del Gobierno Local, 40
ISBN: 978-84-125912-6-2

57

Los SIEG, en cuanto que actividades económicas, forman parte del mercado interior. La Unión Europea ostenta competencias exclusivas (art. 3.1 TFUE) para establecer las normas sobre competencia que resulten necesarias para el funcionamiento del mercado interior, y ostenta competencias compartidas con los Estados miembros en materia de mercado interior (arts. 4.2 y 14 TFUE). Corresponde así al legislador europeo el establecimiento del régimen jurídico básico de los SIEG, en la medida necesaria para garantizar el adecuado funcionamiento del mercado interior, reservándose a los Estados miembros la competencia para precisar su organización, prestación y financiación. Es más, conforme al art. 2.2 TFUE, los Estados miembros pueden asumir atribuciones en relación con los SIEG en la medida en que la UE no ejerza su competencia compartida.

Ahora bien, no puede calificarse como SIEG cualquier actividad económica, sino solo aquellas destinadas a satisfacer necesidades básicas de una concreta comunidad, que el mercado no ofrece por resultar ineficiente, por lo que la intervención pública resulta necesaria[80]. Tales servicios resultan básicos, bien porque sin los mismos vivir en un territorio determinado sería difícil o incluso imposible, bien por razones de seguridad pública.

Por su parte, los SIGNE, en cuanto actividades de marcado carácter social, no forman parte del mercado interior[81]. En términos generales, se incluyen dentro de los llamados servicios de interés general de carácter social o de solidaridad sectores concretos, como la sanidad, la educación o la protección social, que presentan unas características muy singulares que los diferencian de los servicios económicos, ya que se trata de servicios prestados directamente a las personas y que son imprescindibles para el disfrute de la vida, por lo que se encuentran estrechamente vinculados a la dignidad humana, y esto es lo que motiva que el Estado garantice el acceso a dichos servicios por parte de los ciudadanos, independientemente de su capacidad económica[82]. Las actividades que se encuadran en esta categoría de SIGNE responden, de forma esquemática, a los siguientes elementos: su financiación es primordialmente pública, sin perjuicio de la existencia de una contraprestación por los usuarios que no cubre el coste del servicio, por lo que no resulta significativa; y persiguen la consecución de objetivos sociales y efectos redistributivos. Dentro de los SIGNE se pueden incorporar tanto actividades que no tienen dimensión económica como actividades donde sí existe una dimensión económica, pero cuya presencia queda relegada en un segundo plano ante la

---

80. Maziarz (2016: 30).
81. López de Castro García-Morato (2017: 191).
82. Vida Fernández (2017).

Despoblación rural y envejecimiento: políticas públicas y servicios municipales de protección y atención a las personas mayores

58

Fundación Democracia y Gobierno Local
Serie: Claves del Gobierno Local, 40
ISBN: 978-84-125912-6-2

relevancia de la dimensión social de la actividad[83]. Ni la naturaleza ni la finalidad del servicio son, en este sentido, datos determinantes; pero tampoco el hecho de que el objetivo del servicio sea esencialmente social excluye su calificación como servicio de interés económico general[84], dirigido a garantizar los derechos fundamentales a la dignidad humana y a la integridad, siendo una concreción de los principios de cohesión social y de solidaridad. Por ello, en un mismo sector pueden coexistir actividades que se encuadren como SIEG o como SIGNE, siendo tal diferenciación dinámica y evolutiva, dado que la existencia o no de un mercado en un determinado sector dependerá de la evolución tecnológica, económica y social[85].

Esta conceptualización no permite, ciertamente, distinguir con claridad unos supuestos de otros. Tampoco el TJUE ha establecido una diferencia conceptual, sino tipológica, sin crear una regla general sobre los mismos[86], pero estableciendo unos supuestos en los que son aplicables o no las normas reguladoras del mercado interior, afirmando si estos servicios pueden ser considerados o no como actividades económicas. El elemento clave para la concreta adscripción de una actividad a uno u otro tipo responde no tanto al sector de actividad, ni a su dimensión económica, como a la relevancia y el alcance del interés general (solidaridad) al que sirve el concreto régimen jurídico de tal actividad (forma en que se presta, organiza y financia) establecido por cada Estado miembro[87].

En lo que aquí interesa, expresamente, el derecho primario de la Unión Europea reconoce la competencia de los Estados miembros para organizar sus servicios sociales y sanitarios, correspondiéndoles determinar la gestión de los servicios de salud y de atención médica, así como la asignación de los recursos que se destinan a dichos servicios, conforme al art. 168.7 TFUE. Los regímenes de seguridad social y protección social creados por los Estados miembros serán apoyados por la Unión Europea, a tenor del art. 153.1.c) TFUE. La identificación de las actividades que se encuadran en tal tipo corresponde igualmente a los Estados miembros.

En cuanto que podemos incluirlas en la categoría de SIGNE[88], las actuaciones de los poderes públicos en materia de servicios o prestaciones

---

83. En este sentido, Paricio Rallo (2013: 112).
84. Paricio Rallo (2013: 112) precisa cómo ni la naturaleza ni la finalidad del servicio son en este sentido datos determinantes; pero tampoco el hecho de que el objetivo del servicio sea esencialmente social excluye su calificación como servicio de interés económico general.
85. Chinchilla y Domínguez (2018: 68).
86. Laguna de Paz (2016: 20); Vida Fernández (2017: 33).
87. Sauter y Hancher (2014: 541); Vaquer Caballería (2010: 8); y Parejo Alfonso (2004: 62).
88. Sobre esta cuestión, con más detalle, Chinchilla y Domínguez (2018).

Despoblación rural y envejecimiento: políticas públicas y servicios municipales de protección y atención a las personas mayores

Fundación Democracia y Gobierno Local
Serie: Claves del Gobierno Local, 40
ISBN: 978-84-125912-6-2

59

sociales o sociosanitarias no estarían sometidas a las normas sobre mercado interior (libertad de establecimiento y libertad de prestación de servicios), competencia y ayudas de Estado[89], no teniendo los poderes públicos en su prestación la condición de empresas[90]. Hay que recordar que el art. 2 del Protocolo 26 de los Tratados establece que las disposiciones de los tratados no afectarán en modo alguno a la competencia de los Estados miembros para prestar, encargar y organizar servicios de interés general que no tengan carácter económico.

No obstante, su prestación por los Estados miembros sí está sometida a las reglas de contratación pública, libertad de circulación de personas, y al principio de no discriminación en su prestación[91]. Conviene recordar las conclusiones presentadas por el Abogado General Tesauro en el asunto Decker (C-120/95 y C-158/96, punto 17), que subrayaba que el ámbito de la seguridad social no constituye "un islote al margen de la influencia del Derecho [de la Unión]". Si bien los Estados miembros conservan su autonomía en materia de organización de sus sistemas de seguridad social, dicha autonomía no impide la aplicación de las libertades fundamentales consagradas en los tratados de las que las normas sobre contratación pública forman parte integrante (Sentencia de 8 de febrero de 2018, Lloyd's of London, C-144/17, apdo. 33)[92].

Hay que recordar aquí las palabras del Comité Económico y Social Europeo[93], que afirmó que "en Europa los servicios a la persona en los ámbitos sanitario, social y educativo constituyen un importante núcleo duro del modelo social europeo. Tales servicios, que son independientes y se refuerzan recíprocamente en su eficacia, forman un 'triángulo de oro' esencial para el buen funcionamiento y la calidad de la sociedad". Mucho antes, la Agenda Social, aprobada por el Consejo Europeo (7-9 de diciembre de 2000), en su anexo I, apdo. 11, afirmaba que "el modelo social europeo [...] se caracteriza en particular por la existencia de unos sistemas de protección social de alto nivel, por la importancia del diálogo social

---

89.   *Guide to the application of the European Union rules on state aid, public procurement and the internal market to services of general economic interest, and in particular to social services of general interest*, SWD(2013)53 final/2.

90.   Sauter (2015: 749).

91.   Laguna de Paz (2016: 36); Sauter (2015: 740); Villalba Pérez (2017: 327).

92.   Sentencias de 28 de abril de 1998, Kohll (C-158/96, EU:C:1998:171), apdo. 21; de 12 de julio de 2001, Smits y Peerbooms (C-157/99, EU:C:2001:404), apdo. 54; de 13 de mayo de 2003, Müller-Fauré y van Riet (C-385/99, EU:C:2003:270), apdo. 39; y de 23 de octubre de 2003, Inizan (C-56/01, EU:C:2003:578), apdo. 17.

93.   Dictamen del Comité Económico y Social Europeo sobre el tema "Tendencias y repercusiones del futuro desarrollo del sector de los servicios a la persona en los ámbitos social, sanitario y educativo en la Unión Europea" (Dictamen de iniciativa 2013/C 44/03).

60

Despoblación rural y envejecimiento:
políticas públicas y servicios municipales
de protección y atención a las personas mayores

Fundación Democracia y Gobierno Local
Serie: Claves del Gobierno Local, 40
ISBN: 978-84-125912-6-2

y por unos servicios de interés general que incluyen actividades esenciales para la cohesión social (y) se apoya hoy en día, por encima de la diversidad de los sistemas sociales de los Estados miembros, en una base común de valores". Por último, la Carta Europea de Derechos Fundamentales proclama, en su art. 36, el reconocimiento de un derecho de acceso a los servicios de interés general como instrumento de cohesión social y territorial, en los siguientes términos: "La Unión reconoce y respeta el acceso a los servicios de interés económico general, tal como disponen las legislaciones y prácticas nacionales, de conformidad con el Tratado constitutivo de la Comunidad Europea, con el fin de promover la cohesión social y territorial de la Unión". Y el art. 34 de la propia Carta incluye una mención a la "seguridad social y ayuda social", en los siguientes términos:

"1. La Unión reconoce y respeta el derecho de acceso a las prestaciones de seguridad social y a los servicios sociales que garantizan una protección en casos como la maternidad, la enfermedad, los accidentes laborales, la dependencia o la vejez, así como en caso de pérdida de empleo, según las modalidades establecidas por el Derecho de la Unión y las legislaciones y prácticas nacionales. 2. Toda persona que resida y se desplace legalmente dentro de la Unión tiene derecho a las prestaciones de seguridad social y a las ventajas sociales de conformidad con el Derecho de la Unión y con las legislaciones y prácticas nacionales.
3. Con el fin de combatir la exclusión social y la pobreza, la Unión reconoce y respeta el derecho a una ayuda social y a una ayuda de vivienda para garantizar una existencia digna a todos aquellos que no dispongan de recursos suficientes, según las modalidades establecidas por el Derecho de la Unión y por las legislaciones y prácticas nacionales".

Entendidos en los términos antes expuestos, los servicios de interés general (no económicos) constituyen actividades que satisfacen necesidades básicas de la población y en cuya organización y prestación priman los criterios de solidaridad y cohesión social frente al de eficiencia económica. Por ello deben responder a los principios de universalidad, igualdad de acceso, equidad, continuidad en la prestación, transparencia y calidad[94]. Esto implica que la atribución de la prestación de un SIGNE a una empresa pública o a una empresa privada debe realizarse mediante un acto que atribuya de manera clara y transparente la obligación del servicio que se le encomienda[95].

94. Sobre el mantenimiento de las exigencias derivadas de la prestación de un servicio público y las obligaciones derivadas de tal condición: principios de universalidad, igualdad de acceso, equidad, continuidad en la prestación, transparencia y calidad, por todos, Font i Llovet (2016) y Zambonino Pulito (2016).
95. *Cfr.* STJUE de 11 de julio de 2013 (asunto C-57/12).

4.2. Las políticas sociales de atención a los mayores como servicios de interés general no económicos en el derecho de la Unión Europea

Como hemos visto en el apartado anterior, en el intento de trazar una definición de qué se entiende por servicio de interés general, el derecho de la Unión Europea no nos proporciona una definición normativa, sino que, como en muchos ámbitos y conceptos, hay una remisión tipológica obra del TJUE[96]. Dentro de los "clásicos" ámbitos incluidos en los SIGNE expresamente el derecho primario reconoce la competencia de los Estados miembros para organizar sus servicios sanitarios (art. 168.7 TFUE), los regímenes de seguridad social y protección social creados por los Estados miembros (art. 153.1.c TFUE) o la organización del sistema educativo y los contenidos de la enseñanza (art. 165.1 TFUE). No tenemos una previsión similar que expresamente se refiera a las actuaciones públicas en materia de servicios sociales de protección a los mayores, pero sí que se puede incluir (dado que estamos en presencia de actuaciones con una fuerte dimensión social) en la previsión (antes señalada) referida a los regímenes de "protección social creados por los Estados miembros" (art. 153.1.c TFUE).

Desde una perspectiva metodológica, la construcción sistemática de los SIG responde mejor a una orientación tipológica (frente a construcción conceptual), sobre la base de los elementos identificados por la Comisión y el TJUE. Ello resulta adecuado porque el concepto de SIG tiene una dimensión evolutiva y territorial, dependiendo de las concretas características y necesidades de los ciudadanos de cada Estado miembro. Y ello mismo se predica de la distinción entre SIEG o SIGNE, recordando que en un mismo sector pueden coexistir actividades que se encuadren como SIEG o como SIGNE, siendo tal diferenciación dinámica y evolutiva, dado que la existencia o no de un mercado en un determinado sector dependerá de la evolución tecnológica, económica y social: el elemento clave para la concreta adscripción de una actividad a uno u otro tipo responde no tanto al sector de actividad, o a su dimensión económica, como a la relevancia y el alcance del interés general (solidaridad) al que sirve el concreto régimen jurídico de tal actividad (forma en que se presta, organiza y financia) establecido por cada Estado miembro[97].

En el "Libro Blanco sobre los servicios sociales de interés general" (Comunicación de la Comisión al Parlamento Europeo, al Consejo, al Comité

---

96.   En este sentido Laguna de Paz (2016: 20); Vida Fernández (2017: 33); y Paricio Rallo (2013: 112).

97.   Sauter y Hancher (2014: 541); Vaquer Caballería (2010: 8); Parejo Alfonso (2004: 62).

Despoblación rural y envejecimiento:
políticas públicas y servicios municipales
de protección y atención a las personas mayores

Fundación Democracia y Gobierno Local
Serie: Claves del Gobierno Local, 40
ISBN: 978-84-125912-6-2

Económico y Social Europeo y al Comité de las Regiones, de 12 de mayo de 2004) la Comisión presenta los principales elementos de una estrategia destinada a conseguir que los ciudadanos y las empresas de la Unión tengan acceso a unos servicios de interés general abordables y de calidad. La posterior Comunicación de la Comisión (de 26 de abril de 2006), "Aplicación del programa comunitario de Lisboa. Servicios sociales de interés general en la Unión Europea", profundiza en esta perspectiva y apuesta por la necesidad de llevar a cabo la modernización de los servicios sociales a través de la aplicación de la normativa europea. La Comunicación incorpora una descripción de este tipo de servicios y propone una definición de servicios sociales, junto a la enumeración de sus características organizativas[98]:

a) Habrá de tratarse de un funcionamiento basado en el principio de solidaridad.

b) Que posea un carácter polivalente y personalizado que atienda a los diversos aspectos que son necesarios para garantizar los derechos humanos fundamentales y proteger a las personas más vulnerables.

c) Habrá de concurrir la ausencia de ánimo de lucro.

d) Que exista participación de voluntarios.

e) Suele existir, también, un profundo enraizamiento en una tradición cultural local; esto se refleja de forma especial en la proximidad que existe entre el prestador del servicio y el beneficiario.

f) La relación entre el prestador del servicio y el beneficiario, que, siendo asimétrica, no puede compararse con la que existe "normalmente" entre suministradores y consumidores.

En consecuencia, no es posible identificar de manera automática los servicios sociales como SIGNE, pues los servicios sociales, aun ostentando un carácter social, pueden tener carácter económico si es que se prestan mediando remuneración, que es lo determinante de su naturaleza[99]. Los servicios de interés no económico se caracterizan, en cambio, porque en ellos tiene más relevancia el componente asistencial que el económico[100]. Por tanto, habrá que analizar caso por caso y verificar si existe o no tal remuneración.

---

98. Salvador Armendáriz (2022: 44-45).
99. Salvador Armendáriz (2022: 45-46).
100. Garrido Juncal (2020: 130).

Despoblación rural y envejecimiento: políticas públicas y servicios municipales de protección y atención a las personas mayores

Fundación Democracia y Gobierno Local
Serie: Claves del Gobierno Local, 40
ISBN: 978-84-125912-6-2

63

Adicionalmente, la citada Comunicación de la Comisión establece unos objetivos generales que cumplen los servicios sociales y que también nos pueden ayudar a la hora de ubicar estos servicios:

— Son servicios orientados a las personas, diseñados para responder a las necesidades humanas vitales, en especial las necesidades en situación vulnerable; ofrecen protección contra riesgos generales y específicos de la vida y ayudan frente a las dificultades o crisis personales; asimismo, se prestan a familias en un contexto de modelos familiares cambiantes, apoyan su papel en el cuidado de los miembros de la familia de todas las edades, así como de las personas con discapacidad, y compensan posibles fallos en las familias; son instrumentos clave para la salvaguardia de los derechos humanos fundamentales y de la dignidad humana.

— Desempeñan un papel de prevención y cohesión social, que va destinado a la población en su conjunto, independientemente de sus medios económicos.

— Contribuyen a la no discriminación, la igualdad entre hombres y mujeres, la protección de la salud humana, la mejora de las condiciones de vida y la calidad de vida, y a garantizar la igualdad de oportunidades para todos, mejorando así la capacidad de los individuos para una plena participación en la sociedad.

Para concretarlo y poder ubicar una determinada actuación dentro del concepto de servicio de interés general y, dentro de esta categoría, encuadrarlo como SIEG o como SIGNE, con las implicaciones que ello tiene, resulta fundamental acudir a la jurisprudencia del TJUE, que, a partir de los asuntos que le han llegado, ha ido construyendo una doctrina al respecto.

El tribunal incluye dentro de estos conceptos las residencias de ancianos, los centros de acogida diurna y los centros de acogida nocturna[101]. Y también, en lo relativo a la acción de los poderes públicos en materia de vivienda, el Tribunal europeo considera que se incluyen dentro de estos conceptos ámbitos como la gestión de viviendas sociales[102]. En concreto, en su sentencia de 1 de octubre de 2009, asunto C-567/07, Woningstichting Sint Servatius, el TJUE afirma que "el fomento de la vivienda de protección oficial en un Estado miembro puede ser un interés fundamental de la sociedad"

---

101. *Cfr.* STJUE de 11 de julio de 2013 (asunto C-57/12).

102. STJUE de 1 de octubre de 2009 (asunto C-567/07); STG de 3 de marzo de 2010 (asunto T-163/05). Sobre ello, Vaquer Caballería (2010: 16); Ponce Solé (2011: 12).

Despoblación rural y envejecimiento: políticas públicas y servicios municipales de protección y atención a las personas mayores

Fundación Democracia y Gobierno Local
Serie: Claves del Gobierno Local. 40
ISBN: 978-84-125912-6-2

(apdo. 28), y que "las exigencias de la política de vivienda de protección oficial y su régimen de financiación en un Estado miembro pueden constituir igualmente razones imperiosas de interés general y, por ende, justificar restricciones" a los principios de libre circulación de capitales y libre prestación de servicios (párr. 30), restricciones que, en todo caso, deberán ser necesarias y apropiadas para cumplir con los objetivos de interés general perseguidos. En este ámbito de la gestión de viviendas sociales solo se consideran compatibles las ayudas que estén destinadas a un grupo claramente definido de ciudadanos desfavorecidos o a grupos menos favorecidos socialmente que, por problemas de solvencia, no puedan encontrar vivienda en condiciones de mercado[103]. En relación con las ayudas en materia de vivienda, en la Sentencia de 3 de marzo de 2010, asunto T-163/05, Bundesverbanddeutscher Banken, el Tribunal General aprecia que, en este caso, resulta justificado que se fijen condiciones singulares de su otorgamiento de estas ayudas (perpetuidad, remuneración y escalonada por tramos, tratamiento diverso al del capital social, etc.), por lo que concluye afirmando que no se trata de una ayuda de Estado contraria al Tratado y que se trata de una medida idónea y con una proporcionalidad razonable respecto de la misión de fomento de la vivienda social perseguida[104]. Resulta especialmente interesante, a estos efectos, la Sentencia de 8 de mayo de 2013, en los asuntos acumulados C-197/11 y C-203/11, resolutoria de sendas cuestiones prejudiciales planteadas por la Corte Constitucional belga, que se ocupa de cuestiones fundamentales para la articulación y el desarrollo de la política de vivienda social en la Unión Europea[105]: la configuración de tales políticas como servicios no económicos de interés general, la existencia y admisibilidad de ayudas de Estado a favor de las entidades privadas afectadas por cargas sociales en el desarrollo de su actividad de promoción urbanística o inmobiliaria, la determinación de los ciudadanos destinatarios de la vivienda social, o la configuración como contrato de obra pública de la relación jurídica derivada de la imposición de cargas sociales que dan lugar a la edificación de viviendas sociales que han de ser vendidas a un organismo público de vivienda social,

---

103.   Decisión de la Comisión Europea de 15 de diciembre de 2009 [C (2009) 9963 final]. STJUE de 8 de mayo de 2013 (asuntos C-197/11 y C-203/11) y 24 de marzo de 2011 (asunto C-400/08). Vaquer Caballería (2010: 17) recuerda que la Comisión Europea, por su parte, ya había aceptado años atrás no solo el interés general de los servicios de vivienda social, sino incluso su singularidad para justificar un trato especial, menos estricto que el general en materia de ayudas de Estado establecido por la Decisión de la Comisión 2005/842/CE, de 28 de noviembre de 2005, relativa a la aplicación de las disposiciones del art. 86, apdo. 2, del Tratado CE a las ayudas estatales en forma de compensación por servicio público concedidas a algunas empresas encargadas de la gestión de servicios de interés económico general.

104.   Sobre esta sentencia, ver Vaquer Caballería (2010: 16-17).

105.   Sobre esta cuestión, ver el comentario analítico realizado por Tejedor Bielsa (2013).

Despoblación rural y envejecimiento: políticas públicas y servicios municipales de protección y atención a las personas mayores

Fundación Democracia y Gobierno Local
Serie: Claves del Gobierno Local, 40
ISBN: 978-84-125912-6-2

65

o en relación con las cuales este se subrogará en la posición de quien las edificó.

Según jurisprudencia consolidada del Tribunal de Justicia, las medidas nacionales que pueden obstaculizar o hacer menos atractivo el ejercicio de las libertades fundamentales garantizadas por el TFUE son, no obstante, admisibles siempre que persigan un objetivo de interés general, sean adecuadas para garantizar la obtención de este y no vayan más allá de lo necesario para alcanzar el objetivo perseguido (véanse, en particular, las sentencias Woningstichting Sint Servatius, apdo. 25, y Comisión/Hungría, apdo. 69).

Entre esas razones imperiosas reconocidas por el Tribunal de Justicia figuran la protección del medio ambiente (véase, en particular, la Sentencia de 11 de marzo de 2010, Attanasio Group, C-384/08, Rec. p. I-0000, apdo. 50 y jurisprudencia citada), la ordenación del territorio (véase, por analogía, la Sentencia de 1 de octubre de 2009, Woningstichting Sint Servatius, C-567/07, Rec. p. I-9021, apdo. 29 y jurisprudencia citada) y la protección de los consumidores (véase, en particular, la Sentencia de 13 de septiembre de 2007, Comisión/Italia, C-260/04, Rec. p. I-7083, apdo. 27 y jurisprudencia citada). La STJUE de 1 de octubre de 2009, Woningstichting Sint Servatius, C-567/07, afirma que "el fomento de la vivienda de protección oficial en un Estado miembro puede ser un interés fundamental de la sociedad".

En cambio, los objetivos de carácter meramente económico no pueden constituir una razón imperiosa de interés general (véase, en este sentido, la Sentencia de 15 de abril de 2010, CIBA, C-96/08, Rec. p. I-0000, apdo. 48 y jurisprudencia citada).

Por tanto, conforme a esta jurisprudencia, tales exigencias, relativas a la política de vivienda social de un Estado miembro, pueden ser razones de interés general y, por tanto, justificar restricciones. Aunque, eso sí, no basta con cumplir este requisito, sino que, además, es necesario comprobar si el requisito de la existencia de un "vínculo suficiente" con el municipio destinatario de que se trate constituye una medida necesaria y apropiada para el cumplimiento del objetivo invocado (satisfacer las necesidades de vivienda de la población autóctona más desfavorecida). En este caso concreto, el Tribunal considera que ninguno de los requisitos establecidos para la existencia de un "vínculo suficiente" (entre el adquirente o arrendatario potencial y el municipio destinatario) guarda relación directa con los aspectos socioeconómicos que se corresponden con el objetivo de proteger a la población local con menor capacidad económica en el mercado inmobiliario. En efecto, pueden cumplir estos criterios no solo la población más desfavorecida, sino también

Despoblación rural y envejecimiento:
políticas públicas y servicios municipales
de protección y atención a las personas mayores

Fundación Democracia y Gobierno Local
Serie: Claves del Gobierno Local, 40
ISBN: 978-84-125912-6-2

otras personas que disponen de medios económicos suficientes y que, por consiguiente, no tienen una necesidad específica de protección social en dicho mercado. Así, estas medidas van más allá de lo necesario para cumplir el objetivo buscado (apdos. 54 y 55 de la Sentencia).

También se puede tomar en consideración la Sentencia de 8 de mayo de 2013 (asuntos acumulados C-197/11 y C-203/11), que no deja dudas acerca de la consideración de la política de provisión de vivienda de protección oficial como servicio social de interés económico general. Para llegar a esta conclusión, el Tribunal toma en consideración lo establecido en el art. 2.2.a) y j) de la Directiva de Servicios, que deja fuera de su ámbito de aplicación los servicios no económicos de interés general y los servicios sociales relativos a la vivienda social y de apoyo a personas temporal o permanentemente necesitadas, proporcionados por el Estado o por prestadores encargados por el Estado[106]. Hay que recordar que, recientemente, también en un caso que afecta a la normativa española (el Auto del TSJ de 31 de marzo de 2023, asunto C-676/20, ECLI:EU:C:2023:289, conocido como ASADE II)[107], el Tribunal afirma que, a tenor de su art. 2, apdo. 2, letras f) y j), la Directiva de Servicios no se aplica a los servicios sanitarios ni a los servicios sociales relativos a la vivienda social, la atención a los niños y el apoyo a las familias y a las personas temporal o permanentemente necesitadas proporcionados por el Estado, por prestadores encargados por el Estado o por asociaciones de beneficencia reconocidas como tales por el Estado.

Y, como se puede comprobar, en coherencia con las afirmaciones anteriores, en estos casos analizados por la jurisprudencia europea, para poder llegar a concluir su consideración como SIGNE, estamos ante supuestos en los que el elemento clave es la relevancia y el alcance del interés general (solidaridad) al que sirve el concreto régimen jurídico de tal actividad (forma en que se presta, organiza y financia) establecido por cada Estado miembro.

En definitiva, y como resumen, el Tribunal de Justicia ha incluido dentro de los SIGNE actuaciones de los poderes públicos, en cuanto actividades de marcado carácter social y con efectos redistributivos y que tienen una financiación primordialmente pública (sin perjuicio de la existencia de una contraprestación por los usuarios que no cubre el coste del servicio, por lo que no resulta significativa). Esto supone, como se ha señalado, que estas actuaciones, con pretensión de protección o prestación social, no forman

---

106. Tejedor Bielsa (2013).
107. Sobre esta jurisprudencia, conocida como los asuntos ASADE I y ASADE II, ver Domínguez Martín (2022) y Castillo Abella (2023).

Despoblación rural y envejecimiento: políticas públicas y servicios municipales de protección y atención a las personas mayores

Fundación Democracia y Gobierno Local
Serie: Claves del Gobierno Local. 40
ISBN: 978-84-125912-6-2

67

parte del mercado interior[108], y sobre ellas, por tanto, la Unión no ostenta competencias, no estando sometidas a las normas sobre mercado interior (libertad de establecimiento y libertad de prestación de servicios), competencia y ayudas de Estado[109]. No obstante, *prima facie*, su prestación por los Estados miembros sí está sometida a las reglas de contratación pública, libertad de circulación de personas, y al principio de no discriminación en su prestación[110].

Las actuaciones o iniciativas públicas en el ámbito social se pueden incluir, por tanto, dentro de los SIGNE, y, aunque puede tener una dimensión económica, su presencia queda relegada a un segundo plano ante la relevancia de la dimensión social de la actividad[111], si es que tienen como prioridad garantizar los derechos fundamentales a la dignidad humana y a la integridad, siendo una concreción de los principios de cohesión social y de solidaridad, según establezca el poder público que tenga la iniciativa en este ámbito (Administración autonómica o local, fundamentalmente, en el caso de España, en virtud de las competencias atribuidas y asumidas).

---

108. López de Castro García-Morato (2014: 191).

109. *Guide to the application of the European Union rules on state aid, public procurement and the internal market to services of general economic interest, and in particular to social services of general interest*, SWD(2013)53 final/2.

110. Laguna de Paz (2016: 36); Sauter (2015: 740).

111. Laguna de Paz (2016: 20).

Despoblación rural y envejecimiento: políticas públicas y servicios municipales de protección y atención a las personas mayores

Fundación Democracia y Gobierno Local
Serie: Claves del Gobierno Local. 40
ISBN: 978-84-125912-6-2

CAPÍTULO 2

El mandato constitucional de protección de la tercera edad y las competencias de prestación de servicios sociales

1. El mandato del art. 50 CE y la distribución de competencias en la protección de los mayores

Desde el punto de vista jurídico, es claro el mandato contenido en el art. 50 CE, dentro del Capítulo Tercero del Título I ("principios rectores de la política social y económica"), que impone la promoción del bienestar de los ciudadanos durante la tercera edad "mediante un sistema de servicios sociales que atenderán sus problemas específicos de salud, vivienda, cultura y ocio" (art. 50 CE). Esto constituye un "mandato vinculante de actuación"[1] cuyos destinatarios son todos los poderes del Estado, todas las Administraciones públicas.

Los aspectos ligados al sistema de pensiones o la atención a la dependencia se incluyen dentro de las competencias exclusivas del Estado, como la legislación básica y el régimen económico de la Seguridad Social (art. 149.1.17 CE) y la regulación de las condiciones básicas que garanticen la igualdad de todos los españoles en el ejercicio de derechos y obligaciones (art. 149.1.1 CE).

---

1. Rodríguez de Santiago (2007: 44).

Despoblación rural y envejecimiento: políticas públicas y servicios municipales de protección y atención a las personas mayores

Fundación Democracia y Gobierno Local
Serie: Claves del Gobierno Local, 40
ISBN: 978-84-125912-6-2

69

Pero si nos centramos en la dimensión puramente prestacional, el contenido asociado a las prestaciones sociales a mayores encaja en las competencias de las comunidades autónomas en materia de asistencia social conforme al art. 148.1.20 CE y los estatutos de autonomía, que han asumido esta competencia en materia de asistencia social. Incluso algunas comunidades autónomas reconocen directamente en sus estatutos de autonomía derechos relacionados con la protección y la atención a las personas mayores[2]. Los estatutos coinciden en establecer el deber de los poderes públicos de garantizar el desarrollo autónomo e independiente de los mayores y su plena integración en la vida social, apostando por la promoción del envejecimiento activo y las relaciones intergeneracionales como elementos centrales para alcanzar dichos objetivos[3].

Luego, ya en el plano de la legalidad ordinaria, estas competencias (y los servicios y prestaciones que las integran) se concretan en la legislación autonómica correspondiente sobre servicios sociales y, en algunos casos, en las leyes específicas sobre la atención a personas mayores[4], reservando también un papel para los municipios en la prestación de estos servicios, en los términos que luego se expondrán: el municipio constituye la primera línea de contacto del ciudadano con la Administración, por proximidad y accesibilidad; incluso cuando se trata de prestaciones o competencias que no son propiamente municipales, los ciudadanos canalizan sus demandas a través de los ayuntamientos en primer lugar.

Un elemento clave en la configuración de los servicios sociales a mayores lo constituye el sistema establecido por la Ley 39/2006, de 14 de diciembre, de Promoción de la Autonomía Personal y Atención a las Personas en Situación de Dependencia (LAPAD), porque una parte importante de las prestaciones a personas mayores se integran dentro de esta legislación. De acuerdo con el sistema creado por la Ley de Dependencia, todos los actores públicos (Estado, comunidades autónomas y entidades locales) han de

---

2. Arts. 10.3 y 13.3 L.O. 5/1982, de 1 de julio, de Estatuto de Autonomía de la Comunidad Valenciana; 18 L.O. 6/2006, de 19 de julio, de reforma del Estatuto de Autonomía de Cataluña; 16.3 L.O. 1/2007, de 28 de febrero, de reforma del Estatuto de Autonomía de las Illes Balears; 19 L.O. 2/2007, de 19 de marzo, de reforma del Estatuto de Autonomía para Andalucía; 24.g) L.O. 5/2007, de 20 de abril, de reforma del Estatuto de Autonomía de Aragón; 13.5 L.O. 14/2007, de 30 de noviembre, de reforma del Estatuto de Autonomía de Castilla y León; 7.14 L.O. 1/2011, de 28 de enero, de reforma del Estatuto de Autonomía de la Comunidad Autónoma de Extremadura; y 15 L.O. 1/2018, de 5 de noviembre, de reforma del Estatuto de Autonomía de Canarias.

3. Egea de Haro (2020).

4. Es el caso de la Ley 6/1999, de 7 de julio, de atención y protección a las personas mayores de Andalucía; de la Ley 5/2003, de 3 de abril, de atención y protección a las personas mayores de Castilla y León, y de la Ley 3/1996, de 11 de julio, de participación de las personas mayores y de la solidaridad entre generaciones de Canarias.

70

Despoblación rural y envejecimiento: políticas públicas y servicios municipales de protección y atención a las personas mayores

Fundación Democracia y Gobierno Local
Serie: Claves del Gobierno Local, 40
ISBN: 978-84-125912-6-2

estar involucrados en la garantía de los derechos subjetivos a las prestaciones correspondientes a las personas que tengan reconocido algún grado de dependencia. Ahora bien, esto no significa que la prestación de servicios a mayores se agote en los mandatos del sistema de dependencia. Numerosos usuarios que no están cubiertos por el sistema diseñado por la Ley de Dependencia, sin embargo, reciben servicios asistenciales. Aunque no todas las personas dependientes son personas mayores, lo cierto es que su tasa de dependencia es muy elevada. Así, los datos publicados por el INE para 2022 muestran que la tasa de dependencia de la población mayor de 64 años es del 54,16 %; cifra que va progresivamente aumentando si se tienen en cuenta los datos históricos (en 2013, el porcentaje de mayores dependientes era del 51 %)[5].

En definitiva, la localización de la política de mayores en distintos niveles de gobierno afecta a su contenido. Aunque con semejanzas evidentes, el marco normativo resultante no ofrece un panorama homogéneo en los distintos territorios. Entre los elementos de convergencia destacan el establecimiento de las condiciones básicas para garantizar la igualdad en el ejercicio de derechos y obligaciones, el principio de no discriminación por razón de la edad, y el incentivo a configurar las prestaciones y los servicios sociales como derechos subjetivos. Y, entre los elementos divergentes, podemos señalar, en primer lugar, que las leyes de servicios sociales presentan diferencias en cuanto a la cobertura de los servicios y el tipo de las prestaciones. Las diferencias también se reflejan en la configuración de los servicios y prestaciones como derechos subjetivos, esto es, en la garantía de su provisión y el nivel de exigibilidad de la Administración competente[6].

2. Autonomía local y potestad de autoorganización: la autonomía de implantación y organización de los servicios públicos locales

La organización de los municipios españoles[7] viene determinada por la legislación básica estatal (Ley 7/1985, de 2 de abril, Reguladora de las Bases del Régimen Local, LBRL), que establece los aspectos básicos de organización necesaria de todos los ayuntamientos. La regulación de la LBRL se completa con normas (no siempre básicas) contenidas en el Real Decreto Legislati-

---

5. https://www.ine.es/jaxiT3/Tabla.htm?t=1419&L=0 (última consulta, realizada el 20 de noviembre de 2023).
6. Egea de Haro (2020).
7. Sobre las cuestiones que se exponen muy esquemáticamente en este apartado, ver, en general, Domínguez y Rodríguez-Chaves (2013); López de Castro García-Morato (2017). Y, por supuesto, los estudios clásicos en este ámbito, de entre los que cabe citar, por todos, Albi (1960); Sosa Wagner (1997); y Gallego Anabitarte (1971).

Despoblación rural y envejecimiento: políticas públicas y servicios municipales de protección y atención a las personas mayores

Fundación Democracia y Gobierno Local
Serie: Claves del Gobierno Local, 40
ISBN: 978-84-125912-6-2

71

vo 781/1986, de 18 de abril, por el que se aprueba el texto refundido de las disposiciones legales vigentes en materia de Régimen Local (TRRL), y por la legislación autonómica de desarrollo, en ejercicio de las competencias autonómicas estatutarias sobre desarrollo legislativo asumidas por las comunidades autónomas, que, en su caso, puede regular una organización municipal complementaria a la establecida con carácter básico o necesario por la LBRL. Además de lo anterior, los municipios también tienen atribuida la potestad de autoorganización complementaria, que se cristaliza en los reglamentos orgánicos municipales. Como es bien sabido, los reglamentos de organización municipal son instrumentos de autonomía real y práctica, a través de los cuales se pueden poner en funcionamiento usos y costumbres atendiendo a las especificidades de la política local, y donde, en todo caso, es cada organización municipal la que posee en sus manos la llave para su correcto funcionamiento. Se trata de una norma local que expresa la potestad de autoorganización municipal que es consustancial al principio de autonomía local consagrado en la CE y en la CEAL[8].

Dicha potestad autoorganizativa se enmarca en el seno de la autonomía municipal garantizada en los arts. 137 y 140 CE. Así ha sido estimado por el Tribunal Constitucional al señalar que dicho poder de autoorganización no plantea en sí mismo problema constitucional alguno, siempre que dicha potestad esté sometida a los límites del respeto a los órganos necesarios establecidos por la legislación básica estatal y por la legislación autonómica de desarrollo, que, en su caso, pueden imponer una organización municipal complementaria de la establecida con carácter básico o necesario por la LBRL (STC 214/1989, de 21 de diciembre, FJ 6). En el mismo sentido, la CEAL, ratificada por España mediante instrumento de 20 de enero de 1988, garantiza el poder de autoorganización local (art. 6, especialmente); una vez publicada oficialmente en España, forma parte del ordenamiento jurídico español (ex arts. 96.1 y 94.1 CE, y SSTC 49/1988, 28/1991, 187/1991 y 140/1995). La CEAL contiene garantías funcionales y orgánicas a favor de las entidades locales a las que es aplicable, lo que constituye el contenido de la autonomía local. En el caso de España, esta garantía internacional de autonomía local se aplica, de acuerdo con la declaración aneja a la ratificación, a los municipios, las provincias y las islas, esto es, a las mismas entidades locales cuya autonomía garantizan inmediatamente los arts. 140 y 141 CE[9].

En algunos pronunciamientos del Tribunal Supremo se equipara el mandato de autonomía local del art. 140 CE con la autonomía local exigida

---

8. Díez Sastre (2024: 269-270).
9. Velasco Caballero (2009: 73-75).

Despoblación rural y envejecimiento: políticas públicas y servicios municipales de protección y atención a las personas mayores

Fundación Democracia y Gobierno Local
Serie: Claves del Gobierno Local, 40
ISBN: 978-84-125912-6-2

por el art. 3 de la CEAL de 1985 (de las más representativas, la STS de 25 de mayo de 2004, rec. núm. 448/20002). Y al hilo de ello, podría afirmarse[10] que, dado que la CEAL opta no por mínimos funcionales de autonomía, sino por "ordenar y gestionar una parte importante de los asuntos públicos", la LBRL ha de ser interpretada de la forma más favorable para la autonomía local; y, concretamente, para optimizar al máximo el poder de autoorganización municipal, que solo puede ceder en los casos en los que otro principio constitucional entre en colisión con el de autonomía local. No obstante, ha de señalarse que el Tribunal Constitucional, en las sentencias que han aludido a preceptos de la CEAL (entre otras, SSTC 159/2001, FJ 4, ECLI:ES:TC:2001:159, y 240/2006, FJ 12, ECLI:ES:TC:2006:210), no otorga el mismo peso normativo a la CEAL que a la CE. Lejos de ello, es una constante en las SSTC que hacen referencia a preceptos de la CEAL que dicha referencia se haga de forma complementaria a los artículos de la CE que amparan la autonomía local (arts. 137, 140 y 141 CE)[11].

Por lo tanto, si bien es cierto que los reglamentos orgánicos municipales están jerárquicamente subordinados a las leyes, también ha de afirmarse que las leyes sobre régimen local no pueden cerrar el espacio normativo propio del reglamento orgánico municipal[12].

El principio de autonomía local, recogido y reconocido por la CE en sus arts. 137 y 140, y, más específicamente, la autonomía de implantación y organización de los servicios públicos locales, aparecía ya reconocida en el Reglamento de Servicios de las Corporaciones Locales de 1955 (Decreto de 17 de junio, RSCL), aún en vigor, en cuyo art. 30 se establece lo siguiente:

"Las Corporaciones locales tendrán plena potestad para constituir, organizar, modificar y suprimir los servicios de su competencia, tanto en el orden personal como en el económico o en cualquiera otros aspectos, con arreglo a la Ley de Régimen Local y a sus Reglamentos y demás disposiciones de aplicación".

Esta tesis ha sido corroborada, ya desde antiguo, por la jurisprudencia del Tribunal Supremo, que ha afirmado lo siguiente (STS de 29 de junio de 1986, Sala de lo Contencioso-Administrativo):

"La ordenación de un Servicio Público, sea cual sea la forma de gestión adoptada, corresponde a la potestad fundamental de la Administración, dentro de los límites impuestos de la normativa legal, de regular su organización y presta-

---

10. Velasco Caballero (2005: 33).
11. Velasco Caballero (2009: 75). Sobre esta cuestión, también: Fernández Montalvo (2005: 307), Parejo Alfonso (1991) y Díez Sastre (2024: 265).
12. Domínguez y Rodríguez-Chaves (2013: 38).

Despoblación rural y envejecimiento, políticas públicas y servicios municipales de protección y atención a las personas mayores

Fundación Democracia y Gobierno Local
Serie: Claves del Gobierno Local, 40
ISBN: 978-84-125912-6-2

73

ción, así como su modificación; potestad que debe ejercerse atendiendo al interés público que demanda la prestación del servicio y que constituye su causa y finalidad, no estando autorizada la Administración para ejercer el 'ius variandi' en aras de un interés particular como es el económico del concesionario en detrimento del propio servicio de los derechos de los demás interesados en su prestación" (FD 2).

Y, sobre el concepto de "potestad organizatoria", la STS de 12 de julio de 1999 (Sala de lo Contencioso-Administrativo, Sección 4.ª), recurso de apelación núm. 13571/1991, ya afirmaba, en su fundamento de derecho 2:

"En síntesis, puede entenderse que la potestad organizatoria alude al conjunto de poderes de una autoridad pública para la ordenación de los medios personales, materiales y reales que se le encomienda con objeto de que sea posible el ejercicio de terminadas competencias y potestades públicas. Sin embargo, el mismo carácter general de esta noción implica la necesidad de diferenciar supuestos, ya que debe distinguirse entre la potestad organizatoria ejercida mediante ley [...], y la que viene atribuida a las Administraciones Públicas. Este planteamiento general debe revertir al importante extremo de cómo se encuentra sometida la Administración al ordenamiento jurídico en el ejercicio de aquella potestad organizatoria debiendo descartarse que, contra lo que se afirma en ciertas aproximaciones al tema, los poderes para ordenar la organización no puede constituir, so pretexto de que se trata de una potestad referida a un ámbito doméstico, un coto exento de la sumisión al derecho, lo que sería contrario a los arts. 9.1 y 103.1 de la vigente CE. En definitiva, estamos ante el ejercicio de unos poderes públicos, aunque sean de carácter peculiar, otorgados por el ordenamiento para conseguir fines públicos y justamente por ello la posibilidad de actuación en este campo de las autoridades de la Administración Pública constituye en el sentido más ajustado del tema una verdadera potestad. [...] Sin embargo de otra parte no es menos cierto que en el ejercicio de la potestad organizatoria las autoridades públicas están sometidas al ordenamiento jurídico [...]".

Igualmente, el Reglamento de Servicios de las Corporaciones Locales de 1955 establecía ya, como pauta general, la libertad de elección entre las diferentes técnicas de gestión de los servicios públicos locales, al afirmar: "las Corporaciones locales determinarán en la reglamentación de todo servicio que establezcan las modalidades de prestación, [...]", imponiendo únicamente la gestión directa para los servicios "que impliquen ejercicio de autoridad" (art. 43.1).

La LBRL y el Texto Refundido de Régimen Local proclaman con toda claridad que "los servicios públicos locales pueden gestionarse de forma directa o indirecta" (arts. 85.2 LBRL y 95 TRRL), con la única imposición, recogida también en el art. 43 RSCL, de la gestión directa de los servicios que

74

Despoblación rural y envejecimiento:
políticas públicas y servicios municipales
de protección y atención a las personas mayores

Fundación Democracia y Gobierno Local
Serie: Claves del Gobierno Local. 40
ISBN: 978-84-125912-6-2

impliquen ejercicio de autoridad, y la exclusión del arrendamiento para los servicios de beneficencia y asistencia sanitaria, incendios y establecimientos de crédito (art. 138.2 RSCL). Por último, el art. 132 del ROF (aprobado por Real Decreto 2568/1986, de 28 de noviembre) establece que el "Pleno, podrá acordar el establecimiento de entes descentralizados con personalidad jurídica propia, cuando así lo aconsejen la necesidad de una mayor eficacia en la gestión, la complejidad de la misma, la agilización de los procedimientos, la expectativa de aumentar o mejorar la financiación o la conveniencia de obtener un mayor grado de participación ciudadana en la actividad de prestación de los servicios".

Por todo ello, y dejando a salvo las previsiones antes señaladas, tradicionalmente se ha afirmado el principio de libertad de elección del modo de gestión del servicio por la corporación local titular del mismo como un principio consolidado en el derecho administrativo español. Pero, frente a la plena libertad decisoria del sistema anterior[13], la reforma de la legislación local llevada a cabo por la Ley 27/2013, de 27 de diciembre, de racionalización y sostenibilidad de la Administración Local (LRSAL) supone la adopción de medidas de racionalización organizativa que imponen a las autoridades locales unas preferencias y unos límites a su decisión sobre las formas de gestión de los servicios públicos, que deben pasar el filtro de las reglas sobre sostenibilidad financiera y estabilidad presupuestaria. En concreto, se produce una reducción de la libertad de elección del modo de gestión, puesto que la Administración local debe decantarse por la modalidad de gestión que sea "más sostenible y eficiente" (art. 85.2 LBRL, declarado constitucional por la STC 41/2016, FJ 14, ECLI:ES:TC:2016:41). De esta forma, la LBRL incorpora un criterio de preferencia dentro de las formas de gestión directa, dando prioridad a la gestión por la propia entidad a través de sus "servicios ordinarios" (gestión diferenciada o no) o de sus organismos autónomos, frente a la gestión a través de entidades públicas empresariales o sociedades mercantiles públicas. O, cuando menos, se puede decir que el legislador español pone más dificultades, impone más exigencias, cuando se opta por una forma de gestión con respecto a otras. Según esto, la gestión a través de entidades públicas empresariales o mercantiles solo será admisible cuando quede acreditado, en una memoria justificativa, que resultan "más sostenibles y eficientes" que las anteriores según criterios de rentabilidad económica y recuperación de la inversión. La tarea de evaluación de la sostenibilidad financiera (que no de la eficiencia) se encomienda a la Intervención local. Ningún requisito de este tipo (sostenibilidad o eficien-

---

13.   En este sentido, también, García Rubio (2017: 132).

Despoblación rural y envejecimiento:
políticas públicas y servicios municipales
de protección y atención a las personas mayores

Fundación Democracia y Gobierno Local
Serie: Claves del Gobierno Local, 40
ISBN: 978-84-125912-6-2

75

cia) se establece para la gestión indirecta (por contrato), que se presenta por el legislador como una alternativa equivalente a la gestión directa administrativa[14].

Por tanto, las Administraciones locales, para optar entre una u otra forma de gestión, y pese a disfrutar de potestad de autoorganización, han de respetar las limitaciones que se imponen desde la legislación, y deberán acreditar, en el oportuno expediente que se tramite, que la opción organizativa elegida se ajusta a dichas determinaciones. Y, si atendemos a la legislación de contratos, ni siquiera una vez que opta por la gestión indirecta se reconoce un espacio de plena discrecionalidad para la Administración local, puesto que la elección entre un contrato de concesión o un contrato de servicios también está condicionada normativamente en virtud del criterio de la asunción o no del riesgo operacional.

En definitiva, afirmada la supuesta indiferencia del derecho de la Unión Europea frente a la elección por los Estados miembros de la forma de gestión de los servicios públicos, en todo caso, no se puede afirmar lo mismo en el plano nacional español: las reformas normativas de los últimos años, en parte exigidas por el derecho europeo, han introducido limitaciones legales significativas para la elección entre las diversas formas de gestión, relacionadas con las exigencias de sostenibilidad y racionalización de la Administración. De esta forma, hoy, si bien se puede seguir afirmando que la decisión sobre la elección de la forma de gestión del servicio constituye una potestad discrecional enmarcada en la potestad de autoorganización, resulta innegable que existe una reducción del citado margen de discrecionalidad administrativa, que se manifiesta en el establecimiento de nuevos límites, sustantivos y procedimentales, en el procedimiento de elección[15].

En conclusión, dentro del marco legislativo expuesto, a la Administración local corresponde determinar a través de qué formas de gestión va a prestar los servicios municipales de su competencia. Sentado esto, resulta fundamental, a continuación, ver precisamente cuál es el alcance competencial que corresponde a los municipios en relación con las prestaciones que tienen como objetivo la protección a los mayores, dentro del mandato constitucional de protección a la tercera edad contenido en el art. 50 CE y que se dirige a todos los poderes públicos.

---

14.   Villar Rojas (2016); Tornos Mas (2016); Gimeno Feliu (2017: 40).
15.   En este sentido, también, Villar Rojas (2018: 78).

Despoblación rural y envejecimiento: políticas públicas y servicios municipales de protección y atención a las personas mayores

Fundación Democracia y Gobierno Local
Serie: Claves del Gobierno Local, 40
ISBN: 978-84-125912-6-2

3. Las competencias municipales de la prestación de servicios sociales

3.1. El impacto de las reformas estatutarias y de la LRSAL sobre las competencias municipales

Las competencias que se reconocen a las entidades locales constituyen un elemento esencial para poder afirmar que se trata de entidades públicas dotadas de autonomía constitucionalmente reconocida[16]. Hay que recordar que la STC 4/1981 ligaba la autonomía local a la extensión de los intereses propios de los entes locales. Esta expresión abría una línea interpretativa muy peligrosa para el entendimiento de las competencias locales, ya que aparecen los "intereses locales" como un tipo de intereses diferenciados y distintos de los intereses de los otros niveles de gobierno (estatal y autonómicos). Ello implicaría que la garantía derivada de la Constitución solo se extendería a aquellos asuntos que no fueran objeto de interés estatal o autonómico, lo que reduciría el ámbito de autonomía local. Esto se ha superado entendiendo que la garantía se refiere no al conjunto de materias "típicamente locales", sino a la atribución de poderes a los entes locales para la satisfacción de los intereses de los ciudadanos. Esta interpretación se refuerza hoy con el art. 3.1 CEAL, que hace referencia a la necesidad de que las colectividades locales gestionen una parte importante de los asuntos públicos en beneficio de sus habitantes. Por tanto, las competencias locales no se conectan con asuntos exclusivamente locales, sino con la generalidad de los asuntos públicos, en la medida en que con la intervención del ente local se obtenga un beneficio para sus habitantes[17]. Además, la jurisprudencia ha reconocido en algunas sentencias una presunción de competencia a favor del municipio en asuntos que afecten directamente a sus intereses (desde temprano, la STC 4/1981). Se observa aquí la influencia del derecho de la Unión Europea y de la CEAL (y del principio de subsidiariedad), que exige la atribución de competencias y responsabilidades públicas a las autoridades más próximas a los ciudadanos que se encuentren en condición de ejercerlas.

Corresponde al legislador la atribución concreta de estas competencias y, en este contexto, la norma fundamental de referencia para entender el sistema competencial municipal es la LBRL, que diseña un modelo partiendo de la previsión genérica, contenida en el art. 25.1 LBRL, de reconocimiento de capacidad de actuación municipal en asuntos de interés local, para, a continuación, trazar un análisis a partir de los tipos de competencias.

---

16. Rivero Ysern (2014: 221).
17. Parejo Alfonso (1981); Ortega Álvarez (2000: 38-39).

Despoblación rural y envejecimiento:
políticas públicas y servicios municipales
de protección y atención a las personas mayores

Fundación Democracia y Gobierno Local
Serie: Claves del Gobierno Local, 40
ISBN: 978-84-125912-6-2

77

El modelo de atribución de competencias en el ámbito local experimentó un importante cuestionamiento a partir de las reformas estatutarias y de la LBRL llevadas a cabo por la Ley 27/2013, de 27 de diciembre, de Racionalización y Sostenibilidad de la Administración Local (LRSAL), y los correspondientes pronunciamientos de la jurisprudencia constitucional.

La tesis de interiorización del régimen local en los estatutos de autonomía y, por ende, su mayor protagonismo pareció llevarse a la práctica a partir de la oleada de reformas estatutarias llevada a cabo a partir de 2006, lo que ha implicado el desarrollo de un nuevo marco normativo en materia de régimen local en cada territorio. En particular, los estatutos de autonomía de Cataluña, Andalucía y Aragón apostaron por una segunda descentralización en un sentido más municipalista, aumentando las competencias autonómicas de régimen local sobre la distinción de dos grupos de materias dentro del mismo: las competencias exclusivas y las competencias compartidas con el Estado[18]. El EAC de 2006 intentó esta operación y el Tribunal Constitucional tuvo oportunidad de pronunciarse sobre esta cuestión en la STC 31/2010 (ECLI:ES:TC:2010:31), sin objetar de entrada este planteamiento. Eso sí, el Tribunal afirmó que el Estatuto debe respetar la competencia básica del Estado en materia de régimen local, de manera que, conforme a la doctrina constitucional, el Estado puede establecer un mínimo común denominador en cuanto al contenido competencial de las entidades locales, aunque tiene que respetar los estatutos de autonomía siempre que (en las materias competenciales autonómicas) estos amplíen y no reduzcan el régimen competencial regulado en la legislación básica estatal. De este modo el Tribunal Constitucional relativiza el alcance general de la LBRL y favorece una cierta interiorización autonómica del régimen local cuando haya normas constitucionales o estatutarias que incorporen elementos diferenciadores (STC 132/2012, ECLI:ES:TC:2012:132, sobre los consejos insulares en Baleares)[19].

En este punto, hay que destacar y tener en cuenta la última de las reformas de la LBRL, llevada a cabo por el Real Decreto-ley 6/2023, de 19 de diciembre. Según la nueva disposición adicional decimoséptima de la LBRL: "Las previsiones de esta Ley se aplicarán respetando en todo caso la posición singular en materia de sistema institucional recogida en el artículo 5 del Estatuto de Autonomía de Cataluña, así como las competencias exclusivas y compartidas en materia de régimen local y organización territorial previstas en dicho Estatuto, de acuerdo con el marco competencial establecido en la Constitución y en especial en el Estatuto de Autonomía de Cataluña". Según

---

18. Salvador Crespo (2014a: 39-40).
19. Font y Galán (2014: 20-22).

78

Despoblación rural y envejecimiento:
políticas públicas y servicios municipales
de protección y atención a las personas mayores

Fundación Democracia y Gobierno Local
Serie: Claves del Gobierno Local, 40
ISBN: 978-84-125912-6-2

esto, por ejemplo, allí donde el Estatuto catalán atribuye a la Generalitat competencias exclusivas sobre régimen local (así, sobre "régimen de los bienes de dominio público, comunales y patrimoniales y las modalidades de prestación de los servicios públicos", conforme al art. 160.1.c EAC), hay que entender que la propia LBRL ha establecido que el Parlamento de Cataluña puede desplazar la regulación básica estatal. Obviamente, una ley catalana no puede derogar una ley estatal, pero por decisión de la disposición adicional decimoséptima de la LBRL la ley catalana puede, en materias en las que cuenta con competencia exclusiva, desplazar la aplicación de normas básicas de la LBRL. Por tanto, esta disposición, referida a los "derechos históricos de Cataluña", puede ser muy importante para el régimen local de los municipios y demás entidades locales de Cataluña en particular, pero también abrir un nuevo modelo competencial de normas básicas asimétricas en el ámbito local[20].

La disposición adicional tercera, apdo. 1, de la LRSAL establece, para el común de las comunidades autónomas, una compleja fórmula de articulación competencial: "Las disposiciones de esta ley son de aplicación a todas las Comunidades Autónomas, sin perjuicio de sus competencias exclusivas en materia de régimen local asumidas en sus Estatutos de Autonomía, en el marco de la normativa básica estatal y con estricta sujeción a los principios de estabilidad presupuestaria, sostenibilidad financiera y racionalización de las estructuras administrativas". Esta disposición establece, por un lado, la plena aplicación de la LRSAL en todas las comunidades autónomas, pero, a continuación, excepciona ("sin perjuicio") esta aplicación plena allí donde las comunidades autónomas dispongan de competencia exclusiva. Al tiempo, proclama que las competencias exclusivas autonómicas se ejercen en el marco de la normativa básica estatal. Teniendo en cuenta que la LRSAL es (en la mayor parte de su contenido) una ley básica estatal, la lectura lógica de la disposición adicional tercera, apdo. 1, de la LRSAL es que la ley se aplica en todas las comunidades autónomas menos en el País Vasco, Navarra, Aragón, Illes Balears y Canarias, donde las disposiciones adicionales de la propia ley excepcionan o singularizan la aplicación de la LRSAL[21]. La articulación normativa de las competencias y la autonomía local caminaría no tanto sobre el eje ley estatal-ley autonómica como sobre el binomio estatuto de autonomía-ley autonómica de régimen local. Según este planteamiento, en ausencia de una legislación estatal básica el estatuto de autonomía sería el referente legal para fijar las competencias locales, y con ello se "blindaría" el ámbito competencial de los entes locales no solo frente al legislador auto-

---

20.   Velasco Caballero (2023).
21.   Velasco Caballero (2014: 25-26).

Despoblación rural y envejecimiento: políticas públicas y servicios municipales de protección y atención a las personas mayores

Fundación Democracia y Gobierno Local
Serie: Claves del Gobierno Local, 40
ISBN: 978-84-125912-6-2

79

nómico, sino también frente al legislador estatal, que tendría como límite el estatuto de autonomía[22].

Esta configuración supone que, aunque haya muchas comunidades autónomas que han asumido la competencia exclusiva sobre régimen local y, en consecuencia, les corresponde la regulación del régimen jurídico de los Gobiernos locales de su territorio, estas leyes deben ajustarse a las bases establecidas por el Estado, de forma que, en la práctica, el régimen jurídico de las entidades locales de aquellas comunidades que, como la catalana o la andaluza, han asumido el máximo competencial sobre la materia es siempre el resultado de la actividad concurrente del Estado y las comunidades autónomas. La amplitud de las bases estatales en la jurisprudencia constitucional (SSTC 31/2010, 10/2013 y 143/2013)[23] ha venido modificando la posición normativa de los estatutos de autonomía en beneficio de la legislación básica estatal de aplicación uniforme e igual para todo el territorio y dejando muy poco espacio para la diferenciación autonómica[24].

La STC 31/2010 (ECLI: ES:TC:2010:31) no ha planteado grandes objeciones a una regulación extensa del legislador autonómico siempre y cuando fuera más o menos acomodable a la manera de entender el régimen local contenido en la norma básica estatal, lo que abre la puerta a que cualquier cambio posterior de la misma pueda obligar a modificaciones por deseo del legislador estatal, que, al parecer, sería en todo caso legislador básico. La STC 104/2013 (ECLI:ES:TC:2013:104) recuerda que, incluso allí donde pueda pretenderse que hay una interposición de un estatuto de autonomía, el Estado, siempre y cuando actúe dentro de sus competencias, puede llevar la norma básica allí donde considere, por lo que las normas autonómicas, incluyendo el estatuto de autonomía en su caso, deberán adaptarse, aunque sea *a posteriori*, a esta realidad[25].

Sin duda, la Ley 27/2013 es la reforma más importante que ha experimentado la LBRL desde su aprobación en 1985. Entre los objetivos de la LRSAL "confesados" en su preámbulo se incluye lo que la propia ley llama la "clarificación" de las competencias locales/municipales para hacer efectivo el principio de "una Administración, una competencia". Esta es la pretendida solución que el legislador español da a dos problemas o disfuncionalidades del régimen local español en un contexto de importante crisis económica: las duplicidades competenciales y en la prestación de servicios, de un lado, y el déficit público, de otro. Toda la regulación de la LRSAL se justifica en

---

22. Rivero Ysern (2014: 232).
23. ECLI:ES:TC:2010:31, ECLI:ES:TC:2013:10 y ECLI:ES:TC:2013:143, respectivamente.
24. Salvador Crespo (2014a: 39-40; 2014b: 143).
25. Boix Palop (2014).

Despoblación rural y envejecimiento:
políticas públicas y servicios municipales
de protección y atención a las personas mayores

Fundación Democracia y Gobierno Local
Serie: Claves del Gobierno Local, 40
ISBN: 978-84-125912-6-2

aras de los principios de eficacia de la actuación administrativa (art. 103.1 CE), eficiencia en el uso de los recursos públicos (art. 31.2 CE) y estabilidad presupuestaria (art. 135 CE).

Con este objetivo, el legislador trató de eliminar aquellas previsiones de la LBRL que, a modo de cláusulas generales de atribución competencial a los municipios, podían contribuir a fomentar duplicidades competenciales entre estos entes locales y otras Administraciones públicas. En concreto, la reforma del sistema competencial de las entidades locales emprendida por la LRSAL consiste, básicamente, en eliminar o reducir algunas competencias (art. 25.2, disposiciones transitorias primera, segunda y tercera, y disposición adicional decimoquinta), suprimir la competencia complementaria general del antiguo art. 28 LBRL, concretar la actividad municipal de los servicios obligatorios, y reformar y reforzar las funciones y los servicios provinciales. El art. 25.1 LBRL se modifica para impedir que siga operando como una cláusula de habilitación general y directa que permita a los municipios promover cualesquiera actividades y servicios relacionados con las necesidades y aspiraciones de la comunidad vecinal más allá de las atribuciones que hubieran recibido de los legisladores estatal y autonómicos, y el art. 28 LBRL fue suprimido para tratar de evitar que los municipios pudieran utilizar sus previsiones para seguir realizando actividades complementarias de las propias de otras Administraciones públicas[26].

Transcurridos diez años ya desde la aprobación de la LRSAL se puede hacer un balance del sistema competencial de las entidades locales tras esta reforma y de la relevante jurisprudencia constitucional dictada al respecto. Los cambios reales han sido limitados, al menos en los objetivos fundamentales que interesan a efectos de este capítulo: la clarificación de las competencias locales y el reforzamiento de las diputaciones provinciales. Todo ello se trata de exponer con más detalle a continuación. La reforma solo ha tenido consecuencias relevantes en el gasto local y en el cumplimiento de los objetivos de estabilidad presupuestaria y sostenibilidad financiera, con una fuerte reducción del endeudamiento[27].

3.2. La reducción de las competencias municipales en el ámbito social de la mano del legislador estatal

En lo que aquí interesa, la reforma de la LBRL llevada a cabo por la Ley de Racionalización y Sostenibilidad de la Administración Local 27/2013 alteró

---

26.   Quintana López (2018: 633).
27.   Carbonell Porras (2023: 9) y Baño León (2019: 14).

Despoblación rural y envejecimiento:
políticas públicas y servicios municipales
de protección y atención a las personas mayores

Fundación Democracia y Gobierno Local
Serie: Claves del Gobierno Local, 40
ISBN: 978-84-125912-6-2

81

notablemente, al menos sobre el papel y de inicio, el esquema competencial en materia de servicios sociales en la relación entre comunidades autónomas y entidades locales, y generó, en el momento de su aprobación, importantes conflictos normativos entre diversos bloques de normas, además de hacer correr ríos de tinta entre la doctrina[28], culminando con los correspondientes pronunciamientos de la jurisprudencia constitucional, con anulación de normas incluida[29].

El resultado de esta reforma se puede expresar, de manera muy escueta, en afirmar que el legislador estatal procedía a —intentar, al menos— reducir el papel de las entidades locales en la prestación de servicios sociales. De esta forma, la aprobación de la LRSAL altera profundamente la atribución competencial a los municipios, especialmente en relación con las competencias fundamentales propias de los mismos en el ámbito material de atención social y en atención sanitaria, a tal punto que esas profundas intervenciones han llegado a ser calificadas de "mutación constitucional"[30]. La finalidad es evitar los problemas de solapamientos competenciales entre Administraciones existentes en aquel momento (según confiesa expresamente el preámbulo de la propia ley), en aras de los principios de eficacia de la actuación administrativa, eficiencia en el uso de los recursos públicos y estabilidad presupuestaria y control del gasto público.

En lo que se refiere a estructuras y recursos que los municipios destinan a las personas mayores, se ha visto una disminución tanto de estructuras como de recursos motivada, en principio, por la anterior crisis económica, y reforzada por las previsiones normativas. Sin embargo, de acuerdo con los datos, esta disminución de los recursos destinados a servicios a personas mayores se ha ido recuperando poco a poco a partir de 2014. En este sentido, en lo referente al presupuesto destinado por los municipios a la gestión del envejecimiento, mientras que en 2014 el presupuesto tan solo había aumentado un 27,8 %, en 2016 el aumento fue de un 50,6 %[31].

---

28. Sobre esta cuestión, por todos, Font i Llovet (2020); Arias Martínez (2014); Almeida Cerreda (2014); Salvador Crespo (2015); Jiménez Asensio (2016); Toscano Gil (2014). Y, recientemente, García Rubio (2020); Garrido Juncal (2020: 175-193); y Domínguez Martín (2021a, 2024).

29. Por todas, STC 41/2016 (ECLI:ES:TC:2016/41).

30. Font i Llovet (2020: 23-24); Font y Galán (2014).

31. Estos datos, referidos al período 2010-2016, en Astier et al. (2018: 81-82), que toman en consideración que, en el contexto de la crisis económica de 2008, se produce el cambio de presupuestos, prioridades y demandas sociales, lo que forzó un cambio en las respuestas institucionales a la gestión pública del envejecimiento. Uno de los cambios que se aprecian en la estrategia seguida por los municipios en la gestión del envejecimiento es la disminución paulatina (años 2010 a 2016) de la ayuda a la dependencia en favor de la promoción de acciones en línea con el envejecimiento activo. En el caso de la atención a personas mayores en situación de dependencia, esta pasó de representar un 76,3 % de los principales objetivos de trabajo en

82

Despoblación rural y envejecimiento:
políticas públicas y servicios municipales
de protección y atención a las personas mayores

Fundación Democracia y Gobierno Local
Serie: Claves del Gobierno Local, 40
ISBN: 978-84-125912-6-2

Tradicionalmente, constituye una cuestión discutida si entre las competencias municipales propias se encuentra una supuesta competencia municipal universal. La LBRL, en su redacción original, reconocía a los municipios una genérica capacidad para "promover toda clase de actividades y prestar cuantos servicios públicos contribuyan a satisfacer las necesidades y aspiraciones de la comunidad vecinal" (art. 25.1 LBRL), en línea con lo también previsto en el art. 1.1 LBRL, que incluye la garantía de su participación en asuntos que afecten a la colectividad local, y en el art. 11 LBRL, que les reconoce la plena capacidad para el cumplimiento de sus fines, para lo que cuentan con las potestades normativas y de autoorganización (art. 4 LBRL). Recordemos que la STC 4/1981 ya afirmó, tempranamente, que la gestión de sus intereses "exige que se dote a cada ente de todas las competencias propias y exclusivas que sean necesarias para satisfacer su interés respectivo" (FJ 3).

Parte de la doctrina ha sostenido, incluso, que la competencia municipal universal o general deriva directamente de la Constitución, no de la ley[32]. Como ya se ha indicado, a partir de 2006, algunos estatutos de autonomía reflejan esta misma idea[33]. De esta forma, la Constitución, diversos estatutos de autonomía y la legislación básica estatal constituirían el fundamento de la cláusula general de competencia municipal[34].

El Tribunal Supremo reconoció, en la STS de 30 de enero de 2008 (ECLI:ES:TS:2008:1194), que el municipio tiene "la facultad de asumir, sin título competencial especial, todas aquellas tareas que afecten a la comunidad vecinal que integra el municipio y que no hayan puesto en funcionamiento otras Administraciones públicas". El Tribunal Constitucional interpretó que el ejercicio de las competencias locales podía enganchar directamente en las cláusulas genéricas contenidas en la propia LBRL. Así, en relación con el art. 28 LBRL, la STC 214/1989 (FJ 12) afirma que este precepto "se configura como una cláusula competencial genérica que, más allá de las competencias que por imperativo de los arts. 2.1 y 25 de la ley el legislador sectorial debe reconocer a las entidades municipales, habilita a los municipios para que puedan desarrollar actividades complementarias propias de otras Administraciones". En la práctica, encontra-

---

materia de personas mayores a un 49,4 %. Sin embargo, en el caso de la promoción de actuaciones para el envejecimiento activo y saludable, estas pasaron de representar un 8,6 % de los objetivos, a representar un 23,0 % en el mismo intervalo de 6 años. Sobre la reacción de las Administraciones en tiempos de crisis económica, Garrido Juncal (2020: 56-60).

32. Carro Fernández-Valmayor (2001: 46).

33. Galán Galán (2009: 22).

34. Carro Fernández-Valmayor (2001: 48-51); parcialmente, Ortega Álvarez (2000: 34, 40-41).

Despoblación rural y envejecimiento: políticas públicas y servicios municipales de protección y atención a las personas mayores

Fundación Democracia y Gobierno Local
Serie: Claves del Gobierno Local, 40
ISBN: 978-84-125912-6-2

83

mos desde hace años ejemplos de nuevos ámbitos materiales regulados a través de ordenanzas municipales: ordenanzas aprobadas sobre convivencia ciudadana, sobre protección contra la contaminación lumínica, o las dictadas sobre el uso de energías renovables u olores. Esta práctica normativa se puede explicar invocando una cláusula de universalidad de la competencia local o también a partir de una interpretación flexible de la cobertura que proporcionaban las atribuciones legales genéricas de los ámbitos materiales de competencia municipal (normalmente de los enumerados en el art. 25.2 LBRL, pero también en el antiguo art. 28 LBRL antes de su derogación por la LRSAL). Esto se extraía, asimismo, de la jurisprudencia constitucional (STC 214/1989).

En resumen, la aprobación de normas locales se ha venido realizando en ocasiones dentro de sectores de interés local en los que no existía una expresa previsión legal a tales efectos, pero se trata siempre de ámbitos en los que los Gobiernos locales tenían legalmente —aunque sea de forma genérica— atribuidas competencias. Como se ha puesto de manifiesto, en la práctica jurídico-administrativa la simultánea aplicación del art. 4.1.a) LBRL y los diversos apartados del art. 25.2 LBRL e incluso el primer inciso del art. 139 LBRL ("adecuada ordenación de las relaciones de convivencia de interés local y del uso de sus servicios, equipamientos, infraestructuras, instalaciones y espacios públicos") se convirtió de facto en fundamento jurídico de numerosas ordenanzas, en ausencia de legislación sectorial que concretase el alcance del poder normativo local[35].

En lo que hace a la legislación básica estatal, se puede considerar que el art. 25.1 LBRL no contiene una competencia municipal universal, pues se referencia a que el municipio "puede promover actividades y prestar los servicios públicos que contribuyan a satisfacer las necesidades y aspiraciones de la comunidad vecinal", y se limita en el propio precepto al "ámbito de sus competencias". De otro lado, la competencia complementaria general del anterior art. 28 LBRL ha sido expresamente derogada por la LRSAL. Únicamente el art. 7.4 LBRL, en su referencia a las "competencias distintas de las propias", contiene una competencia municipal general, aunque muy condicionada o limitada (pues solo se puede ejercer previo informe vinculante supramunicipal de "no duplicidad" y "sostenibilidad"). En consecuencia, en la LBRL se pueden distinguir los siguientes tipos competenciales: las competencias propias del art. 7.1 LBRL relacionadas con los servicios obligatorios del art. 26.1 LBRL, las competencias "distintas de las propias" del art. 7.4 LBRL, y las competencias delegadas.

---

35. Ortega Bernardo (2014: 321-323).

Despoblación rural y envejecimiento: políticas públicas y servicios municipales de protección y atención a las personas mayores

Fundación Democracia y Gobierno Local
Serie: Claves del Gobierno Local, 40
ISBN: 978-84-125912-6-2

En relación con las llamadas "competencias propias" municipales, con respecto a la anterior redacción del art. 25.2 LBRL, la vigente supone algunas reducciones que, en lo que aquí interesa, afectan a los servicios sociales, que se limitan a "evaluación e información" y "atención inmediata a personas en situación o riesgo de exclusión social" (art. 25.2.e LBRL).

En todo caso, como ya es bien sabido, la supresión o reducción de ciertas materias del listado del art. 25.2 LBRL significa que la LBRL ya no obliga a las leyes estatales o autonómicas a atribuir estas competencias a los municipios. Lo que supone es que se han reducido los ámbitos o las materias, incluidos los servicios sociales, en los que necesariamente deben atribuirse competencias a los municipios[36]. Esta previsión del legislador estatal básico no obliga a las comunidades autónomas, pero estas sí que pueden proceder a hacer efectivas dichas reducciones o supresiones competenciales, aunque también puede optar el legislador autonómico por mantener o incluso aumentar las competencias municipales, estén o no en el listado del art. 25.2 LBRL[37]. Entenderlo de otro modo supondría que el Estado (como legislador básico) pasa de ser el protector y garante de la autonomía local frente a las comunidades autónomas, a guardián y supervisor para que los legisladores autonómicos no mejoren ni amplíen las competencias autonómicas[38]. Esta cuestión ha quedado zanjada en el sentido aquí expuesto por la jurisprudencia constitucional (STC 41/2016, FJ 7, ECLI:ES:TC:2016:41). En relación con esto, el Tribunal Constitucional señala que se reduce la autonomía local suprimiendo o disminuyendo el ámbito de competencias municipales propias, pero esto no supone necesariamente una infracción de la garantía constitucional de autonomía local[39].

Ha de tenerse en cuenta la exigencia de atribución por ley establecida en el art. 25.3 LBRL, conforme a la cual las competencias municipales "se determinarán por ley debiendo evaluar la conveniencia de la implantación de servicios locales conforme a los principios de descentralización, eficiencia, estabilidad y sostenibilidad financiera". Para la STS de 18 octubre de 2006

36. Ha de tenerse en cuenta que la STS (Sala de lo Contencioso-Administrativo, Sección 5.ª) de 18 octubre de 2006 (recurso contencioso-administrativo núm. 115/2004, FD 6), exige que la atribución de competencia a los entes locales (en el caso, para autorizar vertidos indirectos a aguas superficiales) ha de hacerse por norma con "rango de Ley formal", en virtud de lo dispuesto en el art. 25.3 LBRL.

37. Velasco Caballero (2017: 42).

38. Zafra Víctor (2014: 26). Cidoncha Martín (2017: 59) recoge doctrina que defiende que el listado del art. 25.2 supone un *numerus clausus*, no ampliable por el Estado y las comunidades autónomas. Ver también Ortega Bernardo (2014: 336).

39. Arias Martínez (2014: 402-403); Velasco Caballero (2017); Cidoncha Martín (2017); Font i Llovet (2020: 25).

(ECLI:ES:TS:2006:6899, FD 6) de este precepto se deriva que la exigencia de atribución de competencias a los entes locales ha de hacerse por norma con "rango de ley formal"[40].

Así, por tanto, la reducción de la competencia municipal sobre los "servicios sociales" del art. 25.2 LBRL no afectó a la legislación autonómica sobre servicios sociales, que tradicionalmente ha atribuido importantes competencias a los municipios en este ámbito[41] (más amplias que la previsión contenida en el actual art. 25.2.e LBRL). De esta forma, con la excepción de la concreta y acotada materia del art. 25.2.e) LBRL, en la que el legislador sectorial deberá asignar a los municipios competencias propias, la delegación será la única vía que permitirá a los municipios recuperar el ejercicio de competencias que pudiesen venir desempeñado en dicho ámbito. Esto implica que el municipio ejercerá la competencia con sujeción a los términos previstos en el art. 27 LBRL, es decir, bajo la dirección y el control de la Administración titular de la misma. Esto supone una merma de la autonomía local desde el punto de vista competencial, puesto que, por una parte, reduce el ámbito material de obligada atribución competencial a los entes municipales de conformidad con el actual art. 25.2 LBRL, y, además, parece fomentar la delegación competencial con el fin de posibilitar que los entes municipales puedan volver a gestionar dichas actividades. El Tribunal Constitucional (STC 41/2016, ECLI:ES:TC:2016:41), haciendo uso de la garantía institucional de la autonomía local, señala que se afecta la autonomía local suprimiendo o disminuyendo el ámbito de competencias propias, y que se incide en la autonomía local, pero precisa que a los municipios no se les vulnera la autonomía local, porque no se les quitan todas las competencias posibles[42].

En definitiva, son, por tanto, las comunidades autónomas —competentes en materia de servicios sociales— las responsables de planificar, organizar y gestionar los servicios y prestaciones; y también deben determinar el papel de los municipios en el sistema[43].

---

40. Más detalladamente, la Sentencia citada considera que, al no existir norma con rango de ley formal que atribuya competencias a los entes locales para autorizar vertidos indirectos a aguas superficiales, el precepto impugnado contenido en el art. 245.2 del Reglamento de Dominio Público Hidráulico vulnera lo establecido en los arts. 2.2, 7.1 y 25.3 LBRL, según los cuales solo por ley formal cabe determinar las competencias municipales. Por ello, el indicado precepto reglamentario, al atribuir a los entes locales la competencia para autorizar vertidos indirectos a aguas superficiales, es nulo de pleno derecho.

41. Almeida Cerreda (2014); Arias Martínez (2014); Salvador Crespo (2015); Jiménez Asensio (2016); Domínguez Martín (2020a: 81); Font i Llovet (2020: 25); García Rubio (2020: 53); Hernando Rydings (2020: 38-44); Garrido Juncal (2020: 194).

42. Arias Martínez (2014: 402-403). Un análisis de esta jurisprudencia, por todos, en Font i Llovet (2020: 25); Velasco Caballero (2017) y Cidoncha Martín (2017).

43. Almeida Cerreda (2011); Ramos Gallarín (2010: 209).

Fundación Democracia y Gobierno Local
Serie: Claves del Gobierno Local. 40
ISBN: 978-84-125912-6-2

Hay que tener en cuenta que en algunas comunidades autónomas la legislación sobre régimen local establece la posibilidad de que se dicten leyes por las que se proceda a la transferencia de competencias en favor de los municipios. Así, por ejemplo, el art. 17.1 de la Ley 5/2010, de 11 de junio, de Autonomía Local de Andalucía, establece que podrán transferirse a los municipios competencias propias autonómicas mediante ley de transferencia. Mediante decreto de transferencia del Consejo de Gobierno andaluz, y previa negociación con los municipios afectados, se concreta, posteriormente, el traspaso de bienes, recursos y medios para el ejercicio de las competencias transferidas. También en la Ley 2/2016, de 7 de abril, de Instituciones Locales de Euskadi (arts. 14.1 y 21); en la Ley 3/2019, de 22 de enero, de Garantía de la Autonomía Local de Extremadura (art. 10.1), o en el art. 87 de la Ley 5/1997, de 22 de julio, de Administración Local de Galicia, se incluyen, dentro de la tipología de competencias, las competencias "transferidas" junto a las propias y las delegadas.

Respecto a los servicios mínimos obligatorios del art. 26 LBRL, aunque la actual redacción de la LBRL no ha alterado esta categoría tradicional, sí que realiza algunas supresiones, al eliminar o reducir alguno de los servicios municipales obligatorios. Entre estas supresiones, la contenida en el art. 26.1.c) LBRL: en municipios de más de 20 000 habitantes, la obligación de "prestación de servicios sociales" pasa a ser la obligación de "evaluación e información de situaciones de necesidad social y atención inmediata a personas en situación de riesgo de exclusión social". Por tanto, la intervención municipal obligatoria ya no es propiamente prestacional, sino de simple identificación de situaciones de necesaria asistencia. Esta reducción no supone necesariamente que los municipios dejen de prestar estos servicios, ya que las leyes sectoriales del Estado y, sobre todo, las leyes sectoriales de las comunidades autónomas pueden mantener como servicios públicos municipales obligatorios algunas de estas materias suprimidas por el art. 26[44]. Además de este listado de servicios municipales obligatorios, es posible que la legislación autonómica module, incremente o amplíe estos ámbitos de servicios mínimos[45]. Más que hacia un repliegue competencial, salvo por las materias en las que así se dispone expresamente porque se transfieren directamente a las comunidades autónomas (disposiciones transitorias primera, segunda y tercera), la reforma va encaminada hacia una reformulación de las competencias locales en términos de sostenibilidad y eficiencia económica[46].

---

44. Velasco Caballero (2013: 39).
45. Rivero Ysern (2014: 226) y Ortega Álvarez (2000: 48).
46. Ortega Bernardo (2014: 336).

Despoblación rural y envejecimiento: políticas públicas y servicios municipales de protección y atención a las personas mayores

Fundación Democracia y Gobierno Local
Serie: Claves del Gobierno Local. 40
ISBN: 978-84-125912-6-2

87

De esta forma, la LBRL mantiene la distinción entre competencias municipales (atribuidas por leyes estatales o autonómicas) y servicios obligatorios mínimos, aunque sería más adecuado hablar de "actividades obligatorias", porque no todas las actividades del art. 26.1 LBRL son servicios en sentido estricto (entendidos como actividades prestacionales). Hay, por tanto, en la LBRL una confusión entre "competencia" y "servicios obligatorios", puesto que en el listado del art. 26 se contienen tanto servicios de interés general como competencias materiales. Dentro de la competencia propia municipal se incluye la obligación de prestar unos servicios básicos para la comunidad; servicios esenciales, vitales, obligatorios y exigibles, sobre los que se formula una reserva al sector público de competencia municipal[47] "para garantizar un núcleo homogéneo de derechos prestacionales del vecino" (STC 41/2016, FJ 9). Con esto, a través de la idea de la igualdad ciudadana en las prestaciones básicas (homogeneidad de los derechos prestacionales), la jurisprudencia constitucional habría aceptado la posibilidad de que el Estado atribuya competencias a los municipios incluso en materias sectoriales propias de las comunidades autónomas. Hay que entender que esta facultad estatal debe ser necesariamente muy limitada: solo permite una incidencia cualificada y selectiva del Estado en relación con servicios municipales fundamentales o esenciales, definitorios del propio estatuto del vecino de un Estado social, pero no permite definir competencias municipales en cualesquiera materias de interés local, puesto que esto podría llevar a un vaciamiento de las competencias sectoriales autonómicas[48]. El posible vaciamiento de estas competencias es la razón por la que la STC 41/2016 declara inconstitucionales las disposiciones adicionales primera, segunda y tercera de la LRSAL, que imponían la asunción por las comunidades autónomas de las actividades municipales sobre servicios sociales, protección primaria de la salud y mataderos, que hasta 2013 venían desarrollando los ayuntamientos.

Por último, la reforma llevada a cabo por la LRSAL suprime el art. 28 LBRL, que preveía unas actividades complementarias a las propias que podían desarrollar los municipios, en virtud de las cuales se habían creado y están funcionando muchos servicios sociales, decididos libremente por los municipios para atender a las exigencias y a las necesidades de la población[49]. La razón de esta derogación reside en que se parte de la premisa de que las competencias complementarias del art. 28 LBRL serían las causantes de la existencia de duplicidades funcionales.

---

47. Rivero Ysern (2014: 226-227, 234).
48. Velasco Caballero (2017: 43).
49. Font i Llovet (2020: 24).

88

Despoblación rural y envejecimiento:
políticas públicas y servicios municipales
de protección y atención a las personas mayores

Fundación Democracia y Gobierno Local
Serie: Claves del Gobierno Local, 40
ISBN: 978-84-125912-6-2

En la actualidad, hay que tener en cuenta el Real Decreto-ley 6/2023, de 19 de diciembre, que reforma la LBRL, y que ha añadido un apdo. 6 al art. 25, en los siguientes términos: "Con carácter previo a la atribución de competencias a los municipios, de acuerdo con el principio de diferenciación, deberá realizarse una ponderación específica de la capacidad de gestión de la entidad local, dejando constancia de tal ponderación en la motivación del instrumento jurídico que realice la atribución competencial, ya sea en su parte expositiva o en la memoria justificativa correspondiente". Esta previsión de la reforma de la LBRL de diciembre de 2023, que parece estar pensando en los municipios pequeños, se complementa con el nuevo art. 28, según el cual "podrán establecerse, en municipios determinados de menos de 20.000 habitantes, sistemas de gestión colaborativa dirigidos a garantizar los recursos suficientes para el cumplimiento de las competencias municipales y, en particular, para una prestación de calidad, financieramente sostenible, de los servicios públicos mínimos obligatorios". La aplicación efectiva a un municipio de la gestión colaborativa requerirá decisión en tal sentido de la comunidad autónoma respectiva, adoptada conforme a su legislación de régimen local propia, y en todo caso, con la conformidad previa del municipio afectado y el informe de las entidades locales afectadas.

Pero, al tiempo que se derogan las competencias complementarias, en el actual art. 7.4 LBRL se recogen las denominadas competencias "distintas de las propias", que implican la existencia de unos títulos competenciales genéricos o abiertos que dan cobertura legal a actividades municipales, a necesidades de cada comunidad local y a los intereses locales peculiares de cada entidad. De esta forma, se da cobertura a un amplio elenco de actividades municipales que carecen de cobertura competencial específica en leyes sectoriales, y es fácil intuir que las competencias impropias incluyen o pueden incluir las mismas actividades que antes tenían acomodo en el antiguo art. 28 LBRL. Ejemplos de estas competencias son: cooperación al desarrollo, escuelas infantiles entre cero y tres años, integración de inmigrantes, atención a drogodependientes, atención a las mujeres, etc.[50]. En realidad, son pocas las actividades que habían encontrado apoyo únicamente en las competencias complementarias del antiguo art. 28 LBRL, que resulta escasamente invocado, en exclusiva, ante la jurisdicción contencioso-administrativa. La actividad municipal casi siempre encuentra cobertura competencial en los servicios obligatorios del art. 26.1 LBRL; en las competencias directamente asignadas por leyes sectoriales estatales o autonómicas; o en el listado de materias "de interés local" del art. 25.2 LBRL[51].

---

50.   Velasco Caballero (2013: 24).
51.   Prieto Romero (2012: 102); Velasco Caballero (2013: 42).

Despoblación rural y envejecimiento: políticas públicas y servicios municipales de protección y atención a las personas mayores

Fundación Democracia y Gobierno Local
Serie: Claves del Gobierno Local, 40
ISBN: 978-84-125912-6-2

89

La posibilidad de que existan estas competencias impropias se recoge en el art. 7.4 LBRL, conforme al cual las entidades locales pueden ejercer "competencias distintas de las propias y de las atribuidas por delegación" solo "cuando no se ponga en riesgo la sostenibilidad financiera del conjunto de la Hacienda municipal, de acuerdo con los requerimientos de la legislación de estabilidad presupuestaria y sostenibilidad financiera y no se incurra en un supuesto de ejecución simultánea del mismo servicio público con otra administración Pública". Y, para su configuración, establece que son "necesarios y vinculantes los informes previos de la administración competente por razón de materia, en el que se señale la inexistencia de duplicidades, y de la administración que tenga atribuida la tutela financiera sobre la sostenibilidad financiera de las nuevas competencias". El Tribunal Constitucional (STC 41/2016, FJ 11; ECLI:ES:TC:2016:41) considera legítimo que el Estado, para configurar estas competencias, imponga determinados requisitos previos, condicionantes del ejercicio de la competencia, en el art. 7.4 LBRL. En particular, en relación con el control *ex ante*, que se concreta en el informe vinculante supramunicipal de sostenibilidad y de no duplicidad, el Tribunal Constitucional exige que debe regularse y ejercerse con participación relevante del municipio. Para el Tribunal, se trataría de técnicas para la delimitación de competencias locales, no de instrumentos que permitan a una Administración supralocal interferir en el desarrollo autónomo de las competencias locales. En la STC 1017/2017, FJ 3 (ECLI:ES:TC:2017:1017), se sostiene que "no son técnicamente controles administrativos", y en la STC 154/2015, FJ 7 (ECLI:ES:TC:2015:154), también se sostuvo que un instrumento similar no era una técnica de control, sino un mecanismo dirigido a la acomodación o integración entre dos competencias concurrentes, la autonómica y la municipal. Además, se afirma que este control *ex ante* no puede confundirse con una supervisión o dirección "sobre el ejercicio", que ha de desarrollarse en autonomía. El art. 7.4, en sí mismo considerado, limita, pero no necesariamente vulnera la autonomía local. Serán las Administraciones públicas, en su caso, las que podrían llegar a incurrir en la vulneración denunciada si impidieran efectivamente, en casos concretos, una intervención local relevante en ámbitos de interés local exclusivo o predominante. De producirse esa vulneración, el control de esta decisión supramunicipal correspondería a la jurisdicción contencioso-administrativa.

Por otra parte, para la STC 107/2017 (ECLI:ES:TC:2017/107), es posible que, atendiendo a intereses de alcance supralocal, las leyes puedan conferir a instancias políticas supramunicipales mecanismos de intervención que limiten la autonomía municipal, pero "deben especificar y determinar suficientemente el contenido y alcance de esas atribuciones" (FJ 3). Pero —continúa el Tribunal— el art. 7.4 LBRL prevé una intervención que restringe la auto-

90

Despoblación rural y envejecimiento: políticas públicas y servicios municipales de protección y atención a las personas mayores

Fundación Democracia y Gobierno Local
Serie: Claves del Gobierno Local, 40
ISBN: 978-84-125912-6-2

nomía local, porque "algunos aspectos de aquella intervención restrictiva han quedado normativamente indefinidos". No obstante esta contundente afirmación, el Tribunal acaba concluyendo que el precepto no incumple la exigencia de predeterminación normativa, y justifica esta incompleta regulación en que el legislador básico no podría regular más detalladamente esta cuestión porque, de haberlo hecho, podría suponer una invasión de la competencia autonómica[52].

En cuanto a las competencias delegadas, la actual redacción de la LBRL cambia el sentido y la sustancia de la configuración clásica de las competencias municipales delegadas. En la anterior redacción del art. 27 LBRL, las competencias delegadas eran una forma de ampliación del poder local en materias donde, además del interés autonómico o estatal, también existe un interés local relevante, sus "intereses propios" ("siempre que con ello se mejore la eficacia de la gestión pública y se alcance una mayor participación ciudadana"). Se trata de materias en las que el municipio pueda actuar con eficacia y proximidad a los ciudadanos, en coherencia con lo previsto en el art. 4.1 CEAL, que hace referencia a "materias que afecten a sus intereses propios" (municipales), siempre que con ello "se mejore la eficacia de la gestión pública y se alcance una mayor participación ciudadana".

El actual art. 27 LBRL constituye, más bien, un instrumento de reducción de costes en la gestión de competencias autonómicas y estatales, una gestión eficiente de competencias supramunicipales. Ya no se hace referencia a la mejora de la eficacia o a la participación ciudadana. El objetivo es conseguir una gestión eficiente de competencias supramunicipales: "evitar duplicidades administrativas, mejorar la transparencia de los servicios públicos y el servicio a la ciudadanía y, en general, contribuir a los procesos de racionalización administrativa, generando un ahorro neto de recursos" (art. 27.3 LBRL). En esta misma línea, con términos muy parecidos, el art. 27.1 dice, literalmente: "la delegación habrá de mejorar la eficiencia de la gestión pública, contribuir a eliminar duplicidades administrativas y ser acorde con la legislación de estabilidad presupuestaria y sostenibilidad financiera".

Esta configuración implica que, en realidad, el ayuntamiento que recibe la competencia supramunicipal actúa bajo responsabilidad, dirección y control de otra Administración pública. En general, vendría a ser como una "forma de gestión indirecta" de competencias autonómicas (STC 41/2016, FJ 11). La Administración delegante "dirige y controla" a la Administración delegada (municipal): los actos del municipio podrán ser recurridos ante

---

52. Ver este análisis en Cidoncha Martín (2017: 71).

Despoblación rural y envejecimiento: políticas públicas y servicios municipales de protección y atención a las personas mayores

Fundación Democracia y Gobierno Local
Serie: Claves del Gobierno Local, 40
ISBN: 978-84-125912-6-2

91

los órganos competentes de la Administración delegante (art. 27.4 LBRL) y, a través de este recurso administrativo, puede revocar las resoluciones del ayuntamiento delegado. Incluso puede dictar "instrucciones técnicas de carácter general" y recabar, en cualquier momento, información sobre la gestión municipal. En caso de incumplimiento de directrices, denegación de información o inobservancia de requisitos formulados, podrá revocarse la delegación o procederse a la ejecución de la competencia por la Administración delegante en sustitución del municipio (art. 27.4 LBRL). El Tribunal Constitucional ha entendido que, en la medida en que estas competencias delegadas deben ser aceptadas por los ayuntamientos, difícilmente pueden infringir la garantía constitucional de la autonomía local. Interpreta que las competencias delegadas previstas en el art. 27 LBRL son cualitativamente distintas de las originalmente reguladas en la misma ley (supuestos de desconcentración, por los que el municipio ampliaba su ámbito funcional). En cambio, en el nuevo art. 27 LBRL —señala el Tribunal Constitucional—, las delegaciones son una forma "de gestión indirecta de competencias autonómicas" (STC 41/2016, FJ 11; ECLI:ES:TC:2016:41).

Además, no resulta tan claro que el régimen jurídico sea favorable a la generalización de la delegación; al contrario, puede resultar marginal. En primer lugar, porque se prevé un intenso control[53] que ejerce la Administración delegante sobre la delegada, lo que no facilita la eventual aceptación de la competencia delegada. Lo mismo se puede decir en relación con la financiación, porque se establece que la delegación es nula en caso de no existir una "dotación presupuestaria adecuada y suficiente" en los presupuestos de la Administración delegante para cada ejercicio económico (art. 27.6 LBRL). Además, es un sistema más rígido y limitado, en la medida en que la anterior redacción de la LBRL contemplaba tanto la delegación convencional como la delegación imperativa, por ley. El actual art. 27.5 LBRL solo prevé la delegación pactada: "la efectividad de la delegación requerirá su aceptación por el municipio interesado".

Por último, además de lo anterior, también afectaban a los servicios sociales las previsiones contenidas en la disposición transitoria segunda de la LRSAL, que, bajo el título: "Asunción por las Comunidades Autónomas de las competencias relativas a servicios sociales", llevaba a cabo un traslado competencial directo, en favor de las comunidades autónomas, de competencias habitualmente desplegadas en el nivel municipal, porque así venía decidido o permitido por las comunidades autónomas o por el Estado (regulación, *ex* art. 149.1.18 CE, de servicios mínimos y habilitaciones directas).

---

53.   Velasco Caballero (2012: 115).

Despoblación rural y envejecimiento: políticas públicas y servicios municipales de protección y atención a las personas mayores

Fundación Democracia y Gobierno Local
Serie: Claves del Gobierno Local, 40
ISBN: 978-84-125912-6-2

Esta disposición fue declarada inconstitucional por la STC 41/2016 (FJ 13) (ECLI:ES:TC:2016:41), por tratarse de competencias autonómicas indisponibles para el legislador básico estatal, que no puede imponer la asunción por las comunidades autónomas de las actividades municipales sobre servicios sociales e impedir, de esta forma, que las comunidades autónomas puedan optar, en materias de su competencia, por descentralizar determinados servicios en las entidades locales.

Despoblación rural y envejecimiento:
políticas públicas y servicios municipales
de protección y atención a las personas mayores

Fundación Democracia y Gobierno Local
Serie: Claves del Gobierno Local, 40
ISBN: 978-84-125912-6-2

93

CAPÍTULO 3

Configuración de los servicios de protección y atención a las personas mayores: el papel de los municipios

1. **La relación entre las competencias autonómicas y las competencias locales en la prestación de los servicios sociales**

En la práctica, el resultado del modelo competencial diseñado en la LBRL y en la legislación autonómica es que la actividad administrativa del municipio en materia de servicios sociales a mayores se parece más a la de una Administración indirecta de la comunidad autónoma, gestionando competencias delegadas o encomendadas, que a la actividad desarrollada por una entidad dotada constitucionalmente de autonomía en ejercicio de competencias propias. En efecto, las leyes autonómicas sobre servicios sociales (y, en algún caso, el legislador estatutario, como en el art. 84.2.m EAC) son las que han transferido a los municipios competencias en principio correspondientes a la comunidad autónoma y, al hacerlo, han alterado sustancialmente la posición que hasta ese momento venían desempeñando las entidades locales, tanto los municipios como las provincias. Al definir las comunidades autónomas sus sistemas públicos de servicios sociales como redes de agentes prestadores de servicios, los municipios y provincias han pasado a integrarse en un marco organizativo y de gestión cuya ordenación corresponde a aquellas y les resulta, por tanto, ajena. Y ello ha dado lugar a que las competencias en cuyo ejercicio se cifra la autonomía de los entes locales hayan quedado sensiblemente reducidas, si no desde el punto de vista

Despoblación rural y envejecimiento: políticas públicas y servicios municipales de protección y atención a las personas mayores

Fundación Democracia y Gobierno Local
Serie: Claves del Gobierno Local, 40
ISBN: 978-84-125912-6-2

95

de la parte de la materia cuya gestión les corresponde, sí en todo caso desde la perspectiva de la calidad de las competencias que tienen efectivamente atribuidas[1]. En todo caso, estas afirmaciones hay que entenderlas hechas en términos generales, porque, claro está, hay importantes matices que tienen en cuenta la dimensión del tamaño del municipio y su capacidad de prestación de servicios sociales. El carácter heterogéneo de los municipios de la comunidad autónoma desde la perspectiva de su tamaño y capacidad prestacional es una circunstancia tomada en consideración por el legislador autonómico. Las leyes autonómicas contemplan por ello la posibilidad de que las competencias relativas a la prestación de los servicios citados sean ejercidas, bien por los propios municipios directamente, o bien a través de alguna fórmula de cooperación intermunicipal, así como la eventual intervención subsidiaria por parte de entidades locales supramunicipales, como la comarca o la provincia, o, incluso, de la propia comunidad autónoma, en caso de municipios de reducida capacidad prestacional[2].

De forma genérica, entre los servicios sociales más importantes que se prestan por la Administración local en favor de los mayores se encuentran:

- Servicios de asistencia domiciliaria: se trata de servicios que proporcionan atención a domicilio para aquellas personas mayores con dificultades para realizar las actividades básicas de la vida diaria. Estos servicios permiten que las personas mayores permanezcan en sus hogares el mayor tiempo posible, lo que favorece su bienestar personal y social.

- Centros de día y residencias: los centros de día ofrecen un espacio donde las personas mayores pueden realizar actividades sociales y de ocio durante el día, lo que les permite continuar viviendo en sus domicilios. Las residencias, por otro lado, proporcionan alojamiento permanente a aquellas personas mayores que ya no pueden seguir viviendo de forma independiente.

- Teleasistencia: los servicios de teleasistencia facilitan asistencia inmediata las 24 horas del día mediante el uso de tecnologías de comunicación. Permiten a las personas mayores que viven solas sentirse apoyadas y seguras en sus hogares.

---

1. Arroyo y Domínguez (2012: 81); Velasco Caballero (2012: 110-111); Ramos Gallarín (2010: 197-198, 202-203).

2. Arroyo y Domínguez (2012: 80-81), con análisis y cita de normativa autonómica de las comunidades autónomas de Castilla-La Mancha, Cataluña y Madrid. El impacto del tamaño y de la diversidad socioeconómica y demográfica municipal en estas prestaciones también en Ramos Gallarín (2010: 203-206, 208-209, 212-213).

Despoblación rural y envejecimiento: políticas públicas y servicios municipales de protección y atención a las personas mayores

Fundación Democracia y Gobierno Local
Serie: Claves del Gobierno Local, 40
ISBN: 978-84-125912-6-2

- Transporte adaptado: el transporte adaptado facilita el desplazamiento de las personas mayores que tienen dificultades de movilidad, lo que les permite acceder a recursos y servicios comunitarios. Este tipo de iniciativas fomentan la participación e inclusión social de los mayores en las áreas rurales.

Las competencias transferidas a los municipios por el legislador autonómico en materia de servicios sociales son relativamente poco extensas desde el punto de vista de los concretos intereses públicos a cuya tutela sirve su ejercicio y, sobre todo, de reducida intensidad a la vista de las concretas funciones o potestades en las que se concretan[3]. Por un lado, a los entes locales se atribuye con carácter general la prestación de servicios básicos o de atención primaria, entre los cuales destacan las actividades propias del profesional de referencia (información, orientación, asesoramiento, prevención, detección y diagnóstico de situaciones de necesidad) y dos servicios que se prestan dentro y fuera de Sistema de Atención y Ayuda a la Dependencia (SAAD)[4], como son la ayuda a domicilio y la teleasistencia, mientras que la atención especializada permanece en manos de la Administración autonómica, sin perjuicio de que se pueda acordar mediante convenio u otro instrumento de cooperación la creación y el mantenimiento de algunos equipamientos propios de ese nivel de atención por parte de municipios concretos. Por otro lado, las funciones atribuidas en relación con la atención primaria se limitan a la gestión de los servicios correspondientes, esto es, a su organización y a la realización material de las prestaciones, mientras que su ordenación normativa y su planificación corresponden a la comunidad autónoma, que mantiene por ello numerosas técnicas de intervención y control sobre la actividad de los entes locales. De este modo, la comunidad autónoma se encuentra en condiciones de programar muy intensamente la actuación municipal en este ámbito[5].

---

3. El carácter limitado de esas competencias que se reconocen a los municipios deriva de dos elementos. En primer lugar, porque unas veces se atribuyen de forma puramente compartida con la propia comunidad autónoma. Y en segundo lugar, por los controles autonómicos a los que se ven sometidas (parámetros, controles e intervenciones autonómicas): catálogo de prestaciones; mapa de servicios (configurado por medio de "zonas" o "áreas básicas" de atención primaria); fijación de "criterios generales y modelos de intervención"; poderes de reglamentación de las prestaciones, poderes de control. En este sentido, Velasco Caballero (2012: 110-111). Estas ideas también expuestas en Arroyo y Domínguez (2012: 80).

4. Los entes locales "participarán en la gestión de los servicios de atención a las personas en situación de dependencia, de acuerdo con la normativa de sus respectivas Comunidades Autónomas y dentro de las competencias que la legislación vigente les atribuye" (art. 12 LAPAD, Ley 39/2006, de 14 de diciembre, de Promoción de la Autonomía Personal y Atención a las personas en situación de dependencia).

5. Así, en lo que atañe a las tareas propias de la gestión del SAAD ha de tenerse en cuenta, en primer término, que la regulación de los procedimientos administrativos de valoración y

Despoblación rural y envejecimiento,
políticas públicas y servicios municipales
de protección y atención a las personas mayores

Fundación Democracia y Gobierno Local
Serie: Claves del Gobierno Local, 40
ISBN: 978-84-125912-6-2

97

Un nuevo ejemplo de prestación de carácter social en la que los municipios desempeñan un papel de mero colaborador, pero sin capacidad de decisión, lo tenemos en el modelo que se ha ido configurando para el reconocimiento por parte del Estado del ingreso mínimo vital (aprobado por el Real Decreto-ley 20/2020, de 29 de mayo, ahora Ley 19/2021, de 20 de diciembre, por la que se establece el ingreso mínimo vital). El ministro de Seguridad Social, en sus declaraciones públicas de abril y mayo de 2020, apuntaba ya que esta prestación sería gestionada por el Ministerio de Seguridad Social (que también diseña los requisitos, condiciones y procedimiento de otorgamiento de esta prestación), pero contando con la información y el seguimiento de los ayuntamientos, porque, por proximidad, son los que están en condiciones de ayudar (y, sobre todo, localizar) los casos de personas excluidas y vulnerables. Igualmente, indicaba que habría un "itinerario de inclusión", para ayudar a estas personas a salir de su situación. Aquí también tienen un papel importante los ayuntamientos: de información y seguimiento, para colaborar con la Seguridad Social. En términos parecidos, ya en las comunidades autónomas existe una prestación o ayuda de renta mínima, con un modelo de gestión similar, en el que los ayuntamientos juegan un papel de colaboradores en hacer efectiva una prestación que no es propia, sino que es autonómica[6]. Aunque circuló un borrador del Decreto-ley que establecía que serían "las áreas de servicios sociales de los ayuntamientos" las encargadas de realizar las gestiones administrativas y evaluar los requisitos de los solicitantes, finalmente el art. 22.1 del Real Decreto-ley

prescripción de los servicios correspondientes, incluyendo el modo en que intervienen en ellos los municipios, corresponde a la comunidad autónoma; así como, en segundo lugar, que la planificación y la reglamentación de las concretas prestaciones del sistema cuya realización corresponde a los municipios también permanece en manos de la comunidad autónoma. Arroyo y Domínguez (2012: 80).

6.   Así, como ejemplo, el caso de la Comunidad de Madrid y su renta mínima de inserción, en la que la solicitud se presenta ante los servicios sociales municipales. La persona titular de la prestación económica asume el compromiso de suscribir un programa individual de inserción, adaptado a sus circunstancias y necesidades, que facilite su inserción social y/o laboral. Es competencia municipal la elaboración y seguimiento en los centros de servicios sociales con criterios técnicos y profesionales (https://www.comunidad.madrid/servicios/asuntos-sociales/renta-minima-insercion). En Castilla-La Mancha, en cuanto al Ingreso Mínimo de Solidaridad, la persona interesada debe dirigirse a Servicios Sociales de Atención Primaria de su localidad de residencia, donde se le informa y asesora, aunque la solicitud se presenta en el Registro de las Direcciones Provinciales de Bienestar Social o en el Registro de los Servicios Centrales de la Consejería de Bienestar Social (https://www.castillalamancha.es/gobierno/bienestarsocial/estructura/dgacsocco/actuaciones/ingreso-m%C3%ADnimo-de-solidaridad). En la Comunidad Valenciana, la Renta Valenciana de Inclusión puede ser solicitada a los servicios sociales municipales (http://www.inclusio.gva.es/es/web/integracion-inclusionsocial-cooperacion/renta-valenciana-de-inclusion-rvi). Y como último ejemplo, por distinto, en cuanto a la Renta Garantizada a la Ciudadanía de Cataluña, se accede a través de un asistente virtual para comprobar si es susceptible de poder tramitar esta prestación (https://treballiaferssocials.gencat.cat/ca/ambits_tematics/pobresa_i_inclusio_social/renda_garantida_ciutadania/castellano/rentagarantizada/).

Sobre las renta mínimas existentes, ver https://revista.seg-social.es/2020/05/27/un-vistazo-a-los-programas-de-rentas-minimas-que-funcionan-en-las-comunidades-autonomas/ (consulta realizada a fecha de 3 de junio de 2020).

98

Despoblación rural y envejecimiento:
políticas públicas y servicios municipales
de protección y atención a las personas mayores

Fundación Democracia y Gobierno Local
Serie: Claves del Gobierno Local. 40
ISBN: 978-84-125912-6-2

20/2020 estableció que la competencia para el reconocimiento y el control de esta prestación económica de la Seguridad Social corresponde al Instituto Nacional de la Seguridad Social, sin perjuicio de que, cuando suscriban el oportuno convenio (en los términos previstos en la Ley 40/2015, de 1 de octubre, de Régimen Jurídico del Sector Público) con el Instituto Nacional de la Seguridad Social, las comunidades autónomas y entidades locales puedan iniciar el expediente administrativo. Igualmente, en el marco de dicho convenio suscrito con el Instituto Nacional de Seguridad Social, podrá acordarse que, iniciado el expediente por la respectiva Administración, la posterior tramitación y gestión previas a la resolución del expediente se efectúe por la Administración que hubiere incoado el procedimiento (esto es, podría ser la Administración autonómica o la local, según lo que se establezca en el convenio correspondiente). Además, la Ley 19/2021 establece un mandato de cooperación administrativa en el ejercicio de las funciones de supervisión (art. 29) y estrategias de inclusión de las personas beneficiarias del ingreso mínimo vital mediante cooperación y colaboración para la inclusión social de las personas beneficiarias con otras Administraciones públicas (incluyendo las entidades locales, por supuesto), las organizaciones empresariales y sindicales más representativas, así como con las entidades del Tercer Sector de Acción Social (art. 31). Con el fin de intensificar las relaciones de cooperación, mejorar la eficiencia de la gestión de la prestación no contributiva de ingreso mínimo vital, así como facilitar la utilización conjunta de medios y servicios públicos, mediante la asistencia recíproca y el intercambio de información, el Ministerio de Inclusión, Seguridad Social y Migraciones o, en su caso, la Administración de la Seguridad Social podrán celebrar los oportunos convenios, o acuerdos, o cualquier otro instrumento de colaboración con otros órganos de la Administración General del Estado, de las Administraciones de las comunidades autónomas y de las entidades locales (art. 32). Sin perjuicio de estos mecanismos de colaboración, en la disposición adicional cuarta del Real Decreto-ley 20/2020, el Gobierno establecía que "estudiará a partir de 2021 la celebración de convenios con comunidades autónomas que contemplen fórmulas de gestión de la prestación del ingreso mínimo vital". Esto es a salvo de lo previsto en la disposición adicional quinta, que establece un régimen especial de aplicación en los territorios forales (País Vasco y Navarra), que, "en razón de la especificidad que supone la existencia de haciendas forales", asumirán, en su ámbito territorial, las funciones y los servicios correspondientes que en este real decreto-ley se atribuyen al Instituto Nacional de la Seguridad Social[7]. Pues bien, el Real Decreto-ley 8/2023, de 27

---

7.   Y ello en los términos que se acuerden antes del 31 de octubre de 2020. En tanto no se produzca la asunción de estas funciones y servicios, "se acordará mediante convenio a suscribir entre los órganos competentes del Estado y de la comunidad autónoma interesada, una encomienda de gestión para realizar las actuaciones que se prevean en el mismo en relación con la prestación económica del Ingreso Mínimo Vital y que permitan la atención integral de sus beneficiarios en el País Vasco y Navarra" (disposición adicional quinta del propio Real Decreto-ley 20/2020).

Despoblación rural y envejecimiento: políticas públicas y servicios municipales de protección y atención a las personas mayores

Fundación Democracia y Gobierno Local
Serie: Claves del Gobierno Local, 40
ISBN: 978-84-125912-6-2

99

de diciembre, modifica la disposición adicional cuarta y establece que "las comunidades autónomas de régimen común" podrán también asumir, en su ámbito territorial, la gestión de la prestación no contributiva del ingreso mínimo vital que corresponde al Instituto Nacional de la Seguridad Social, que incluya la iniciación, tramitación, resolución y control por parte de la comunidad autónoma, mediante la celebración del correspondiente convenio con la Administración del Estado. En resumen, y como ya se anunciaba al inicio, estamos, una vez más, ante un supuesto en el que, pudiendo tener un mayor protagonismo la Administración municipal, el legislador (estatal, en este caso) la relega a un papel de mera colaboradora, inicialmente del Instituto Nacional de la Seguridad Social, y, paulatinamente, de las comunidades autónomas, que, según la última reforma de finales de 2023, serán las que podrán asumir las competencias en este ámbito.

Por último, se debe destacar que sin duda, en este contexto organizativo, cobran un gran protagonismo los instrumentos para articular las relaciones interadministrativas[8]. Por tratarse de una red de Administraciones públicas con competencias propias en materia de atención a la dependencia, la ordenación y gestión del SAAD implica a los tres niveles de gobierno (además de a actores privados) y, por todo ello, descansa inevitablemente en el empleo de mecanismos de cooperación y coordinación. Las principales técnicas de coordinación contempladas en la legislación autonómica de servicios sociales son las relativas a la creación de órganos de coordinación y a la planificación de los servicios sociales. Y las leyes autonómicas contemplan también el uso de instrumentos voluntarios de cooperación interadministrativa para la realización de las diversas tareas relacionadas con la gestión del sistema público de servicios sociales, incluyendo el establecimiento por convenio de fórmulas de gestión conjunta de los servicios y la creación de entes de gestión por medio de consorcios, de mancomunidades de municipios o de otras modalidades legalmente establecidas. Con todo, la técnica de cooperación más relevante es el convenio administrativo. Usualmente, las relaciones entre la comunidad autónoma y los ayuntamientos se canalizan a través de un convenio ordinario de servicios sociales para

---

8.   El análisis empírico que realizan Egea y Navarro (2019: 71) muestra la concentración del apoyo financiero y técnico que reciben los municipios desde la Administración autonómica. Por el contrario, en un 76 % de los casos (16/21 de los municipios analizados), los ayuntamientos afirman que no obtienen ningún tipo de apoyo por parte de los niveles de gobierno superiores (Unión Europea y Gobierno central). Esta situación contrasta con el diseño programático que de la política de mayores se realiza en las distintas estrategias, nacional y regional, en las que la cooperación interadministrativa desempeña un papel clave. Aunque, por supuesto, el Estado, igualmente vinculado por el mandato de actuación en este ámbito que impone el art. 50 CE, también puede conceder directamente subvenciones a los municipios con distintas finalidades, como la construcción de residencias o centros de atención a personas mayores, o iniciativas o proyectos de acción social en favor de personas mayores.

100

Despoblación rural y envejecimiento:
políticas públicas y servicios municipales
de protección y atención a las personas mayores

Fundación Democracia y Gobierno Local
Serie: Claves del Gobierno Local, 40
ISBN: 978-84-125912-6-2

articular la financiación, que es compartida entre la comunidad autónoma y ayuntamientos (allí donde estos se encargan de la prestación de los servicios sociales). Rasgos generales de estos convenios de servicios sociales es que se otorgan en función del número de habitantes y dejan un cierto espacio al ayuntamiento, que decide en qué gastarlo concretamente, según sus necesidades (por ejemplo: ampliación de ayuda a domicilio, menús, más personal para atender y valoración de necesidades)[9].

2. Las prestaciones que integran la acción municipal en favor de los mayores

Como se ha mostrado en los apartados anteriores, a partir del mandato constitucional que se impone a todos los poderes públicos de protección de los mayores, desde el punto de vista competencial, su concreción en la legislación estatal y autonómica en materia de servicios sociales a mayores responde a un modelo descentralizado en favor de las comunidades autónomas, pero, al mismo tiempo, fuertemente interrelacionado con las Administraciones locales. En la realidad, las entidades locales mantienen un papel protagonista (aunque más de prestador que de definidor o diseñador) en las políticas públicas de servicios a los mayores. En efecto, bien sea mediante el ejercicio de las competencias propias (del art. 25.2 LBRL), o mediante competencias delegadas (por parte de las comunidades autónomas), o competencias distintas de las propias, las corporaciones locales mantienen su importante función de atención a los colectivos objeto de acción social, entre los que se encuentran los mayores, con una diversidad de prestaciones o servicios que se prestan desde la Administración municipal.

Dentro de la amplia categoría de los servicios sociales, suele distinguirse entre prestaciones económicas o dinerarias y técnicas o de servicio. Algunas leyes autonómicas sobre servicios sociales acogen esta distinción, mientras otras establecen una clasificación triple entre prestaciones técnicas, económicas y tecnológicas, o técnicas, económicas y materiales[10]. También encontramos una distinción, en lo que se refiere a actuaciones concretas llevadas a cabo por cada municipio en el ámbito de la gestión del envejecimiento, entre lo que se puede denominar "atención social" y lo que constituye "promoción social". Desde el ámbito municipal, se presta un mayor apoyo institucional a las actividades de atención social que se centran en el apoyo a la mejora de las condiciones de vida, frente a las actividades

---

9. El análisis de las relaciones interadministrativas y su previsión en la normativa autonómica, en Arroyo y Domínguez (2012). También sobre financiación de estos servicios. Y por último, sobre los convenios, Velasco Caballero (2012).

10. Rodríguez de Santiago (2007: 95-96). Sobre esta cuestión ver Castillo Abella (2020b: 460).

Despoblación rural y envejecimiento: políticas públicas y servicios municipales de protección y atención a las personas mayores

Fundación Democracia y Gobierno Local
Serie: Claves del Gobierno Local. 40
ISBN: 978-84-125912-6-2

101

de promoción social. La tendencia ha sido la del aumento de las actividades propias de cada municipio como acciones informativas y comedores para personas mayores, frente a un descenso de las actividades con colaboración intergubernamental como los centros de día y las residencias y hospitales geriátricos[11]. Las actividades de promoción social, a pesar de representar un porcentaje menor en lo que se refiere al grueso de actividades municipales, han experimentado, en general, un paulatino aumento relativo[12].

Dejando de lado las modalidades de las formas de gestión (públicas o de colaboración de los sujetos privados con las Administraciones competentes)[13], hacemos referencia aquí a las prestaciones concretas que se realizan por los municipios (a través de cualesquiera formas de gestión) en favor de los mayores[14]. Podemos encontrar en muchos ayuntamientos planes de acción social, o como se hayan querido denominar en cada caso, elaborados con más o menos formalización por parte de las corporaciones locales, bien en general, o bien específicamente referidos a la protección de los mayores. Lógicamente, estas actuaciones locales varían mucho según el tamaño y las necesidades de los municipios, pero comparten elementos comunes. Así, en general, en el ámbito rural se puede afirmar que las personas

---

11.   Estos datos, referidos al período 2010-2016, en Astier *et al.* (2018: 81-82), en el contexto de las consecuencias derivadas de la crisis económica de 2008, que supone un cambio de presupuestos, prioridades y demandas sociales, así como en las respuestas institucionales a la gestión pública del envejecimiento. En concreto, estos autores concluyen que los municipios, en su estrategia para desarrollar la gestión del envejecimiento, experimentan un cambio, apostando por la disminución paulatina de la ayuda a la dependencia en favor de la promoción de acciones en línea con el envejecimiento activo. En el caso de la atención a personas mayores en situación de dependencia, esta pasó de representar un 76,3 % de los principales objetivos de trabajo en materia de personas mayores a un 49,4 %. Sin embargo, en el caso de la promoción de actuaciones para el envejecimiento activo y saludable, estas pasaron de representar un 8,6 % de los objetivos, a representar un 23,0 % en el mismo intervalo de 6 años. En lo que se refiere a estructuras y recursos que los municipios destinan a las personas mayores, se ha visto una disminución tanto de estructuras como de recursos, motivada, en principio, por la crisis económica. Sin embargo, de acuerdo con los datos, esta disminución de los recursos destinados a servicios a personas mayores se ha ido recuperando poco a poco a partir de 2014. En este sentido, en lo referente al presupuesto destinado por los municipios a la gestión del envejecimiento, mientras que en 2014 el presupuesto tan solo había aumentado un 27,8 %, en 2016 el aumento fue de un 50,6 %.

12.   Igualmente, Astier *et al.* (2018: 82). Dentro de las actividades de promoción social, por ejemplo, actividades sociales y de relación con el entorno, como los llamados huertos urbanos, han experimentado un aumento relevante desde que en 2010 un 23,1 % de municipios realizaba este tipo de actividades; en 2016 ya eran un 54,0 % de los municipios los que ponían en práctica estas actividades.

13.   Sobre las formas de gestión de los servicios públicos locales, por todos, López de Castro García-Morato (2017); López de Castro y Ortega (2024).

14.   Sobre esta cuestión ver Castillo Abella (2020b: 460), con cita de normativa autonómica entre la que es habitual que se indique que las prestaciones económicas no puedan ser gestionadas por privados, pero que permiten esta posibilidad para las prestaciones de servicio-materiales. Así sucede, por ejemplo, en el caso de las residencias de mayores.

Fundación Democracia y Gobierno Local
Serie: Claves del Gobierno Local. 40
ISBN: 978-84-125912-6-2

mayores tienen necesidades específicas ligadas a la ausencia de servicios[15]: la dispersión de la población es un obstáculo para garantizar la proximidad de los servicios, que sí puede asegurarse en el entorno urbano[16], lo que puede inclinar las necesidades, por ejemplo, hacia los centros residenciales, en lugar de los servicios de atención domiciliaria.

Como ya se ha señalado en el apartado anterior, las competencias transferidas a los municipios por el legislador autonómico en materia de servicios sociales son relativamente poco extensas y, sobre todo, de reducida intensidad a la vista de las concretas funciones o potestades en las que se concretan. El carácter limitado de esas competencias que se reconocen a los municipios deriva de dos elementos. En primer lugar, porque unas veces se atribuyen de forma puramente compartida con la propia comunidad autónoma. Y, en segundo lugar, por los controles autonómicos a los que se ven sometidas (parámetros, controles e intervenciones autonómicas): catálogo de prestaciones; mapa de servicios (configurado por medio de "zonas" o "áreas básicas" de atención primaria); fijación de "criterios generales y modelos de intervención"; poderes de reglamentación de las prestaciones, poderes de control[17].

Así, las funciones atribuidas a los municipios en relación con la atención primaria se limitan a la gestión de los servicios correspondientes, esto es, a su organización y a la realización material de las prestaciones, mientras que su ordenación normativa y su planificación corresponden a la comunidad autónoma, que mantiene por ello numerosas técnicas de intervención y control sobre la actividad de los entes locales. De este modo, la comunidad autónoma se encuentra en condiciones de programar muy intensamente la actuación municipal en este ámbito[18].

Un ejemplo de esto lo podemos ver en lo que atañe a las tareas propias de la gestión del SAAD. Ha de tenerse en cuenta, en primer término, que la regulación de los procedimientos administrativos de valoración y prescripción de los servicios correspondientes, incluyendo el modo en que intervienen en ellos los municipios, corresponde a la comunidad autónoma; así como, en segundo lugar, que la planificación y la reglamentación de las concretas prestaciones del sistema cuya realización corresponde a los municipios también permanecen en manos de la comunidad autónoma, en

---

15.   García-González y Rodríguez-Rodríguez (2005: 22-33).

16.   Abellán *et al.* (2015).

17.   En este sentido, Velasco Caballero (2012: 110-111). Estas ideas, también expuestas en Arroyo y Domínguez (2012: 80).

18.   Arroyo y Domínguez (2012: 80).

Despoblación rural y envejecimiento: políticas públicas y servicios municipales de protección y atención a las personas mayores

Fundación Democracia y Gobierno Local
Serie: Claves del Gobierno Local, 40
ISBN: 978-84-125912-6-2

103

los trámites más relevantes que integran el procedimiento dirigido a la valoración de la situación de dependencia y al reconocimiento del derecho. Entre ellos, destaca el informe social que elaboran los equipos y profesionales de los servicios sociales de atención primaria. Más allá de este informe, los municipios no intervienen en la valoración de la dependencia, ni en la propuesta de grado y nivel ni, en fin, en la resolución sobre reconocimiento del derecho, lo cual, lejos de ser una anomalía, es coherente con el hecho de que esas actividades trascienden los límites de los servicios sociales básicos, que, según ya se ha señalado, son el ámbito característico de las competencias propias del municipio de conformidad con la legislación autonómica sobre servicios sociales. Puede darse una mayor intervención municipal en estas tareas administrativas pertenecientes al SAAD, de acuerdo con las dos alternativas siguientes. La primera alternativa consiste en la delegación del ejercicio de las competencias correspondientes a municipios que tengan una cierta capacidad prestacional, ya sea en virtud de las previsiones generales contenidas en la legislación de régimen local y en la propia legislación autonómica sobre servicios sociales, o en virtud de las previsiones sobre reasignaciones competenciales a favor de municipios de régimen singular (como Barcelona o Madrid). Y la segunda alternativa, que es la empleada, por ejemplo, en Cataluña, consiste en encomendar la aplicación del baremo a equipos de valoración integrados en consorcios territoriales formados por la Administración de la comunidad autónoma y diversos entes locales. Esta segunda opción es la que es más interesante para municipios que no sean tan grandes, y permite explorar estar forma de organización de la cooperación interadministrativa dando entrada, según los casos, a municipios, a mancomunidades de municipios o, incluso, a provincias[19]. En todo caso, no parece que pueda ser aplicable a los municipios más pequeños tampoco y con escasos medios materiales y personales.

En coherencia con lo anterior, en cuanto a las prestaciones concretas, a los entes locales se atribuye con carácter general la prestación de servicios básicos o de atención primaria. La atención especializada, sin embargo, permanece en manos de la Administración autonómica, sin perjuicio de que se puedan acordar mediante convenio u otro instrumento de cooperación la creación y el mantenimiento de algunos equipamientos propios de ese nivel de atención por parte de municipios concretos.

Entre las prestaciones integrantes de la atención primaria, destacan las actividades propias del profesional de referencia (información, orientación, asesoramiento, prevención, detección y diagnóstico de situaciones de nece-

---

19. Arroyo y Domínguez (2012: 80).

Despoblación rural y envejecimiento: políticas públicas y servicios municipales de protección y atención a las personas mayores

Fundación Democracia y Gobierno Local
Serie: Claves del Gobierno Local: 40
ISBN: 978-84-125912-6-2

sidad) y dos servicios que se prestan dentro y fuera de Sistema de Atención y Ayuda a la Dependencia (SAAD), como son la ayuda a domicilio y la teleasistencia, de conformidad con lo previsto en el art. 12.1 LAPAD (Ley 39/2006, de 14 de diciembre, de Promoción de la Autonomía Personal y Atención a las personas en situación de dependencia), que establece que los entes locales "participarán en la gestión de los servicios de atención a las personas en situación de dependencia, de acuerdo con la normativa de sus respectivas Comunidades Autónomas y dentro de las competencias que la legislación vigente les atribuye". El art. 12.2 LAPAD añade que "las Entidades Locales podrán participar en el Consejo Territorial del Sistema para la Autonomía y Atención a la Dependencia en la forma y condiciones que el propio Consejo disponga".

Los dos servicios más utilizados son el SAD y el de teleasistencia. El SAD se utiliza, mayoritariamente, por personas mayores de 80 años o más (69 % en 2018 a nivel nacional). La teleasistencia es el segundo servicio domiciliario más extendido, y el 67,4 % de los usuarios de este servicio en 2018 también tenían más de 80 años[20]. Ambos servicios están orientados a asistir a las personas mayores en su domicilio, en el desarrollo de sus actividades cotidianas. Estos servicios domiciliarios se complementan con otros que también pueden ser a domicilio, como los de lavandería, podología, o el servicio de comida a domicilio. Todo ello es una muestra de que, en general, estos servicios de atención primaria se orientan a favorecer que las personas mayores puedan permanecer en sus hogares, respondiendo a corrientes que promueven programas de acompañamiento al envejecimiento activo y saludable en el propio hogar, los llamados *aging in place* (envejecer en casa): consiste en dar apoyo a las personas mayores que desean continuar viviendo de forma independiente en lugar de trasladarse a un entorno residencial[21]. Así se afirma en un texto de Naciones Unidas de 2007[22]: "los países desarrollados tienen que ampliar la prestación de cuidados oficiales a largo plazo para las personas mayores, incluida la vida en centros especializados, y organizar servicios alternativos para que las personas mayores puedan envejecer en su hogar si así lo desean".

El servicio de ayuda a domicilio tiene como objetivo atender a las personas en sus necesidades de la vida diaria (art. 23 LAPAD). En España tiene

---

20.   Informe "Servicios sociales dirigidos a las personas mayores en España", del Ministerio de Sanidad, Consumo y Bienestar Social, de 5 de febrero de 2019 (disponible *online* en imserso.es). Sobre esto, Díez Sastre (2020b).

21.   Chinchilla Peinado (2019, 2020a); Maragall Garrigosa (2018: 35-36); Astier *et al.* (2018); Díez Sastre (2020b); Velasco Caballero (2020b).

22.   Organización de las Naciones Unidas. Consejo Económico y Social (2007: 9).

Despoblación rural y envejecimiento: políticas públicas y servicios municipales de protección y atención a las personas mayores

Fundación Democracia y Gobierno Local
Serie: Claves del Gobierno Local, 40
ISBN: 978-84-125912-6-2

105

un carácter más social y menos ligado a la sanidad que los programas que se desarrollan en otros países bajo la denominación *home care*, y sus destinatarios son personas mayores que viven solas, frágiles, sin deterioro cognitivo, que sufren problemas geriátricos con repercusiones en la capacidad funcional, mostrando dependencia leve para las actividades básicas de la vida diaria[23].

El servicio de teleasistencia, por su parte, facilita asistencia a los beneficiarios mediante el uso de tecnologías de la comunicación y la información, con apoyo de los medios personales necesarios, en respuesta inmediata ante situaciones de emergencia, o de inseguridad, soledad y aislamiento (art. 22 LAPAD). En el ámbito rural, se ha experimentado en los últimos años con estos servicios, que complementen al SAD, gracias a la creación de centros rurales polivalentes[24].

Ya fuera del domicilio, la atención a las necesidades de los mayores se presta a través de los centros de día y de noche, a los que se trasladan aquellas personas que requieren de un cuidado especial (oxígeno, sonda, curas frecuentes) o de atención por más tiempo o dependencia para las actividades básicas, que no se puede cubrir con el SAD y la teleasistencia. Su objetivo es ofrecer una atención integral durante el período diurno o nocturno, con el objetivo de mejorar o mantener el mejor nivel posible de autonomía personal y apoyar a las familias o cuidadores (art. 24.1 LAPAD). Aunque los usuarios suelen presentar demencia y existen centros especializados en la atención a personas con demencia, la mayor parte de estos centros atiende conjuntamente a mayores con y sin demencia que presentan dependencia moderada o grave y con apoyo familiar adecuado[25].

Distintos objetivos tienen los conocidos como "centros de mayores", que son un lugar de encuentro y relación social, ocio activo y esparcimiento para mayores, además de también cubrir otras necesidades asistenciales fuera del domicilio y a precio reducido: instalaciones de cafetería, servicio de comedor, peluquería, podología, según los centros. Estos centros de mayores son un híbrido entre un servicio puramente asistencial y la prestación de otros servicios que se incluyen dentro de los programas de envejecimiento activo y de promoción de un envejecimiento saludable, cada vez más extendidos, como ya se ha señalado al principio de este trabajo. A partir de este paradigma, los Gobiernos locales promueven o gestionan una variedad de

---

23. Iglesias *et al.* (2018: 419).
24. Martínez y Díaz (2009).
25. Iglesias *et al.* (2018: 419).

Despoblación rural y envejecimiento: políticas públicas y servicios municipales de protección y atención a las personas mayores

Fundación Democracia y Gobierno Local
Serie: Claves del Gobierno Local, 40
ISBN: 978-84-125912-6-2

servicios (desde el fomento de las actividades de ocio y cultura a servicios de atención domiciliaria, ya vistos) con el objetivo de garantizar que el envejecimiento no limite la participación del individuo en la sociedad ni condicione su decisión en aspectos esenciales como la elección de la residencia o la participación en la actividad económica[26].

A pesar de que hay iniciativas propiamente locales, ciertamente estas infraestructuras han tendido a ubicarse preferentemente en las ciudades intermedias o las grandes ciudades[27]. En las últimas décadas las comunidades autónomas con mayores problemas de despoblación fomentan su ubicación en el medio rural. En este sentido, un ejemplo muy gráfico lo constituye el art. 44 de la Ley 2/2021, de 7 de mayo, de Medidas Económicas, Sociales y Tributarias frente a la Despoblación y para el Desarrollo del Medio Rural en Castilla-La Mancha, que incluye unas medidas de promoción de la activación de recursos residenciales adaptados al medio rural. En concreto, expuestas de forma esquemática, las siguientes: a) el acceso a un recurso de atención residencial, a menos de 40 kilómetros de su hogar, en núcleos de población de zonas escasamente pobladas o en riesgo de despoblación, para que las personas mayores puedan permanecer en su entorno y evitar el desarraigo; b) medidas de acción positiva hacia los centros o recursos ubicados en las zonas escasamente pobladas o en riesgo de despoblación, estableciendo criterios de preferencia para la adjudicación de plazas en dichas zonas; c) la adaptación o la creación de nuevos servicios adecuados para atender las necesidades específicas de las personas mayores que viven en municipios pequeños o afectados por la despoblación (centros multiservicios, unidades específicas de alojamiento y convivencia, viviendas con apoyos o supervisadas, servicios itinerantes y cualquier dispositivo); d) otros tipos de residencia o convivencia en el ámbito rural para las personas mayores que tienen dificultades para permanecer en su domicilio o carecen de este o no reúne las condiciones básicas de habitabilidad o accesibilidad, como son las viviendas tuteladas o colaborativas, las pequeñas unidades de convivencia o las familias acogedoras.

Este tipo de medidas autonómicas no solo constituyen un instrumento de atención y mejora de la calidad de vida de los mayores en el ámbito rural, sino también un instrumento de creación de empleo que permite fijar a la población en esos territorios. Con todo, la realidad es que su implantación

---

26.   Domínguez Martín (2020b: 80-81).

27.   Cañal-Fernández y Álvarez (2022), que muestran la importancia de las infraestructuras y la presencia de una ciudad de tamaño medio en el municipio para fijar la población en el campo.

Despoblación rural y envejecimiento: políticas públicas y servicios municipales de protección y atención a las personas mayores

Fundación Democracia y Gobierno Local
Serie: Claves del Gobierno Local, 40
ISBN: 978-84-125912-6-2

107

es aún limitada. Y además, como se ha señalado, también desde los municipios pequeños se plantean iniciativas de este tipo como una solución para atender a su población mayor en cercanía y en su entorno habitual, además de como una acción más para fijar población y para crear empleo en la propia localidad.

Por último, entre las acciones que los municipios tienen que abordar en este ámbito se incluye la coordinación de las donaciones o las acciones e iniciativas que se ofrecen desde la sociedad civil, el tercer sector o el voluntariado, con la actividad de prestaciones sociales de las entidades locales, con el fin de servirse de la experiencia o bienes y servicios aportados por estos colectivos o iniciativas[28]. Esto incluye la posibilidad de explorar las reservas o las vías no contractuales admitidas por la Ley de Contratos del Sector Público (para los llamados contratos de servicios a las personas) y que se han puesto en marcha en distintas comunidades autónomas para concertar específicamente servicios sociales con grupos vulnerables[29]. Una adecuada alianza con el tercer sector[30] sirve para evitar la duplicación de ayudas y, sobre todo, llegar mejor a los colectivos más vulnerables, intentando, así, evitar la existencia de personas que queden desprotegidas. La eficiencia del sistema de ayudas locales requiere articular canales de información, así como una adecuada o mínima financiación de las actuaciones que asume el tercer sector.

3. En especial, los problemas de vivienda que afectan a las personas mayores y su vinculación con la despoblación

3.1. Cuestiones problemáticas centrales en materia de vivienda: previsión en los instrumentos internacionales y proyección nacional

Parece que podemos afirmar fuera de toda duda que el acceso a un alojamiento se incluye entre los aspectos básicos para los ciudadanos de todo el mundo[31]. La aprobación de reformas normativas, destacadamente la Ley de Vivienda de 2023, y los anuncios de medidas por parte de los diferentes líderes de todas las fuerzas políticas del espectro ideológico de nuestro país, sitúan en los primeros puestos de la agenda política es-

---

28. Navarro Gómez (2020), en su análisis de las diversas actividades emprendidas por las entidades locales, afirma que se han establecido foros, comisiones o grupos de trabajo para diseñar planes de recuperación.

29. Sobre esta cuestión, con más detalle, Domínguez Martín (2019); Domínguez y Chinchilla (2019).

30. Ortega Bernardo (2020).

31. Guillén Navarro (2022: 66).

Despoblación rural y envejecimiento:
políticas públicas y servicios municipales
de protección y atención a las personas mayores

Fundación Democracia y Gobierno Local
Serie: Claves del Gobierno Local, 40
ISBN: 978-84-125912-6-2

pañola el problema de acceso a la vivienda de amplios colectivos de la población. Especialmente ante la inminencia del calendario electoral[32], se ha advertido y se ha puesto de manifiesto la importancia y la potencialidad de la maquinaria pública para la realización de las líneas de actuación gubernamentales en la provisión de vivienda y como facilitadora del acceso a la misma.

En el momento presente, las dificultades de acceso a la vivienda, por la escasez y el encarecimiento tanto de viviendas en propiedad como de viviendas en alquiler, encuentran un lugar protagonista en la agenda mediática, política y social. Esto tiene, además, distintas manifestaciones y una especial proyección en otros problemas derivados o vinculados con la dificultad de acceso a la vivienda. Entre ellos, podemos incluir la vinculación con la despoblación de extensos territorios de ámbito rural y las dificultades de accesibilidad y los problemas residenciales de las personas mayores.

En cuanto a la acción pública en materia de vivienda, las restricciones económicas derivadas del principio de estabilidad presupuestaria están en el origen de la drástica caída en la producción de vivienda protegida que, en el actual mercado inmobiliario en España, ha dado lugar a una verdadera situación de emergencia habitacional para muchas personas, fundamentalmente en las grandes conurbaciones[33]. Los diferentes Gobiernos, en los tres niveles, han dejado que en los últimos años, y especialmente durante la crisis económica, haya sido el propio mercado el que desempeñara el papel activo en la solución de los problemas de la vivienda[34], incluso a través de la venta a los fondos de inversión de parte de los parques públicos de vivienda[35]. Las viviendas sociales han dejado de ser así un factor contracíclico y regulador del mercado de la vivienda[36], por lo que no han servido para disminuir las desigualdades sociales[37].

---

32.   Elecciones autonómicas y locales del 28 de mayo de 2023 y elecciones generales del 23 de julio de 2023.

33.   Defensor del Pueblo (2019b: 19).

34.   Defensor del Pueblo (2019b: 5). Los datos estadísticos muestran cómo, de las 1 347 127 viviendas protegidas terminadas entre 1991 y 2017, 8 se construyeron entre 1991 y 2008, mientras que tras el estallido de la crisis económica solo se han construido 2 de cada 10, llegando a una cifra máxima de solo entre 5000 y 7000 viviendas al año. Observatorio Vasco de la Vivienda (2018: 4).

35.   Chinchilla Peinado (2019: 44).

36.   Defensor del Pueblo (2019b: 5).

37.   Chinchilla *et al.* (2020: 8).

Despoblación rural y envejecimiento: políticas públicas y servicios municipales de protección y atención a las personas mayores

Fundación Democracia y Gobierno Local
Serie: Claves del Gobierno Local, 40
ISBN: 978-84-125912-6-2

109

Por todo ello, existe un importante debate y un alto consenso acerca de la necesidad de proceder a una profunda reforma de la normativa y de la política pública de vivienda y de buscar fórmulas (normativas, organizativas, financieras y de políticas públicas) que permitan optimizar los recursos públicos existentes y/o facilitar la iniciativa privada en este ámbito, en un intento de frenar o, al menos, mitigar esta situación.

Pero no estamos ante un problema de impacto social que solo afecte a España, ni que sea reciente, como muestra que ya el art. 11 del Pacto Internacional de Derechos Económicos, Sociales y Culturales (ratificado por España el 13 de abril de 1977) determina que el derecho a una vivienda adecuada impone a los poderes públicos nacionales, como obligaciones jurídicas de medios, el respetar (no vulnerar ni dificultar su ejercicio), el proteger (evitando que terceras partes interfieran con los derechos) y el satisfacer tal derecho (que obliga a los poderes públicos a hacer lo necesario para superar los obstáculos que impiden el goce completo del derecho en cuestión), dentro de los límites de disponibilidad económica[38]. Hoy, el derecho a la ciudad[39] incorpora como una de sus facetas clave el derecho a la vivienda[40]. Ciertamente en muchas ocasiones las políticas públicas de vivienda han dado lugar a la construcción de ciudades dormitorio, con vivienda asequible pero segregada, caracterizadas por su uniformidad y la falta de participación de los destinatarios de esas viviendas en su diseño (articulación *top down*). Hoy el derecho a la ciudad se configura como el derecho individual y colectivo a rehacer la vida urbana desde una perspectiva social y ecológicamente sostenible, articulado sobre dos principios rectores: la gestión democrática del espacio urbano, entendido como una creación colectiva, y el establecimiento de la función social y ambiental tanto de la propiedad urbana como de la ciudad[41].

Desde esta perspectiva, entre los Objetivos de Desarrollo Sostenible (ODS) incorporados a la Agenda 2030, se persigue "asegurar el acceso de todas las personas a viviendas y servicios básicos adecuados, seguros y asequibles y mejorar los barrios marginales" (Meta 1, ODS 11, Ciudades y comunidades sostenibles). La Agenda 2030 es, ciertamente, una disposición de

---

38. Ponce Solé (2017b: 77).

39. Sobre su desarrollo, Ponce Solé (2019: 25); Vaquer Caballería (2015: 123); Pisarello Prados (2011: 289).

40. Un reciente estudio comparado que refleja las políticas de vivienda existentes (con perspectiva municipal) lo encontramos en Guillén Navarro (2022), que señala (p. 67) que un punto de partida interesante para dimensionar las políticas de vivienda existentes (en Europa) es el de analizar si existe un derecho a la vivienda en los diferentes textos constitucionales, además de cómo y quién articula las medidas públicas en materia de vivienda.

41. Chinchilla y Domínguez (2021: 161-164).

Despoblación rural y envejecimiento: políticas públicas y servicios municipales de protección y atención a las personas mayores

Fundación Democracia y Gobierno Local
Serie: Claves del Gobierno Local. 40
ISBN: 978-84-125912-6-2

derecho internacional con efectos jurídicos vinculantes "débiles"[42], si bien puede orientar la actuación de los poderes públicos[43]. Lo relevante es que requiere a todos los actores públicos y privados que trabajen para su efectiva implementación. Para ello, los ODS exigen de las sociedades más desarrolladas el profundo replanteamiento y renovación del paradigma de crecimiento en busca de un nuevo modelo de desarrollo humano, sintetizado en el principio de "no dejar a nadie atrás" (ODS 16.7). Se plantea como escenario al que deben enfrentarse las sociedades la existencia de procesos sociales y ambientales que pueden ser irreversibles. La Agenda 2030 demanda que la implementación de los ODS se articule mediante la orientación (alineación) de todas las políticas públicas que se ejerzan para la consecución conjunta de la totalidad de los ODS, de forma simultánea.

Este es, asimismo, el 8.º Objetivo estratégico de la Agenda Urbana Española 2019[44], que, entre otros extremos, propugna la necesidad de disponer de un parque de vivienda social suficiente para atender las situaciones de mayor vulnerabilidad social, pero que a la vez garantice la necesaria cohesión social mediante la mezcla de diferentes tipologías de vivienda con destino a diferentes grupos sociales. En el caso de España, la orientación de las políticas públicas ha de proyectarse sobre los tres niveles territoriales. Por tanto, debe garantizarse no solo el derecho a acceder a una vivienda digna y adecuada, sino también el derecho a acceder a unas dotaciones y servicios urbanos, entendido ello no solo desde la perspectiva física de su accesibilidad, sino también desde su dimensión socioeconómica [art. 5 TRLSRU, apartados a) y b)], lo que requiere la adecuada integración (o renovación) de las dotaciones urbanas en los ámbitos en que se ubican las viviendas de promoción social. Pero ese derecho

---

42. Sin que ello suponga desconocer que tales tratados no forman parte del canon de constitucionalidad. Para el Tribunal Constitucional, por ejemplo en la STC 32/2019 (ECLI:ES:TC:2019:32), "la utilidad hermenéutica de los tratados y acuerdos internacionales sobre derechos humanos ratificados por España para configurar el sentido y alcance de los derechos fundamentales, de conformidad con lo establecido en el art. 10.2 CE, no convierte a tales instrumentos internacionales en canon autónomo de validez de las normas y actos de los poderes públicos desde la perspectiva de los derechos fundamentales. De suerte que una eventual contradicción por una ley de esos tratados no puede fundamentar la pretensión de inconstitucionalidad de esa ley por oposición a un derecho fundamental".

43. Sobre la fijación de estándares no vinculantes, establecidos por acuerdos internacionales no normativos, en el marco de la Ley 25/2014, de 27 de noviembre, de Tratados y otros Acuerdos Internacionales, y su eficaz aplicación por las Administraciones públicas, *cfr.* Rodríguez de Santiago (2015).

44. La Agenda Urbana Española se inserta dentro de las políticas palanca del Plan de Acción de la Agenda 2030. Constituye un marco estratégico para orientar el sentido de las políticas urbanas sostenibles con objetivos sociales, ambientales y económicos. Se basa en la voluntariedad de los compromisos de las Administraciones públicas y el resto de actores interesados. Chinchilla y Domínguez (2021: 161-164).

Despoblación rural y envejecimiento: políticas públicas y servicios municipales de protección y atención a las personas mayores

Fundación Democracia y Gobierno Local
Serie: Claves del Gobierno Local, 40
ISBN: 978-84-125912-6-2

111

a la ciudad exige que las políticas públicas garanticen la cohesión social a través de una "diversificación de la oferta pública de vivienda social entre los diferentes barrios, la proximidad física con los equipamientos públicos, la mezcla de diferentes tipologías de vivienda con destino a diferentes grupos sociales y culturales, la mejora e integración de los barrios vulnerables y la utilización de estrategias que aúnen objetivos diversos" [art. 3.3.a) TRLSRU y Agenda Urbana Española] [45].

Esta normativa conduce a la obligación de las Administraciones de incidir sobre la situación de vulnerabilidad residencial extrema que se produce, fundamentalmente, en los barrios y el extrarradio de las ciudades españolas surgidos a partir de los años 50. Pero no puede obviarse que también debe incidirse sobre las zonas rurales. La desigualdad de oportunidades y de medios para realizar el derecho a la ciudad entre las zonas urbanas y las zonas predominantemente rurales cuestiona las posibilidades de alcanzar los ODS, ya que no puede haber ciudades sostenibles sin áreas rurales sostenibles. La cohesión territorial se revela como el instrumento para combatir la despoblación y permitir un crecimiento armónico desde el punto de vista de la sostenibilidad[46].

Y, por último, dentro de la acción pública en materia de vivienda, debe destacarse el incremento de normativa, estrategias o planes adoptados para intentar prevenir y erradicar el problema de las personas sin hogar. En los últimos años, hay una preocupación creciente por el incremento de la población en situación de sinhogarismo[47], que es un fenómeno que ha ido aumentando por las crisis económicas y sociales que han afectado a España y a Europa en su conjunto desde la primera década de este siglo[48], en especial la crisis económica mundial que se puede situar en torno al año 2008 y la pandemia de la COVID-19[49], y partiendo de que el derecho a una vivienda adecuada está consagrado en el art. 25.1 de la Declaración Universal de los

---

45. Chinchilla y Domínguez (2021: 162-163).

46. Arias Martínez (2020: 477).

47. Sobre la cuestión terminológica y el neologismo "sinhogarismo", ver Cabrera Cabrera (2023: 331).

48. Cabrera Cabrera (2023: 327 y ss.) analiza algunas de las razones que explican la prevalencia y persistencia del problema de la vivienda en Europa, y da cuenta de algunos de los intentos de desarrollar una tipología común que proporcione el marco adecuado para la recopilación de datos más fiables y consistentes que permitan un análisis comparado de este fenómeno. En especial, la "tipología europea para la recogida de datos sobre el sinhogarismo y la exclusión de la vivienda" (ETHOS, según sus siglas inglesas). También resulta de interés su análisis sobre el papel de la Unión Europea en el desarrollo de las perspectivas y políticas necesarias para solucionar este problema.

49. *Estrategia Nacional para la lucha contra el Sinhogarismo en España 2023-2030*, p. 6. Sobre el sinhogarismo y la exclusión social durante la crisis de la COVID-19, Lambea Llop (2020).

Despoblación rural y envejecimiento: políticas públicas y servicios municipales de protección y atención a las personas mayores

Fundación Democracia y Gobierno Local
Serie: Claves del Gobierno Local, 40
ISBN: 978-84-125912-6-2

Derechos Humanos de 1948 y en el art. 11 del Pacto Internacional de Derechos Económicos, Sociales y Culturales de 1966, así como en otros tratados internacionales de derechos humanos.

En España, la *Encuesta a las personas sin hogar - Año 2022*, del INE, publicada en octubre de 2022, muestra un total de 28 552 personas sin hogar, de las cuales, 7277 se encuentran en situación de calle, 11 498 viven en albergues y centros de acogida, y 9778 en pisos y pensiones. Este número supone un 24,5 % más que en 2012. El 28,8 % de ellas se quedó sin hogar por la necesidad de empezar de cero tras llegar desde otro país, y el 26,8 % porque perdió el trabajo. En relación con la edad, el 51,1 % de las personas sin hogar tiene menos de 45 años, el 43,3 % entre 45 y 64 años, y los mayores de 64 años representan el 5,5 %. La edad media de estas personas se sitúa en 42,9 años.

La toma de conciencia del problema del sinhogarismo por parte de las autoridades ha supuesto que se adopten diferentes iniciativas para hacerle frente desde la Unión Europea y en el plano nacional. El enfoque de estas medidas ha cambiado en los últimos años, dando prioridad a estrategias de prevención de las situaciones de sinhogarismo a través del acceso a la vivienda con intervenciones sociales adaptadas a las necesidades de cada persona. El punto de partida es considerar que la vivienda es la puerta de acceso a la inclusión social[50].

Como antecedente cercano que se puede citar dentro de las iniciativas adoptadas desde la Unión Europea es relevante que, en 2017, la Comisión Europea presentó una Comunicación donde se establecía lo que se conoce como el Pilar Europeo de los Derechos Sociales, cuya finalidad es ofrecer unas mejores condiciones de vida y de trabajo en la Unión Europea, para lo que establece veinte principios y derechos clave. También se puede citar la Resolución del Parlamento Europeo, de 21 de enero de 2021, sobre el acceso a una vivienda digna y asequible para todos, o la Resolución del Parlamento Europeo, de 24 de noviembre de 2020, sobre cómo abordar soluciones frente al porcentaje de personas sin hogar en la Unión Europea. Y la Resolución del Parlamento Europeo, de 21 de enero de 2021, sobre el acceso a una vivienda digna y asequible para todos[51], que reitera algunos de los elementos ya incluidos en la Resolución del Parlamento del 24 de noviembre de 2020, además de añadir otros contenidos y recomendaciones relativas al sinhogarismo, entre las que destacan las siguientes: mandato a la Comisión para que adopte

---

50. *Estrategia Nacional para la lucha contra el Sinhogarismo en España 2023-2030*, p. 6.
51. Textos aprobados - Acceso a una vivienda digna y asequible para todos - Jueves 21 de enero de 2021 (europa.eu).

Despoblación rural y envejecimiento: políticas públicas y servicios municipales de protección y atención a las personas mayores

Fundación Democracia y Gobierno Local
Serie: Claves del Gobierno Local, 40
ISBN: 978-84-125912-6-2

113

medidas más efectivas para ayudar a los Estados miembros a reducir y erradicar el problema de las personas sin hogar, como prioridad del Pilar Europeo de Derechos Sociales; mandato a los Estados miembros para que establezcan mecanismos para garantizar la seguridad de las personas sin hogar en sus políticas públicas, además de introducir la aporofobia como delito de odio en las políticas de seguridad; mandato a la Comisión y a los Estados miembros para que pongan fin al déficit de inversiones en viviendas asequibles, con carácter prioritario, aumentando la inversión en viviendas sociales, públicas, energéticamente eficientes, adecuadas y asequibles, así como en la lucha de las personas sin hogar y la exclusión en materia de vivienda.

En el contexto de estas iniciativas adoptadas desde Europa, y tomando en consideración las experiencias innovadoras desarrolladas en otros países europeos, también en España existe una ya consolidada acción pública para hacer frente a este problema[52]. En 2022, el Gobierno de España y las comunidades autónomas adoptaron un *Acuerdo Marco para dar solución al sinhogarismo* en el seno del Consejo Territorial de Servicios Sociales y del Sistema para la Autonomía y Atención a la Dependencia. Por su parte, aunque no han aprobado leyes específicas sobre el problema del sinhogarismo, también las comunidades autónomas han incluido medidas de protección o asistencia a las personas sin hogar, al hilo de su normativa sobre vivienda o de servicios o asistencia social: servicios de acogida nocturna, de atención diurna o soluciones residenciales, establecimiento de rentas mínimas de inserción, exención de requisitos administrativos (empadronamiento, por ejemplo)[53]. Además, algunas comunidades autónomas han aprobado planes o estrategias específicamente centrados

---

52. Sobre esto, con más detalle, Chinchilla y Domínguez (2024: 62-72).

53. *Estrategia Nacional para la lucha contra el Sinhogarismo en España 2023-2030*, p. 11. La Resolución de 17 de febrero de 2020, de la Presidencia del Instituto Nacional de Estadística y de la Dirección General de Cooperación Autonómica y Local, por la que se dictan instrucciones técnicas a los Ayuntamientos sobre la gestión del Padrón municipal, establece la posibilidad de permitir domiciliaciones ficticias de las personas sin hogar. En consecuencia, las infraviviendas (chabolas, caravanas, cuevas, etc.) e, incluso, la ausencia total de techo, pueden y deben figurar como domicilios válidos en el padrón municipal. En coherencia con esto, también en la nueva redacción dada al art. 57.1.c) del Reglamento de Población y Demarcación Territorial (RPDT), en febrero de 2024, se establece que la inscripción en el padrón municipal contendrá, entre los datos obligatorios, el domicilio habitual, "con especificación de la referencia catastral en el territorio fiscal común, o el código equivalente en los territorios forales, siempre que el domicilio cuente con referencia catastral o código equivalente". Por lo tanto, podrían incluirse como domicilio habitual espacios que no tengan referencia catastral. Igualmente, el art. 54.3 del RPDT permite la inscripción en el padrón municipal de personas que, residiendo en el municipio, carezcan de domicilio en el mismo, aunque solo se podrá llevar a cabo después de haber puesto el hecho en conocimiento de los servicios sociales competentes en el ámbito geográfico donde esa persona resida.

114

Despoblación rural y envejecimiento: políticas públicas y servicios municipales de protección y atención a las personas mayores

Fundación Democracia y Gobierno Local
Serie: Claves del Gobierno Local, 40
ISBN: 978-84-125912-6-2

en la prevención y el abordaje del sinhogarismo[54]. Por último, también se debe poner de relieve la elaboración de planes municipales de prevención y abordaje del sinhogarismo, generalmente impulsados desde el ámbito de los Servicios Sociales municipales, en Barcelona, Bilbao, Las Palmas de Gran Canaria, Madrid, Santa Cruz de Tenerife, Valencia, Zaragoza, etc.[55].

Por su parte, la Ley 12/2023, de 24 de mayo, por el derecho a la vivienda contiene herramientas complementarias al Plan Estatal de Acceso a la Vivienda 2022-2025 y a los Fondos de Rehabilitación, así como medidas importantes para las comunidades autónomas y los municipios para incrementar el parque de vivienda asequible en las modalidades de vivienda protegida, vivienda social, vivienda vacía, parque de vivienda y alojamiento del Tercer Sector, mercado, etc. Además, también se incorporan la protección ante desahucios y la provisión de vivienda alternativa, instrumentos que son clave en la lucha y la prevención del sinhogarismo.

El Plan Estatal de Acceso a la Vivienda 2022-2025 incluye, entre otras actuaciones, un programa de ayudas a las personas objeto de desahucio de su vivienda habitual, personas sin hogar y otras personas en condiciones de vulnerabilidad. Este programa tiene por objeto facilitar una solución habitacional inmediata a estos colectivos, además de otras medidas relacionadas con la exclusión residencial, como el programa de ayuda de pago del alquiler para las personas arrendatarias en situación de vulnerabilidad sobrevenida, el programa de incremento del parque público de viviendas o el programa de puesta en marcha de viviendas de la SAREB y de entidades públicas para su alquiler como vivienda social.

Estos antecedentes culminan, recientemente, con la aprobación por el Consejo de Ministros, el 11 de julio de 2023, de la *Estrategia Nacional para la lucha contra el Sinhogarismo en España 2023-2030*, que nace del compromiso de dar una respuesta integral a la situación de estas personas desde un planteamiento global y coordinado de todas las Administraciones públicas, a través de un marco de acción conjunta que permita impulsar políticas que mejoren la situación de las personas sin hogar, una de las expresiones más graves de la exclusión y vulnerabilidad social de nuestra sociedad. De forma destacada, en lo que aquí interesa, para alcanzar los objetivos mencionados, la Estrategia amplía los programas basados en la vivienda y la personalización de los servicios sociales.

---

54. Estrategia de Inclusión para las personas sin hogar en Cantabria 2022-2025; Plan Estratégico para personas sin hogar de Castilla-La Mancha 2022-2025; Estrategia de Atención a las personas sin hogar de Andalucía 2023-2026; Marco de acción para el abordaje del sinhogarismo en Cataluña 2022-2025, y Plan de Acción de *persoas sen fogar* de Galicia 2019-2023.
55. *Estrategia Nacional para la lucha contra el Sinhogarismo en España 2023-2030*, p. 13.

Despoblación rural y envejecimiento, políticas públicas y servicios municipales de protección y atención a las personas mayores

Fundación Democracia y Gobierno Local
Serie: Claves del Gobierno Local, 40
ISBN: 978-84-125912-6-2

115

La Estrategia presta una especial atención al incentivo del papel de las Administraciones locales, a las que considera imprescindibles para la implementación de las líneas de actuación asociadas a la prevención y la detención precoz, la transformación de los modelos de intervención, los servicios comunitarios, la experimentación e innovación y la no criminalización de la pobreza en el espacio público[56].

3.2. El derecho a la vivienda en la Carta Europea de Derechos Humanos y en el art. 47 CE: la capacidad de intervención de los poderes públicos

La interpretación tradicional del "derecho a disfrutar de una vivienda digna y adecuada" establecido en el art. 47 CE como un "simple" principio rector de la política social y económica, en los términos establecidos por el art. 53.3 CE, impone simplemente una actuación positiva de todos los poderes públicos con competencias en la materia para concretar su contenido prestacional (ahí se residencia la obligación de los poderes públicos de promover "las condiciones necesarias" y de establecer "las normas pertinentes para hacer efectivo este derecho"), pudiendo ser solo alegados ante los órganos jurisdiccionales en los términos que dispongan las leyes que los desarrollen (art. 53.3 CE). Entendido como principio rector, su concreción queda, así, diferida, entera y libremente, a la decisión del legislador y a su desarrollo reglamentario, funcionando el principio rector como un tenue límite negativo para la ley que difícilmente podría infringir las genéricas pautas establecidas en la Constitución, pues prácticamente cualquier regulación podría considerarse no contraria al objetivo constitucional[57].

Como derecho prestacional derivado del Estado social diseñado por la Constitución, el derecho a la vivienda del art. 47 CE impone normativamente a los poderes públicos obligaciones de resultado en la medida de lo posible. Entendido como auténtico derecho subjetivo público, por el contrario, impone sus propios contenidos al legislador y establece un contenido positivo que cada individuo puede exigir (López Ramón, 2014: 52): como mínimo, articula la pretensión (defendible judicialmente de forma inmediata) de ser respetado, protegido y satisfecho con la máxima diligencia posible por los poderes públicos, además de ser dotado económicamente al máximo de lo posible, cuando precise gasto público y no resulte suficiente la simple regulación para hacerlo efectivo[58].

---

56. *Estrategia Nacional para la lucha contra el Sinhogarismo en España 2023-2030*, p. 74.

57. Como acertadamente ha precisado López Ramón (2014: 52), para el que no es solamente un objetivo de las políticas de vivienda, una norma de acción que pretende dirigir la conducta de los poderes públicos. Además, es una situación de poder reconocida a todos los ciudadanos (López Ramón, 2020b: 300). También, Chinchilla Peinado (2019: 30) y Gómez Jiménez (2015).

58. Por todos, Ponce Solé (2017b: 75); Iglesias González (2000: 35 y ss.); y Chinchilla Peinado (2019: 33).

Fundación Democracia y Gobierno Local
Serie: Claves del Gobierno Local, 40
ISBN: 978-84-125912-6-2

La materialización de este derecho depende, por tanto, de un componente político (al que alude el TEDH), como es la concreta asignación presupuestaria que las distintas Administraciones públicas destinen a este sector material de la actuación administrativa[59], materializada fundamentalmente en los planes de vivienda estatal y autonómicos. Para salvar esta situación de incertidumbre, en algún caso se establecen criterios limitativos de decisiones regresivas en materia presupuestaria, si bien como mero principio programático[60]. Igualmente se ha propugnado la fijación de una preasignación presupuestaria anual[61]. Estas fórmulas no excluyen la aplicación del principio de "en la medida de lo posible", pero sí reducirían el decisionismo político[62].

El Tribunal Constitucional, entre otras en la STC 32/2019 (ECLI:ES:TC:2019:32), afirma que "el art. 47 CE no garantiza un derecho fundamental sino que enuncia un principio rector de la política social y económica, una directriz constitucional dirigida a los poderes públicos, la regulación controvertida no puede en ningún caso contravenir el mandato del art. 10.2 CE de interpretar las normas relativas a los derechos fundamentales y a las libertades que la Constitución reconoce (esto es, los contenidos en los arts. 14 a 29, más la objeción de conciencia del art. 30.2) de conformidad con la Declaración Universal de Derechos Humanos y los tratados y acuerdos internacionales sobre las mismas materias ratificados por España". Al afirmar el Tribunal Constitucional ese carácter de simple mandato dirigido a los poderes públicos, se destaca la discrecionalidad del legislador sectorial en su concreción.

Esta concepción se sustentaría en la jurisprudencia del TEDH, que ha establecido que el art. 8 CEDH no reconoce a los ciudadanos un derecho subjetivo a exigir la provisión de una concreta vivienda por parte de las autoridades públicas (ya que se trataría de una decisión política, no de una cuestión sometida al control judicial que pueda imponerse a los Estados miembros). Así, la STEDH de 18 de enero de 2001 (ECLI:CE:ECHR:2001:011

---

59. En la normativa autonómica se determina únicamente la obligación de consignar en los presupuestos las partidas destinadas a la efectividad de este derecho, pero sin cuantificar tal obligación: art. 22 Ley 1/2010, de 8 de marzo, Reguladora del Derecho a la Vivienda en Andalucía; art. 3 Ley 2/2017, de la función social de la vivienda de la Comunidad Valenciana.

60. El art. 3 Ley 2/2017, de la función social de la vivienda de la Comunidad Valenciana, propugna que "todas las medidas de carácter regresivo requerirán la consideración más cuidadosa y deberán justificarse plenamente por referencia a la totalidad de los derechos conectados con el derecho a la vivienda y en el contexto del aprovechamiento pleno del máximo de los recursos de que se disponga".

61. En el caso concreto de Cataluña, el Plan de Derechos Humanos de Cataluña (2019: 39), elaborado por la Estructura de Derechos Humanos de Cataluña (conformada por el *Síndic de Greuges* y el Instituto de Derechos Humanos), propone reservar un porcentaje de los gastos de los futuros presupuestos públicos anuales, calculado sobre el PIB, si bien no concreta dicha cantidad.

62. Chinchilla *et al.* (2020: 6-7).

Despoblación rural y envejecimiento: políticas públicas y servicios municipales de protección y atención a las personas mayores

Fundación Democracia y Gobierno Local
Serie: Claves del Gobierno Local, 40
ISBN: 978-84-125912-6-2

117

8JUD002723895), § 99, afirma que "es importante recordar que el art. 8 no reconoce como tal el derecho a disponer de un domicilio, ni tampoco la jurisprudencia del Tribunal. Es evidente que es deseable que todo ser humano tenga un lugar donde pueda vivir con dignidad y que pueda designar como su domicilio, pero lamentablemente hay muchas personas sin hogar en los Estados contratantes. La cuestión de si el Estado proporciona fondos para asegurar que todos tengan un techo sobre sus cabezas es un asunto político y no judicial". Posteriormente, la STEDH de 17 de octubre de 2013 (ECLI:CE: ECHR:2013:1017JUD002701307), § 159, reitera que "el artículo 8 no reconoce como tal el derecho a tener un domicilio".

También se sustentaría en la posición del TJUE (ATJUE de 16 de julio de 2015, ECLI:EU:C:2015:508), que precisa que el art. 34.3 CDFUE no garantiza el derecho a la vivienda de cada ciudadano, sino únicamente el "derecho a una ayuda social y a una ayuda de vivienda", en el marco de las políticas sociales basadas en el art. 153 TFUE.

Frente a esta conceptualización, varias comunidades autónomas, en el marco de las modificaciones de sus estatutos que reconocen y concretan diversos derechos sociales, configuran expresamente el derecho a la vivienda de las personas en riesgo de exclusión residencial (fundamentalmente por razones económicas, por razones de movilidad, o por haber sido objeto de violencia de género) como un verdadero derecho subjetivo prestacional[63] que se impone al legislador autonómico[64], siendo directamente exigible tanto ante la propia Administración como ante la jurisdicción contencioso-administrativa[65].

Se conecta así directamente con la garantía de la dignidad de la persona y la intimidad personal y familiar[66]. Con esta configuración engarza con el art. 25.1 de la Declaración Universal de los Derechos Humanos de 10 de diciembre de 1948, y con el art. 11.1 del Pacto Internacional de Derechos

---

63. Por ejemplo, art. 2 Ley 1/2010, de 8 de marzo, Reguladora del Derecho a la Vivienda en Andalucía; art. 3.bis Ley Foral 10/2010, de 10 de mayo, del Derecho a la Vivienda en Navarra; art. 7 Ley 3/2015, de 18 de junio, de Vivienda del País Vasco; o art. 2 Ley 2/2017, de la función social de la vivienda de la Comunidad Valenciana.

64. López Ramón (2014: 62; 2020b: 302); Vaquer Caballería (2015: 132); Ponce Solé (2017/b: 75); Chinchilla Peinado (2019: 32).

65. En algún caso se configura expresamente que la falta de respuesta a la solicitud determina el reconocimiento del derecho al uso de un alojamiento por silencio administrativo, debiendo la Administración competente poner a disposición del solicitante el alojamiento de manera inmediata (art. 6.3 Ley 2/2017, de la función social de la vivienda de la Comunidad Valenciana), evitando en todo caso la concentración y segregación espacial de los solicitantes y garantizando la cohesión social del espacio urbano. En aquellas leyes que no establecen previsión específica, el silencio debe considerarse negativo, al transferir facultades relativas a un servicio público (como se define la actuación administrativa). Sobre ello, Chinchilla Peinado (2019: 34).

66. Vaquer Caballería (2015: 123).

118
Despoblación rural y envejecimiento:
políticas públicas y servicios municipales
de protección y atención a las personas mayores

Fundación Democracia y Gobierno Local
Serie: Claves del Gobierno Local, 40
ISBN: 978-84-125912-6-2

Económicos, Sociales y Culturales de 16 de diciembre de 1966; así como con la Carta Social Europea.

Ese es el espacio primario donde se realizan tales derechos[67], y su ausencia determina una situación de exclusión social[68] a la que deben dar respuesta los poderes públicos. Respuesta que debe proyectarse sobre todos los ciudadanos que no puedan acceder al mercado libre de vivienda, pero especialmente sobre tres colectivos: las personas mayores, por imperativo del art. 50 CE, las personas con discapacidades físicas, *ex* art. 49 CE, y los jóvenes, *ex* art. 48 CE. Se destaca así la dimensión social de la vivienda y la capacidad de intervención de los poderes públicos a través de la creación de un parque de vivienda social vinculada a la mejora de las condiciones de existencia de las personas y sus familias, sin que ello suponga una restricción de la competencia, sino la gestión pública de un servicio de interés general no económico (social)[69].

En definitiva, el Estado constitucional español en esta cuestión ha evolucionado desde una consideración de la vivienda como un "principio" entregado con absoluta discrecionalidad al legislador (art. 53.3 de la Constitución) a la conversión del mismo en un mandato constitucional en toda regla, aunque por su carácter prestacional forzosamente esté sometido a una articulación compleja[70]. Evolución que solo ha sido posible a costa del debilitamiento paralelo de las facultades de la propiedad del suelo urbano, que arranca de la jurisprudencia constitucional de los años 80 (la función social de la propiedad forma parte de su contenido, SSTC 6/1983, 37/1987, etc.).

Por tanto, la capacidad de intervención de los poderes públicos y la concreción (o el intento de concreción) de la actuación positiva de todos los poderes públicos con competencias en materia de vivienda se fundamentan en la dimensión social de la vivienda y pasan por su consideración como servicio de interés general no económico (social), en los términos fijados por los arts. 153 TFUE y 34 CDFUE[71].

En concreto, el art. 34 CDFUE preceptúa que, "con el fin de combatir la exclusión social y la pobreza, la Unión reconoce y respeta el derecho a una ayuda social y a una ayuda de vivienda para garantizar una existencia digna

---

67.	Entre otras, STC 150/2011 (ECLI:ES:TC:2011:150), y SSTS de 10 de junio de 2013 (ECLI:ES:TS:2013:4181) y 27 de junio de 2006 (ECLI: ES:TS:2006:4505).
68.	Vaquer Caballería (2015: 127).
69.	Chinchilla Peinado (2019: 32-33).
70.	Díaz Lema (2017: 67).
71.	Chinchilla *et al.* (2020: 6-7). Sobre esta configuración y su articulación con la figura de las ayudas de Estado, *cfr.* Chinchilla y Domínguez (2018: 68); Ponce Solé (2019: 65).

Despoblación rural y envejecimiento: políticas públicas y servicios municipales de protección y atención a las personas mayores

Fundación Democracia y Gobierno Local
Serie: Claves del Gobierno Local, 40
ISBN: 978-84-125912-6-2

119

a todos aquellos que no dispongan de recursos suficientes, según las modalidades establecidas por el Derecho de la Unión y por las legislaciones y prácticas nacionales". Aquí se encuentra el anclaje de la configuración de esta actividad como servicio de interés general no económico (social) reconocido por la STJUE de 1 de octubre de 2009 (ECLI:EU:C:2009:593), por lo que nos centramos en este concepto a continuación.

En el plano legislativo nacional, en la actualidad, cobra un enorme protagonismo la opción del legislador estatal de aprobar la Ley 12/2023, de 24 de mayo, por el derecho a la vivienda, que constituye un hito normativo, en cuanto que se trata de la primera ley estatal reguladora del derecho a la vivienda desde la aprobación de la Constitución. Aunque no puede decirse que el Estado haya estado ausente en las políticas de vivienda, sí que estamos ante la primera norma que se centra y da protagonismo al desarrollo del derecho constitucional a una vivienda digna y adecuada: pretende fijar las condiciones básicas y de igualdad que garanticen un tratamiento uniforme del derecho a la vivienda que reconoce la Constitución, además de aquellos otros aspectos que, por virtud de sus títulos competenciales, le corresponden, así como reforzar el ejercicio del derecho constitucional ofreciendo lo que la Ley califica como "instrumentos efectivos" a las Administraciones territoriales competentes para aumentar la oferta de vivienda a precios asequibles en el conjunto de España.

Interesa fijarse en que la Ley justifica la intervención del Estado en este ámbito en la medida en que el mandato del cumplimiento del "derecho a una vivienda digna y adecuada", recogido en el art. 47 CE, incumbe a todos los poderes públicos sin excepción (también al Estado, por tanto), que están obligados a cumplirlo en el marco de sus respectivas esferas de competencia. Expresamente, en el preámbulo se afirma que la vivienda es "bien esencial de rango constitucional que presenta múltiples dimensiones", y que recae bajo distintos títulos competenciales estatales o autonómicos dependiendo de cuál sea el enfoque y cuáles los instrumentos regulatorios utilizados en cada caso por el legislador. "Dicha complejidad competencial es clara consecuencia de las distintas dimensiones constitucionales que presenta la vivienda". Además, afirma que "la vivienda constituye, ante todo, un pilar central del bienestar social en cuanto lugar de desarrollo de la vida privada y familiar, y centro de todas las políticas urbanas". Pero también, "es un factor determinante de la estructuración espacial" en cuanto que, desde el punto de vista de su soporte físico, en el conjunto de la edificación urbana, la vivienda ocupa el 80 % del espacio construido. Y, por último, destaca "su relevancia social", lo que explica que el derecho a la vivienda se recoja en importantes declaraciones internacionales.

Despoblación rural y envejecimiento: políticas públicas y servicios municipales de protección y atención a las personas mayores

Fundación Democracia y Gobierno Local
Serie: Claves del Gobierno Local, 40
ISBN: 978-84-125912-6-2

Por tanto, en el apartado I del preámbulo de la Ley, si bien la Ley no llega a calificar expresamente las actuaciones en materia de vivienda como "servicio público" o como "servicio de interés general", sí que utiliza otras calificaciones que podemos asimilar o entender que coinciden o enlazan con esa conceptualización: "bien esencial de rango constitucional", "pilar central del bienestar social", "factor determinante de la estructuración social", además de destacar "su relevancia social". Junto a lo anterior, expresamente, en el apartado III (párrafo cuarto) del preámbulo de la Ley sí que afirma que "se configuran las políticas destinadas a satisfacer el derecho de acceso a una vivienda digna y adecuada como un servicio de interés general". Y, ya en el articulado, el art. 4 de la Ley de Vivienda incluye la consideración como servicios de interés general (literalmente) de "los determinados por las Administraciones competentes en la materia", además de definir qué se entiende por servicios de interés general en el ámbito de la competencia estatal (o de colaboración del Estado con las demás Administraciones).

Hay que recordar que, como veíamos en los apartados anteriores, el concepto de SIG y, más concretamente, de SIGNE, en el plano del derecho de la Unión (y, más específicamente, de la jurisprudencia del TJUE), se vincula esencialmente a la dimensión social de estas actuaciones públicas. El legislador español parece que, además de esa dimensión social, pone el énfasis también en su dimensión económica, territorial y como orientación de la financiación y de la actuación pública en este ámbito.

Otro rasgo destacado de esta regulación es que también hace referencia "a la colaboración del Estado con las demás Administraciones", sin más desarrollo de los mecanismos de cooperación o colaboración. Esta referencia parece ciertamente escasa, aunque, en un Estado descentralizado como el nuestro, la buena gobernanza y el buen gobierno y la buena administración en el ámbito de la vivienda exigen una coordinación, cooperación y colaboración entre todos los niveles de poder para hacer efectivos los derechos de los ciudadanos frente al grave problema global del acceso a la vivienda[72].

En conjunto, la Ley refuerza la actuación del Estado en materia de vivienda y rehabilitación, a través de planes plurianuales y basados en la cooperación interadministrativa, contando con la participación de los agentes sociales y económicos en la elaboración y el desarrollo de las políticas de

---

72. En este sentido, Cátedra Barcelona de Estudios de Vivienda e Instituto Pascual Madoz de la Universidad Carlos III de Madrid (2022: 16), que además considera que el tradicional modelo de planes de vivienda estatales con retención de fondos para su gasto estatal supone una anomalía de difícil encaje en el marco constitucional, de acuerdo con la jurisprudencia del Tribunal Constitucional que niega que el poder de gasto sea en sí mismo una competencia.

Despoblación rural y envejecimiento: políticas públicas y servicios municipales de protección y atención a las personas mayores

Fundación Democracia y Gobierno Local
Serie: Claves del Gobierno Local, 40
ISBN: 978-84-125912-6-2

121

vivienda. Desarrolla y refuerza el concepto de vivienda digna y adecuada recogido en el art. 47 CE, recogiendo el compromiso de los poderes públicos para hacerlo efectivo. Para ello, incorpora en el concepto aspectos como la habitabilidad, accesibilidad, eficiencia energética, utilización de energías renovables o acceso a redes de suministros básicos, para responder a las necesidades de residencia de los hogares en condiciones asequibles. El fin perseguido es que el derecho a una vivienda digna y adecuada se ejerza en condiciones asequibles y comprometiendo a todos los poderes públicos. Asimismo, define un estatuto jurídico de derechos y deberes asociados a la propiedad de vivienda, delimitando su función social. De esta forma, por primera vez a nivel estatal, se aprueba un marco jurídico del derecho a la vivienda que establece un conjunto de derechos y deberes de carácter general y un estatuto de derechos y deberes asociados a la propiedad de vivienda.

3.3. La orientación de las políticas públicas y los servicios sociales a los mayores hacia el envejecimiento en casa y otras soluciones habitacionales

En este contexto, como ya se ha señalado, las actuales políticas públicas favorecen que las personas mayores permanezcan en sus viviendas particulares como alternativa al traslado a residencias de titularidad pública. Además de fundarse en los preceptos constitucionales y legales y en las normas de *soft law* señaladas, estas políticas responden a razones de reducción del gasto público[73]: desde luego, el coste para las arcas públicas es mucho mayor que si las necesidades de los mayores se pueden cubrir con otros servicios, como el servicio de ayuda a domicilio, la teleasistencia, el programa de acogimiento familiar o los centros de día. Todos estos otros servicios se integran en los programas de acompañamiento al envejecimiento activo y saludable en el propio hogar, los llamados "*aging in place*" (envejecer en casa), que consisten en dar apoyo a las personas mayores que desean continuar viviendo de forma independiente en lugar de trasladarse a un entorno residencial ajeno[74].

Además, no estamos solo ante una decisión por una determinada opción de política pública impuesta a la población en un modelo *top-down*. En realidad, este es el modelo sociorresidencial predominante entre los

---

73. Chinchilla y Domínguez (2021: 158); Lebrusán Murillo (2018: 4).
74. Chinchilla Peinado (2019: 21-22; 2020a); Maragall Garrigosa (2018: 35-36); Astier *et al.* (2018); Díez Sastre (2020b); Velasco Caballero (2020b).

122

Despoblación rural y envejecimiento: políticas públicas y servicios municipales de protección y atención a las personas mayores

Fundación Democracia y Gobierno Local
Serie: Claves del Gobierno Local, 40
ISBN: 978-84-125912-6-2

mayores, ya sea *de facto* o por elección consciente[75]. En España el mantenimiento en la propia vivienda es la elección que coincide con los deseos de más de un 90 % de la población mayor de 65 años, que prefiere seguir viviendo en su vivienda habitual[76]. Puede identificarse la existencia de un apego emocional al espacio doméstico (*attachment to place*) que se manifiesta en un deseo de permanecer en el hogar, y que aumenta con el transcurso del tiempo, con independencia del estado real (material) de la vivienda[77] y de su capacidad para satisfacer las necesidades de la persona mayor[78]. De esta forma, la persona mayor no rompe con su entorno físico, social y familiar cotidiano y habitual, lo que redunda en su calidad de vida, que está también directamente relacionada con la calidad de la vivienda donde se habita. Pero, incluso con independencia de la calidad de la vivienda, el mantenimiento en la propia vivienda tiene un impacto en la percepción de los mayores, en su salud física y mental y en su sociabilidad.

Con todo, hay que tener en cuenta que, junto a las posibles virtudes señaladas, esta opción de política pública implica, también, trasladar la responsabilidad de cobertura de las necesidades de vivienda y cuidados a los propios mayores y a sus familias, reduciendo así la inversión en gasto social y de vivienda, sin tener en cuenta la capacidad económica del mayor[79]. Ha de tenerse en cuenta que, en muchas ocasiones, esas personas mayores (o sus familias) carecen de recursos suficientes para trasladarse a un inmueble adaptado a sus necesidades o simplemente para reformar y adaptar el inmueble donde han venido viviendo hasta el momento[80].

Es incuestionable que la calidad de vida, la salud mental y física de los mayores, está directamente relacionada con la calidad de la vivienda donde se habita. El número de personas mayores que se encuentran en lo que la sociología configura como "vulnerabilidad residencial extrema", por concurrir de forma cumulativa en ellas problemas de habitabilidad, de salubridad, de seguridad, de aislamiento o de dotaciones mínimas para el bienestar, ha aumentado significativamente en los últimos años en España. Desde la perspectiva del derecho urbanístico se consideran infraviviendas, en los términos del art. 2.2 TRLSRU, las edificaciones destinadas a vivienda que "presenten deficiencias graves en sus dotaciones e instalaciones básicas y las que no cumplan los requisitos mínimos de seguridad, accesibilidad

---

75.   Fernández-Carro y Evandrou (2014: 694).
76.   Lebrusán Murillo (2018: 2); Rodríguez de Santiago (2017: 95).
77.   Fernández-Carro y Evandrou (2014: 696).
78.   Chinchilla y Domínguez (2021: 157).
79.   Fernández-Carro y Evandrou (2014: 695).
80.   Chinchilla Peinado (2019: 22; 2020a).

Despoblación rural y envejecimiento:
políticas públicas y servicios municipales
de protección y atención a las personas mayores

Fundación Democracia y Gobierno Local
Serie: Claves del Gobierno Local, 40
ISBN: 978-84-125912-6-2

123

universal y habitabilidad exigibles a la edificación". Si las viviendas en las que residen los mayores presentan carencias, esto no solo impide las actividades básicas de la vida diaria, sino que también afecta a cuestiones básicas como el aseo o la seguridad física, y tales deficiencias impiden disfrutar de una vejez autónoma y de calidad, e integrada en sociedad[81].

Además, en relación con la vivienda, debe tomarse en consideración otro factor que afecta a la calidad de vida de los mayores, que guarda una relación directa con el tamaño del municipio en el que residen: resulta más sencillo envejecer en zonas rurales o en macrociudades, donde se garantizan mayores probabilidades de bienestar, que envejecer en ciudades de tamaño medio, consideradas estas como las que se sitúan en rango de población de entre 10 000 y 100 000 habitantes[82]. El 20,1 % de las 1 596 675 personas mayores de 65 años que viven en situación de vulnerabilidad residencial extrema se concentra fundamentalmente en las ciudades que tienen entre 10 000 y 100 000 habitantes, alcanzando un 37,1 % del total. Las ciudades de gran tamaño, *prima facie*, pueden ofrecer un mayor nivel de protección hacia las personas mayores, al contar desde hace tiempo con programas destinados a erradicar la infravivienda, entre otras circunstancias por su mayor capacidad económica, y ejercer un mayor control sobre los parámetros constructivos y urbanísticos de las viviendas[83].

Sin embargo, en principio, los mayores no constituyen un colectivo especialmente afectado por el fenómeno del sinhogarismo, como muestra la Estrategia Nacional para la lucha contra el sinhogarismo en España 2023-2030[84], que identifica que solo el 5,5 % de las personas sin hogar son mayores de 65 años.

Pues bien, para hacer frente a estas situaciones y, al tiempo, intentar mantener a la persona mayor en su entorno, se articulan programas municipales de subvenciones relacionados con las necesidades de vivienda de las personas mayores. El tipo de programa más común y presupuestariamente mejor dotado es el destinado a sufragar los costes de las obras e intervenciones necesarias para adaptar la vivienda a las necesidades funcionales de las personas mayores. Así, en los últimos años, el grueso de las políticas públicas de envejecimiento "en el propio entorno" se ha

---

81. Chinchilla Peinado (2019); Chinchilla y Domínguez (2021: 158).
82. Lebrusán Murillo (2018: 2).
83. Lebrusán Murillo (2018: 8). Datos recogidos también en Chinchilla y Domínguez (2021: 159-160).
84. https://www.mdsocialesa2030.gob.es/derechos-sociales/servicios-sociales/Personas-sin-hogar/docs/EstrategiaPSH20232030.pdf (consultado el 17 de octubre de 2023).

Despoblacion rural y envejecimiento: políticas públicas y servicios municipales de protección y atención a las personas mayores

Fundacion Democracia y Gobierno Local
Serie Claves del Gobierno Local. 40
ISBN: 978-84-125912-6-2

dirigido, fundamentalmente, a la solución de uno de los problemas más acuciantes para las personas mayores, como es la falta de ascensores, mediante ayudas y subvenciones individuales, aunque con resultados no del todo satisfactorios[85]. También se han articulado programas de ayudas para obras de adaptación en el interior de la vivienda, como son los agarraderos en los baños, la sustitución de la bañera por un plato de ducha, o la ampliación de la anchura de las puertas[86]. Ciertamente existen otros problemas para los mayores, como puede ser el mantenimiento de un tejido de comercios de proximidad que reduzca las posibilidades de gentrificación, pero es la accesibilidad a viviendas de más de tres alturas y la adaptación de las viviendas la problemática más acuciante, puesto que esto obliga a las personas mayores a enclaustrarse en su propia vivienda o a tener que optar por trasladarse bien a una residencia, bien a una vivienda de un descendiente[87]. Hay que tener en cuenta la circunstancia de que, muy frecuentemente, son los mayores las personas que viven precisamente en las edificaciones más antiguas y, por tanto, peor dotadas de los requisitos actuales de accesibilidad (ascensores, rampas...). Por ello, estos programas de ayudas constituyen una muestra de cómo en este derecho urbanístico de mayores en sentido lato, los derechos de las personas con discapacidad se han extendido a las personas mayores, fundamentalmente en materia de accesibilidad[88].

Como respuesta a esta realidad, la prioridad del objetivo de la garantía de la accesibilidad universal ha sido uno de los principales objetivos en la regulación del sistema de ayudas públicas, tanto en el Real Decreto 233/2013, de 5 de abril, por el que se regula el Plan Estatal de fomento del alquiler de viviendas, la rehabilitación edificatoria, y la regeneración y renovación urbanas, 2013-2016 (art. 19.3.c), como en el Real Decreto 106/2018, de 9 de marzo, por el que se regula el vigente Plan Estatal de Vivienda 2018-2021 (art. 43.2), con el fin de realizar "los ajustes razonables" necesarios para garantizar la accesibilidad. Ese mismo principio de lograr "los ajustes razonables"[89] se encuentra en la base de las normas que posibilitan la ocupación de superficies de espacios libres privados, en superficies comunes de uso privativo (en el régimen de propiedad horizontal), o, incluso, en el dominio público, para la instalación de ascensores (art. 24, apdos. 4 y 5, TRLSRU)[90].

---

85. Chinchilla Peinado (2019: 26-27); Chinchilla y Domínguez (2021: 165); Rodríguez de Santiago (2017: 94).
86. Velasco Caballero (2018: 9).
87. Chinchilla Peinado (2019: 26-27); Chinchilla y Domínguez (2021: 164-165)
88. Como acertadamente señala Rodríguez de Santiago (2017: 94).
89. Rodríguez de Santiago (2017: 112).
90. Chinchilla Peinado (2019: 28); Chinchilla y Domínguez (2021: 166).

Despoblación rural y envejecimiento: políticas públicas y servicios municipales de protección y atención a las personas mayores

Fundación Democracia y Gobierno Local
Serie: Claves del Gobierno Local, 40
ISBN: 978-84-125912-6-2

125

Un segundo tipo de programa es el destinado a mitigar los costes de mantenimiento de las viviendas donde residen las personas mayores y, en concreto, el importe de las tasas municipales que soportan dichos inmuebles. Aunque las convocatorias no suelen explicitarlo, este tipo de programas también pueden entenderse en clave de promoción del envejecimiento en casa, en la medida en que rebajan la presión fiscal que ello supone. Finalmente, y aunque son menos comunes, también procede referirse aquí a los programas municipales de subvenciones destinados a sufragar el coste de los servicios que reciben las personas mayores en sus domicilios[91].

Las personas mayores tienen necesidades habitacionales específicas y que, además, no son homogéneas para todos los grupos de mayores: varían no solo en función de la edad, sino sobre todo debido al estado de salud y al nivel de dependencia de cada persona. Por ello, nos encontramos con todas aquellas soluciones (que pueden proceder de la iniciativa pública o de la privada) que implican la asistencia a los mayores que tienen que abandonar su domicilio particular. Además del estado funcional y cognitivo, cuando se combina un apoyo social o familiar precario con una vivienda que no reúne las condiciones de habitabilidad adecuada, la persona requiere un servicio de tipo residencial[92]. Para los "supermayores" (el 79 % de la población mayor institucionalizada en residencias o establecimientos equivalentes tiene una edad superior a los 80 años), donde son más frecuentes las pérdidas de autonomía personal, las residencias son más una necesidad que una opción[93]. Típicamente, aquí encuadramos las residencias de mayores de titularidad pública, que son un servicio público mayoritariamente prestado por las comunidades autónomas, o bajo su responsabilidad. Aunque aún es minoritario, en los últimos años, y especialmente en el ámbito rural, también se gestionan residencias de mayores desde los servicios sociales municipales[94].

En la configuración de las residencias ha de tenerse en cuenta que no son tanto una solución puramente residencial, alternativa al domicilio, a la que acuden personas que prefieren dejar su hogar y compartir convivencia con personas similares, como un lugar al que acuden personas con incapacidad para tener autonomía y que tienen necesidades especiales de asistencia. Por tanto, estas residencias se tienen que adaptar a ese perfil de

---

91.   Pastor Merchante (2020).

92.   Iglesias *et al.* (2018: 423).

93.   Velasco Caballero (2020b).

94.   En cuanto a la capacidad de influencia de la Administración local sobre estas residencias, ver Castillo Abella (2020a), en función de si se trata de centros públicos propios de la entidad local, centro de otra Administración gestionado por la entidad local, centros mixtos (público-privados) o centros privados. Chinchilla y Domínguez (2021: 160).

126

Despoblación rural y envejecimiento: políticas públicas y servicios municipales de protección y atención a las personas mayores

Fundación Democracia y Gobierno Local
Serie: Claves del Gobierno Local, 40
ISBN: 978-84-125912-6-2

internos mayoritariamente dependientes y especialmente vulnerables. Y es evidente que quien entra en la intensa relación prestacional que supone vivir en una residencia de mayores ve afectados de forma notable ámbitos de su esfera de autodeterminación personal amparados por algunos derechos fundamentales. Piénsese, por lo pronto, solo en la libertad personal y de movimientos (art. 17.1 CE), cuando hay horarios de salida y entrada en la residencia; o en la diferencia que para la intimidad personal (art. 18.1 CE) implica vivir en casa propia o tener una habitación en una residencia[95].

Con todo, aunque siguen siendo abrumadoramente mayoritarias, las residencias de mayores ya no son el único modelo de servicio residencial de atención a sus necesidades de vivienda. Junto a ellas, se abren paso poco a poco otro tipo de soluciones residenciales para mayores, que promueven las *Age-Friendly Community Initiatives* (AFCI), o comunidades amigables, o las fórmulas de *Senior Cohousing*: convivencia de las personas mayores a través de apartamentos tutelados y viviendas comunitarias, muy adecuadas para personas mayores (también para personas con movilidad reducida o personas con necesidades especiales, aunque con capacidad de autonomía), porque la cohabitación puede favorecer la integración social y el mantenimiento de cierta autonomía. Evidentemente, la garantía del derecho a la intimidad personal y al libre desarrollo de la personalidad requiere que sobre alguna dependencia de la vivienda se pueda ejercer un uso privativo para el libre desenvolvimiento de la personalidad[96]. Pero sobre otras dependencias puede imponerse un uso compartido. Con ello se obtiene una nueva ventaja: vivienda social en plena ciudad, evitando la expulsión de los vecinos a la periferia (gentrificación), integrando así el derecho a la vivienda en el marco del derecho a la ciudad[97].

Como ejemplo de estas iniciativas se puede citar el edificio con 32 apartamentos construidos por la sociedad pública navarra "Nasuvinsa" (proyecto Zure-tokia) en el centro de Pamplona (Azpilagaña), en régimen de alquiler, destinados a personas mayores de 65 años. Estos apartamentos son totalmente accesibles, flexibles y versátiles, al poder adaptarse a una o dos habitaciones según las necesidades y circunstancias personales de cada uno de los inquilinos. Las terrazas de las cinco plantas están habilitadas para plantar un pequeño huerto y dejar paso a un corredor exterior que da acceso a todos

---

95. Sobre esta cuestión, con más detalle, ver Rodríguez de Santiago (2020).
96. Admite esta posibilidad Vaquer Caballería (2015: 130), si bien la considera excepcional y de carácter meramente transitorio, salvo aceptación voluntaria por su destinatario.
97. Chinchilla *et al.* (2020). El análisis de estas fórmulas, también en Maragall Garrigosa (2018: 35-40). Este tipo de soluciones habitacionales para mayores, también en Velasco Caballero (2020b). Se considera como un buen mecanismo de protección de los mayores en Fuentes y Solé (2012: 94).

Despoblación rural y envejecimiento: políticas públicas y servicios municipales de protección y atención a las personas mayores

Fundación Democracia y Gobierno Local
Serie: Claves del Gobierno Local, 40
ISBN: 978-84-125912-6-2

127

los apartamentos. De esta manera, se crea un espacio de relación y convivencia que evita el aislamiento de las personas mayores. Lo más relevante es que no constituye un complejo residencial periférico, sino que las viviendas de las personas mayores quedan integradas en la vida de un barrio, dentro de la trama urbana, compartiendo espacios comunes y servicios[98].

En conexión con la despoblación, se abren paso en el ámbito rural, también, los conocidos como "*colivings* rurales". Aunque existen iniciativas anteriores, fundamentalmente desde la pandemia sanitaria producida por la COVID-19 y la obligación de aislamiento en la propia vivienda, se produce un cambio en los hábitos y en la valoración de los valores que se vinculan con la vida rural: la contaminación, el ruido, la forma de vida, etc. La pandemia obligó a todo el mundo a teletrabajar, utilizando herramientas de trabajo colaborativo que facilitan la transformación digital, y además, dentro de las empresas, se han incorporado (y mantenido, incluso tras la pandemia) nuevos procesos de organización del trabajo, flexibilizando las exigencias de presencia y de dedicación dentro de una determinada franja horaria. Pues bien, relacionado con todo lo anterior, algunos empresarios comienzan a instalar en pueblos *coworkings* y *colivings* rurales, como solución a estas demandas, al tiempo que suponen un fuerte atractivo para residir en pueblos y, de esta forma, compensar la despoblación rural y ofrecer otro tipo de ventajas: menor coste de la vivienda y de la vida en general, promoción del estilo de vida sostenible, conexión con la naturaleza, hábitos de vida saludables, fomento de la agricultura orgánica, etc. Quienes deciden apostar por esta alternativa obtienen un espacio que aúna todos los servicios esenciales (lavandería, cocina, zonas comunes y espacios de trabajo), junto con, en ocasiones, otros espacios de ocio o comodidades en la vivienda (como piscina, gimnasio, *spa*, etc.). Aporta la ventaja de convivir con personas afines, trabajadores en remoto, emprendedores, personas con las que se puede establecer *networking*, etc. El tipo de clientes son lo que se conoce como "nómadas digitales", en torno a los 30 años, con sus propios proyectos, o trabajando en una pequeña-mediana empresa de *marketing* digital o programación. Por tanto, aunque el perfil de los destinatarios de este tipo de iniciativas es el de jóvenes trabajadores autónomos y *freelance*[99], estas experiencias podrían tener beneficios para los mayores re-

---

98. Ejemplo expuesto en Chinchilla *et al.* (2020). Otros ejemplos o experiencias son expuestos en Maragall Garrigosa (2018: 40-43).

99. Sobre estas experiencias y los perfiles de los usuarios, ver https://www.elperiodico.com/es/economia/20200311/coliving-tendencia-compartir-piso-7885515 (consultado el 14 de octubre de 2023); https://www.harpersbazaar.com/es/cultura/viajes-planes/a45148554/colivings-rurales-ventajas-despoblacion-nomadas-digitales/ (consultado el 14 de octubre de 2023); y https://business.vogue.es/tendencias/articulos/coliving-tendencia-permite-trabajar-vivir-comunidad/625 (consultado el 14 de octubre de 2023).

128

Despoblación rural y envejecimiento:
políticas públicas y servicios municipales
de protección y atención a las personas mayores

Fundación Democracia y Gobierno Local
Serie: Claves del Gobierno Local, 40
ISBN: 978-84-125912-6-2

sidentes en esos municipios o ser un incentivo para que otras personas, sean o no mayores, pudieran decidir fijar su residencia en el ámbito rural o volver a sus pueblos de origen, por las ventajas indirectas que pueden llegar a generar: incremento de las actividades culturales y de ocio, mejora de los servicios por el aumento de la población, implantación de nuevos negocios y comercios locales, mejora de las infraestructuras digitales, etc.

4. Medidas sociales extraordinarias en la crisis social y sanitaria de la COVID-19 para proteger a colectivos vulnerables. Especialmente, las prestaciones sociales a mayores

4.1. La capacidad de reacción de los servicios sociales municipales

Transcurridos ya cuatro años desde la pandemia, merece la pena echar la mirada atrás para sacar algún aprendizaje de dicha crisis, que también tuvo un enorme impacto social. Esto es, realizar un somero análisis de cómo fue la prestación de los servicios sociales durante la crisis sanitaria. En primer lugar, porque resulta innegable que uno de los colectivos afectados de forma más intensa por el virus fue la población mayor, por ser especialmente vulnerable a la enfermedad. En segundo lugar, porque, en relación con la gestión de la crisis sanitaria, se ha imputado a los poderes públicos el desarrollo de algunas actuaciones públicas u omisiones a las que se ha reprochado que pueden considerarse como manifestaciones de discriminación por edad o de insolidaridad generacional: típicamente, la supuesta prioridad en la atención sanitaria por razón de la edad en un contexto de recursos limitados (como ocurrió en los primeros momentos de la gestión de la pandemia de la COVID-19 y la imputación de inactividad o mala praxis de los poderes públicos)[100]. Y, en tercer lugar, el análisis de las actuaciones desarrolladas para hacer frente a la crisis sanitaria y social de la COVID-19 resulta de interés por ser un modelo de experiencia muy interesante, al mostrar la capacidad de reacción que desarrollaron los municipios en un contexto ciertamente extremo que pone en evidencia, además, la necesidad de reflexionar sobre las limitaciones competenciales impuestas por nuestro modelo organizativo y competencial en este ámbito, que deja poco espacio para la codecisión multinivel y, mucho menos, a la iniciativa municipal.

---

100. La dramática situación vivida en los centros residenciales de mayores (de titularidad privada y también de titularidad/gestión pública, generalmente autonómica, y algunos, aunque minoritariamente, de titularidad/gestión municipal): aún queda pendiente realizar un análisis exhaustivo de los fallos del sistema en prestar una protección adecuada en estos centros; la única constancia que tenemos es que en las residencias han muerto muchos miles de personas mayores en circunstancias muy poco precisas, la mayor parte de las veces en la soledad más absoluta. Sobre esto, Jiménez Asensio (2020).

Despoblación rural y envejecimiento, políticas públicas y servicios municipales de protección y atención a las personas mayores

Fundación Democracia y Gobierno Local
Serie: Claves del Gobierno Local, 40
ISBN: 978-84-125912-6-2

129

La crisis de la COVID-19 obligó a multiplicar las decisiones públicas para intentar paliar sus efectos en todos los ámbitos —sanitario, social y económico— y en todos los niveles de gobierno[101]. Y el modelo competencial expuesto en los apartados anteriores tiene un reflejo en las medidas y ayudas extraordinarias aprobadas durante la gestión de la crisis sanitaria de la COVID-19, al tiempo que pone de manifiesto el importante rol que siguen jugando los municipios en la prestación de los servicios sociales.

Entre las actuaciones extraordinarias administrativas adoptadas en el contexto de la crisis sanitaria, y para hacer frente a las demandas sociales, encontramos las iniciativas propiamente locales, los "planes de choque social" o como quiera que se denominasen, elaborados, con más o menos formalización o anticipación, por parte de las corporaciones locales. Aunque, debido a la declaración del estado de alarma y la implantación del mando único, se puso el foco en la acción del nivel central de gobierno y, en menor medida, de los Gobiernos autonómicos, no podemos perder de vista la acción de los Gobiernos locales, que fueron particularmente activos en el despliegue de estrategias muy variadas para hacer frente a la pandemia.

La acción municipal en esta situación se caracterizó por su diversidad y variado alcance, y contempla una casuística inagotable, incluyendo desde ayudas sociales, bonificaciones fiscales, retraso o rebaja en el pago de tasas e impuestos, hasta la actuación sobre el espacio público, pasando por las medidas de reactivación económica, la modificación de presupuestos, la provisión de equipos informáticos a las familias para reducir la brecha digital, la inversión en obras para dinamizar el empleo o el lanzamiento de premios a iniciativas emprendedoras en la lucha contra la crisis. Se combinan estrategias clásicas de políticas públicas con otras más innovadoras. En general, esta lista de medidas es más corta en lo que se refiere a medidas que establecen o incluyen instrumentos de autoridad. Este campo lo ocupó prácticamente por completo el Gobierno central a través de la declaración del estado de alarma y sus disposiciones de desarrollo. En el ámbito local, las medidas se limitaron a pautar las condiciones de uso de los espacios públicos, particularmente en los entornos urbanos[102].

---

101.   Navarro Gómez (2020).

102.   En este sentido, Navarro Gómez (2020). En el trabajo citado, la autora, en un intento de agrupar todas estas acciones en categorías, aporta una tabla, con fundamento en la clásica tipología NATO de instrumentos de políticas públicas, para poder identificar las distintas modalidades de actuación.

Ejemplos de actuaciones municipales durante la gestión de la crisis sanitaria, con una apuesta de aumento de la financiación local y del papel a desempeñar por las entidades locales, en "El papel de las entidades locales ante la pandemia" (*El País*, 5 de mayo de 2020). https://elpais.com/economia/2020/05/05/finanzas_a_las_9/1588699518_916371.html?prm=enviar_email.

130

Despoblación rural y envejecimiento:
políticas públicas y servicios municipales
de protección y atención a las personas mayores

Fundación Democracia y Gobierno Local
Serie: Claves del Gobierno Local, 40
ISBN: 978-84-125912-6-2

Lógicamente, estas actuaciones locales varían mucho según el tamaño y las necesidades de los municipios, pero comparten elementos comunes. Además de, por supuesto, tener que aumentar los recursos destinados a los gastos sociales, de forma inevitable, en general, tienen una identificación similar de los colectivos o "población diana" de la asistencia social por la COVID-19. En este sentido, hay que partir del hecho incuestionable de que los mayores[103] fueron uno de los colectivos o "población diana" de la asistencia social municipal: personas mayores vulnerables, que están en domicilio en aislamiento. Muchos de ellos se encuentran con el cierre de los centros de día a los que asistían o tenían una red de ayuda familiar (o de cuidadores) que, con la COVID, desaparece (por enfermedad o fallecimiento del familiar cuidador o por enfermedad o imposibilidad de continuar desempeñando el servicio del empleado cuidador). Por tanto, además de los mayores a los que ya se prestaba una determinada asistencia, se suman más demandantes de auxilio social: se trata de sujetos que no estaban en el sistema de ayuda anteriormente, pero que se incorporan durante el período de confinamiento, demandan suministro de alimentos, asistencia domiciliaria y ayuda psicológica (para recibir información y mitigar los efectos derivados de la situación de temor y soledad a la que se enfrentan)[104].

En cuanto a los servicios prestados, además de aumentar el suministro de alimentos a mayores, destaca el aumento de teleasistencia o información telefónica: campañas informativas y asistencia psicológica, fundamentalmente: soledad de mayores, mujeres víctimas de violencia de género y su protección[105], inaccesibilidad a las nuevas tecnologías, información en relación con el coronavirus, las medidas preventivas o de higiene, medidas de confinamiento, información jurídica, información relativa a los servicios municipales, etc. Se trata de muchos problemas viejos, pero también aparecen nuevos problemas, que se fueron poniendo de manifiesto a lo largo de la crisis sanitaria.

Además, durante los momentos más agudos de la crisis, los municipios tuvieron que abordar la existencia de un cambio en los criterios de reparto de la asistencia social: en algunas de las ayudas demandadas por los mayores no se podían tener en cuenta exclusivamente las condiciones económicas del solicitante, sino que la existencia de la propia situación de

---

103. Junto con los niños y las personas sin hogar, además de otros colectivos que se consideraron especialmente vulnerables en este contexto: los enfermos mentales y las mujeres víctimas de violencia de género.

104. *Edición Especial Carta Local sobre la COVID, Revista de la FEMP*, http://www.femp.es/comunicacion/noticias/edicion-especial-de-carta-local-COVID-19, p. 12.

105. *Edición Especial Carta Local sobre la COVID, Revista de la FEMP*, http://www.femp.es/comunicacion/noticias/edicion-especial-de-carta-local-COVID-19, p. 12.

Despoblación rural y envejecimiento: políticas públicas y servicios municipales de protección y atención a las personas mayores

Fundación Democracia y Gobierno Local
Serie: Claves del Gobierno Local, 40
ISBN: 978-84-125912-6-2

131

necesidad, con independencia de criterios económicos, se convierte en el elemento clave.

Otra de las acciones que tuvieron que emprender los municipios fue la coordinación de las donaciones o las acciones e iniciativas que se ofrecían desde la sociedad civil, el tercer sector o el voluntariado, con la actividad de prestaciones sociales de las entidades locales, con el fin de servirse de la experiencia o bienes y servicios aportados por estos colectivos o iniciativas[106]. Una adecuada alianza con el tercer sector sirve para evitar la duplicación de ayudas y, sobre todo, llegar mejor a los colectivos más vulnerables, intentando, así, evitar la existencia de personas que queden desprotegidas. La eficiencia del sistema de ayudas locales requiere articular canales de información, así como una adecuada o mínima financiación de las actuaciones que asume el tercer sector.

Para hacer frente a la situación, cuando fue posible, la Administración local intentó mantener los contratos existentes y en vigor que afectaban a la prestación de servicios sociales, aunque modificándolos o adaptándolos a las nuevas circunstancias. Cuando esto no fue posible, se tuvieron que realizar nuevas contrataciones, en un contexto de modificación de la normativa sobre contratación pública para adaptarse a la nueva realidad y otorgar una respuesta inmediata y explorar las vías no contractuales admitidas por la LCSP (contratos de servicios a las personas) y que se pusieron en marcha en distintas comunidades autónomas para concertar específicamente servicios sociales para grupos vulnerables. También hay que tener presentes las dificultades que tuvieron que afrontar las empresas adjudicatarias de contratos públicos en vigor, al tener que hacer frente a los gastos adicionales derivados de las medidas de seguridad y protección requeridas.

Algo parecido se puede decir también de los propios servicios municipales, que tuvieron que hacer frente a mayores gastos derivados de la necesidad de proporcionar equipos de protección a los empleados públicos municipales, así como proceder a la desinfección de edificios y vías públicas.

Por último, las entidades locales sufrieron un impacto sobre la plantilla (necesidad de reordenar la plantilla o aumentar la misma), ante la demanda creciente y diferente de servicios, aun cuando algunos servicios se prestasen de forma indirecta. Este incremento de la demanda de ayudas sociales no podía recibir como respuesta el colapso de los servicios municipales sociales,

---

106. Navarro Gómez (2020), en su análisis de las diversas actividades emprendidas por las entidades locales, afirma que se han establecido foros, comisiones o grupos de trabajo para diseñar planes de recuperación.

con el consiguiente retraso en la tramitación. Para emprender las acciones municipales hay que tener en cuenta la necesidad de simplificación administrativa y de desbloquear el funcionamiento administrativo para evitar los retrasos excesivos por la tramitación lenta, por la comunidad autónoma, de procedimientos administrativos de reconocimiento del SAAD, además de las dificultades de acceso para cierta población, destacadamente los mayores, que, con frecuencia, no están capacitados digitalmente, tienen problemas de movilidad, carecen de medios... La paralización o suspensión de los procedimientos produce un cuello de botella que, junto al aumento de la demanda de prestaciones, puede contribuir a producir un colapso de los servicios sociales, además de concurrir el riesgo de dejar fuera del sistema de ayudas a sujetos que lo necesitaban. La suspensión de la tramitación de los procedimientos de valoración de demandas sociales (por ejemplo: procedimientos sobre reconocimiento de renta mínima) suponía, además, un problema adicional: podía ser que, cuando se resolviesen, fuese en sentido denegatorio y, sin embargo, la situación del peticionario hubiera empeorado notablemente, por lo que, tras la dilación en la respuesta, se viera obligado a iniciar una tramitación nueva. En este sentido, especialmente destacan las dificultades de la Administración local para continuar con la prestación de servicios públicos esenciales y actuaciones administrativas fundamentales durante el estado de alarma, al no disponerse de un sistema adecuado de e-administración, teletrabajo y reuniones de órganos colegiados por medios electrónicos[107].

En definitiva, ante la realidad de una gestión social de la crisis con unas consecuencias difícilmente predecibles, los municipios tuvieron que enfrentarse a nuevos problemas y a acciones sociales adicionales o complementarias a las que ordinariamente llevaban a cabo. Esto les obligó a organizar o reorganizar tanto el funcionamiento de la Administración local como la propia provisión de servicios[108]. Tuvieron que ampliar la capacidad de los servicios existentes y prestar otros nuevos para dar respuesta a las necesidades de los colectivos vulnerables. Este extenso papel que correspondió desarrollar a los municipios puso claramente a prueba la capacidad de reacción de los servicios sociales municipales.

4.2. Las medidas extraordinarias de financiación municipal

En cuanto a la financiación de estas nuevas y mayores demandas sociales, los ayuntamientos contaron, además de con todos los recursos propios que

---

107. Ver Martínez Gutiérrez (2020: 108).
108. En este sentido, también, Navarro Gómez (2020).

Despoblación rural y envejecimiento: políticas públicas y servicios municipales de protección y atención a las personas mayores

Fundación Democracia y Gobierno Local
Serie: Claves del Gobierno Local, 40
ISBN: 978-84-125912-6-2

133

pudieron tener disponibles, con el otorgamiento de ayudas extraordinarias en favor de los colectivos más vulnerables (incluidos los servicios a mayores, especialmente), directamente otorgadas a los municipios o a través de las comunidades autónomas. Dentro de estas ayudas extraordinarias, destacan las previstas en el Real Decreto-ley 8/2020, de 17 de marzo (de medidas urgentes extraordinarias para hacer frente al impacto económico y social de la COVID-19), que suponen, para las entidades locales, unos ingresos extraordinarios, además del aumento de la capacidad de gasto permitida, condicionado todo ello y vinculado al empleo en fines concretos y determinados, lo que incluye gastos de inversión en la política social (como puede ser, por ejemplo, un centro de día), así como la financiación de las prestaciones básicas de los servicios sociales de las corporaciones locales. Así, sin entrar al detalle, baste como ejemplo citar actuaciones como garantizar la asistencia a domicilio y la teleasistencia de las personas dependientes, refuerzo de plantilla de centros de servicios sociales, adquisición de equipos de prevención y, en general, "medidas que las Comunidades Autónomas, en colaboración con los Servicios Sociales de las entidades locales, consideren imprescindibles y urgentes para atender a personas especialmente vulnerables con motivo de esta crisis" (art. 1.2.i del Real Decreto-ley 8/2020). Como resulta evidente, estas partidas tenían como uno de sus principales destinatarios a los mayores (aunque no solo, por supuesto).

En primer lugar, el citado Real Decreto-ley 8/2020, a través de la aplicación del Fondo de Contingencia y la concesión de un suplemento de crédito, refuerza en 300 millones de euros el presupuesto del Ministerio de Derechos Sociales y Agenda 2030, para financiar un fondo social extraordinario para hacer frente a las consecuencias sociales de la COVID-19 mediante transferencias a las autoridades competentes de las comunidades autónomas, Ceuta y Melilla, para financiar las prestaciones básicas de los correspondientes servicios sociales que tuvieran por objeto exclusivamente hacer frente a situaciones extraordinarias derivadas de la COVID-19. Junto a lo anterior, el art. 3 del Real Decreto-ley establece una financiación extraordinaria a los servicios sociales cuyas destinatarias son ya directamente las entidades locales (no vía indirecta, a través de las comunidades autónomas, como en el caso del art. 1). Esta financiación no tiene por objeto atender las competencias municipales prestadas en relación con los servicios sociales en general[109], sino que acota el destino de esta ayuda extraordinaria, tanto si

---

109.   Las competencias propias municipales, esto es, lo relativo a "evaluación e información" y "atención primaria" de los servicios sociales (art. 25.2.e LBRL), así como los servicios sociales obligatorios municipales (del art. 26 LBRL), las competencias delegadas o las competencias "distintas a las propias" (art. 7.4 LBRL) que el ayuntamiento estuviera prestando en el ámbito social.

Despoblación rural y envejecimiento: políticas públicas y servicios municipales de protección y atención a las personas mayores

Fundación Democracia y Gobierno Local
Serie: Claves del Gobierno Local. 40
ISBN: 978-84-125912-6-2

la reciben las comunidades autónomas (art. 1) como si las destinatarias son directamente las entidades locales (art. 3).

En relación con la dotación extraordinaria de fondos a las comunidades autónomas, en lo que aquí interesa, tenían como destino que estas financiasen las prestaciones básicas de los servicios sociales de las propias comunidades autónomas, de las diputaciones provinciales y de las corporaciones locales, pero referidas, exclusivamente, a las situaciones o necesidades extraordinarias derivadas de la COVID-19. Así, en concreto, y sin entrar al detalle, esta cuantía tenía como objetivo garantizar la asistencia a domicilio y la teleasistencia de las personas dependientes, la atención a personas sin hogar, el refuerzo de plantilla de centros de servicios sociales, la adquisición de equipos de prevención, la dotación de las partidas destinadas a garantizar ingresos suficientes a las familias (cobertura de sus necesidades básicas), reforzar los servicios de respiro a personas cuidadoras y las medidas de conciliación para familias con bajos ingresos, y, en general, "otras medidas que las Comunidades Autónomas, en colaboración con los Servicios Sociales de las entidades locales, consideren imprescindibles y urgentes para atender a personas especialmente vulnerables con motivo de esta crisis, y sean debidamente justificadas" (todo ello previsto, con más detalle, en el art. 1.2 del Real Decreto-ley 8/2020). Por tanto, la autoridad que decide qué se entiende por medidas "imprescindibles y urgentes" es la comunidad autónoma, si bien "en colaboración" con los servicios sociales de las entidades locales.

Y también se acota el destino de los fondos atribuibles a las corporaciones locales, ya que el art. 3 del Real Decreto-ley establece que estas disponen de una cantidad de igual cuantía (300 millones) del superávit del ejercicio 2019 para financiar gastos de inversión incluidos en la política de gasto 23 ("Servicios Sociales y promoción social"), recogida en el anexo I de la Orden EHA/3565/2008, de 3 de diciembre, por la que se aprueba la estructura de los presupuestos de las entidades locales. Por su parte, en el preámbulo, apartado II, del propio Real Decreto-ley, se establece que el destino de estas ayudas es financiar "todas las prestaciones de servicios gestionadas por los servicios sociales de atención primaria y atención a la dependencia que vienen recogidas en el Acuerdo del Consejo Territorial de Servicios Sociales y del Sistema para la Autonomía y Atención a la Dependencia, de 16 de enero de 2013, que recoge el Catálogo de Referencia de Servicios Sociales". Hay que insistir en que los ayuntamientos no se podían gastar todo el superávit. Esta financiación alcanza al 20 % del superávit presupuestario de cada ayuntamiento correspondiente a 2019 (medido en los términos del art. 20 del Real Decreto-ley 11/2020) y con un límite máximo en conjunto (nacional) de 300 millones de euros, cumpliendo con la regla de gasto y otra serie de

Despoblación rural y envejecimiento:
políticas públicas y servicios municipales
de protección y atención a las personas mayores

Fundación Democracia y Gobierno Local
Serie: Claves del Gobierno Local, 40
ISBN: 978-84-125912-6-2

135

condiciones de estabilidad. Por otro lado, también hay que destacar que se mantiene el mismo régimen de autorización de las IFS. Y, efectivamente, las que no superen los umbrales establecidos en la disposición adicional decimosexta TRLHL no necesitan autorización previa de la Secretaría General de Financiación Autonómica y Local.

Hay que tener en cuenta que la Ley Orgánica de Estabilidad Presupuestaria establece como norma general (art. 32) que el superávit hay que dedicarlo a la amortización de deuda. La única excepción a esta regla es la posibilidad de realizar IFS, que son un tipo de inversiones que se supone que no generan gasto corriente. Este año excepcionalmente se permitieron también, junto con los gastos de inversión en la política de gasto 23 ("Servicios sociales y promoción social"), las prestaciones a las que hace referencia el art. 1.2 del Real Decreto-ley 8/2020. Es decir, no solo se permite hacer gastos de inversión en política social (como puede ser, por ejemplo, construir un centro social), sino también financiar las prestaciones básicas de los servicios sociales de las corporaciones locales ("todas las prestaciones de servicios gestionadas por los servicios sociales de atención primaria y atención a la dependencia": como en personal, servicios, ayudas, etc.). Es de aplicación el régimen de autorización previa de la Secretaría General de Financiación Autonómica y Local del Ministerio de Hacienda previsto (disposición adicional decimosexta.1 TRLHL) cuando se incurra en un gasto de inversión en el conjunto de grupos de programas citados en dicho precepto superior a 15 millones de euros o al 40 % del gasto no financiero total de la entidad local respectiva, y suponga incremento de los capítulos 1 o 2 del estado de gastos vinculado a los proyectos de inversión. Se trata de una interpretación amplísima del concepto de inversión financieramente sostenible en un intento de facilitar que las entidades locales atiendan a sus vecinos más vulnerables[110].

En definitiva, este segundo paquete de ayudas, las que tienen como destinatario directo las entidades locales, comprendían un destino que no es coincidente con el otro paquete de medidas, el que se dirigía a las comunidades autónomas y era distribuido por ellas. Podía financiar, por tanto, prestaciones o servicios complementarios o no coincidentes.

El aumento de la capacidad de gasto permitida a las entidades locales, y los nuevos ingresos extraordinarios, estaban condicionados y vinculados a fines concretos. Aunque está muy predeterminada, hubiera resultado interesante que se hubiera dejado un cierto margen de decisión

---

110. Sobre esta cuestión, ver Martínez Sánchez (2020).

Despoblación rural y envejecimiento:
políticas públicas y servicios municipales
de protección y atención a las personas mayores

Fundación Democracia y Gobierno Local
Serie: Claves del Gobierno Local, 40
ISBN: 978-84-125912-6-2

a los municipios para ampliar las ayudas a nuevas o diversas realidades, adaptándose a los concretos problemas y necesidades de sus vecinos a los que tenían que hacer frente. En ese sentido, en su Declaración de 20 de abril[111], la FEMP, en relación con el uso de superávits y remanentes locales, recordó que la Federación trasladó al Gobierno un documento con 19 medidas relacionadas con el techo de gasto, y con la importancia de utilizar en cada territorio los superávits y remanentes que se hubieran generado en la desescalada y en la reconstrucción económica y social posterior. En palabras del presidente de la FEMP, los superávits (3830 millones de euros de 2019) "son nuestros y la utilización de nuestros recursos ha de realizarse en cada ciudad, municipio, provincia o isla, para la reconstrucción y la atención social y el bien común". Es la reivindicación de que los superávits y remanentes se usen en cada territorio. Se subraya, igualmente, que todos los gastos que han hecho los ayuntamientos durante el primer mes de la crisis sanitaria se han llevado a cabo "sin un solo euro de las comunidades autónomas" (a pesar de haber recibido 319 millones de euros).

Por su parte, las comunidades autónomas articularon, en general, paquetes de medidas extraordinarias, al amparo de las ayudas otorgadas por el Real Decreto-ley 8/2020, de 17 de marzo, para llevar hasta los municipios las cantidades otorgadas por el Estado a través de su concesión a las comunidades autónomas. Además, con independencia de las medidas financieras extraordinarias establecidas desde el Estado, igualmente, las propias comunidades autónomas, para paliar esta situación, articularon, en general, paquetes de medidas extraordinarias propias. Usualmente, esto se ha articulado a través de un convenio extraordinario entre la comunidad autónoma y los ayuntamientos, complementario al convenio ordinario de servicios sociales que usualmente existe para la financiación que es compartida entre la comunidad autónoma y los ayuntamientos (allí donde estos se encargan de la prestación de los servicios sociales). Rasgos generales, usualmente, de estos convenios extraordinarios es que se otorgan en función del número de habitantes y dejan espacio al ayuntamiento, que decide en qué gastarlo concretamente, según sus necesidades (por ejemplo: ampliación de ayuda a domicilio, menús, más personal para atender y valoración de necesidades)[112].

---

111.   FEMP: "Los Gobiernos Locales jugarán un papel central en la desescalada y la reconstrucción social y económica", 20 de abril de 2020. http://www.femp.es/comunicacion/noticias/los-gobiernos-locales-jugaran-un-papel-central-en-la-desescalada-y-la.

112.   Sobre estas ayudas estatales y autonómicas, con más detalle, ver Domínguez Martín (2020a).

Despoblación rural y envejecimiento:
políticas públicas y servicios municipales
de protección y atención a las personas mayores

Fundación Democracia y Gobierno Local
Serie: Claves del Gobierno Local, 40
ISBN: 978-84-125912-6-2

137

4.3. Valoración del impacto de la crisis sociosanitaria sobre los servicios sociales municipales: reordenar las competencias locales y habilitar espacios de codecisión

Estas medidas extraordinarias, adoptadas en un contexto de crisis sanitaria, social y económica derivada de la COVID-19, se han centrado, fundamentalmente, en aportar financiación adicional a las entidades locales para la prestación de servicios sociales. Esto pone en evidencia, en primer lugar, la escasa capacidad económica y de medios (materiales y personales) con la que cuentan los ayuntamientos para abordar problemas urgentes de atención a una creciente población demandante de prestaciones sociales. En todo caso, no se puede perder de vista que esta financiación no llegó a todos los municipios de la misma manera, puesto que, en gran medida, dependía de que las comunidades autónomas la distribuyeran y cómo la hicieran llegar a los municipios. Y, además, se limitó solo a aquellos municipios que poseían superávit (y cumplían con la regla de gasto y las condiciones de estabilidad, en los términos expuestos), y no todos los municipios se encontraban en estas condiciones, por lo que no dispondrían de esa capacidad de gasto adicional.

Al mismo tiempo, en segundo lugar, también es una muestra clara de que el esquema competencial en este ámbito no se ajusta a la restringida capacidad de intervención de las entidades locales que se plasma en la LBRL. Aun sin contar ni con competencias ni con recursos económicos suficientes, los municipios constituyen el sujeto público que, en primer lugar, atiende y da cobertura a las demandas y necesidades de los vecinos y colectivos en riesgo de exclusión social. Esto se pone más en evidencia, si cabe, en los municipios pequeños y medianos, con escaso reconocimiento competencial, pero que, sin embargo, constituyen, por cercanía, la única institución pública que actúa en este ámbito, lo que puede suponer que se vean desbordados, en un contexto de demanda creciente de servicios de asistencia social.

Desde el punto de vista competencial, en la realidad, las corporaciones locales mantuvieron, también en los tiempos de crisis, el papel protagonista (aunque más de prestador que de definidor o diseñador) que venían teniendo en la prestación y gestión de los servicios sociales antes de la LRSAL, y que apenas se ha visto alterado. En efecto, aunque se puede afirmar que formalmente y sobre el papel, al menos, se ha reducido el ámbito de intervención garantizado a los municipios en la LBRL tras la reforma, también es cierto que bien sea mediante el ejercicio de las competencias propias (del art. 25.2 LBRL), o mediante competencias de-

Despoblación rural y envejecimiento: políticas públicas y servicios municipales de protección y atención a las personas mayores

Fundación Democracia y Gobierno Local
Serie: Claves del Gobierno Local. 40
ISBN: 978-84-125912-6-2

legadas (por parte de las comunidades autónomas), o competencias distintas de las propias, las corporaciones locales mantienen su importante función de atención a los colectivos vulnerables. Y, dado el protagonismo de la Administración municipal en este ámbito, resulta fundamental y lógico que, en un contexto tan excepcional como en el que vivimos, se hubiera garantizado que las corporaciones locales dispusieran de medios suficientes y de instrumentos adecuados para permitir el mantenimiento y la continuidad en la prestación de los servicios sociales, que sigue siendo un espacio propio de intervención municipal en la atención de las demandas de los ciudadanos más necesitados.

Debemos tener presente que el escenario de crisis sanitaria, social y económica actual exigió a las Administraciones públicas en general, y a la municipal en particular, en cuanto que primera destinataria de las demandas ciudadanas, unos niveles de prestación de la asistencia social mayores que en épocas de bonanza económica. La variedad, la intensidad y la inmediatez de las actuaciones emprendidas por las entidades locales en estos momentos de necesidad social demuestran la eficiencia en la adaptación a nuevas circunstancias de las Administraciones locales, de las que se ha afirmado que disponen de mayor capacidad de innovación institucional que el resto de los niveles de gobierno[113].

Por otro lado, no se puede desconocer, a la hora de reordenar las competencias locales, que, junto a los principios de "estabilidad presupuestaria, sostenibilidad financiera o eficiencia en el uso de los recursos públicos locales", también se encuentran, conforme al art. 2 LBRL, los de descentralización y proximidad con el fin de hacer efectiva la autonomía garantizada constitucionalmente a las entidades locales. Si bien el legislador básico de 2013 relativiza la regla de la máxima proximidad como principio inspirador de la distribución competencial, nos encontramos con el hecho de que es la propia realidad social y económica la que impone, al menos en el ámbito de los servicios sociales, ajustar el proceso de asignación competencial local a dicho principio[114].

La mejor prueba de ello es la demanda vecinal de servicios sociales a los respectivos ayuntamientos con ocasión de la crisis sanitaria: su cercanía al ciudadano y su conocimiento del territorio (el fenómeno conocido como *the genius of the place*) les permite identificar eficazmente las necesidades ciudadanas, y su estrecho contacto con la realidad social les impide igno-

---

113.   Navarro Gómez (2020).
114.   Arias Martínez (2014: 400-408).

Despoblación rural y envejecimiento:
políticas públicas y servicios municipales
de protección y atención a las personas mayores

Fundación Democracia y Gobierno Local
Serie: Claves del Gobierno Local, 40
ISBN: 978-84-125912-6-2

139

rarlas, pese a que gran parte de esta acción se proyecta sobre campos en los que los Gobiernos locales no tienen competencias fuertes y blindadas[115].

Las anteriores propuestas, encaminadas al fortalecimiento de la autonomía y las competencias locales, encajan con una reflexión más general sobre el papel que debe jugar el municipio en los nuevos planteamientos relativos a la intervención pública sobre la sociedad[116].

Las semanas más virulentas de la crisis sanitaria vivida (de marzo a mayo de 2020) pusieron de manifiesto que los municipios (destacadamente los de gran tamaño), junto a funciones de prestación de servicios y de solidaridad social, han asumido, incluso, un rol de liderazgo político (iniciativa en la gestión del confinamiento o en la toma de medidas sociales)[117]. En definitiva, acciones que van encaminadas a una dinámica de más autonomía respecto de las directrices estatales y autonómicas, asumiendo un papel protagonista, no solo en la ejecución, administración y organización de los servicios sociales, sino también en su configuración, en el intento de diseño autónomo de una política social propia.

El 22 de mayo de 2020, la Junta de Gobierno de la FEMP aprobó el documento "Pilares Locales para la reactivación social y económica de la Administración Local", que también demandaba el papel protagonista de las entidades locales en la atención local y en la reconstrucción social económica de cada Gobierno local. Y así, en primer lugar, proponía que se permitiera a los municipios el uso íntegro de los remanentes de tesorería para gastos generales (que ascienden a 17 841 millones de euros e incluyen el superávit), generados por cada entidad local, flexibilizando parámetros como la estabilidad presupuestaria o la regla de gasto. Junto a lo anterior, propone la creación y puesta a disposición de los entes locales de tres fondos, que sienten las bases de una reforma de la financiación local: 1) fondo financiero que pueda ser destinado exclusivamente al impulso de la recuperación social y económica, incluyendo parte de las partidas procedentes de la Unión Euro-

---

115. En este sentido, también, Navarro Gómez (2020).
116. Font i Llovet (2020: 28-30).
117. "Una crisis urbana en tres dimensiones", *El País*, 20 de abril 2020, sobre el rol que las ciudades han tenido durante la emergencia, siendo las primeras en gestionar el confinamiento de la población y la toma de medidas para frenar la expansión descontrolada de la pandemia: acceso a los servicios básicos y la movilidad; atención a las personas más vulnerables; refuerzo de las infraestructuras de salud; construcción de alianzas con la sociedad civil, activando redes de solidaridad; con la ciencia, apoyando proyectos de investigación; y con el sector privado, reorientando la producción; etc. Señala, igualmente, que este liderazgo será capital para definir la ciudad que vendrá después de la COVID-19.
https://elpais.com/elpais/2020/04/13/seres_urbanos/1586814836_874372.amp.html?__twitter_impression=true.

Despoblación rural y envejecimiento: políticas públicas y servicios municipales de protección y atención a las personas mayores

Fundación Democracia y Gobierno Local
Serie: Claves del Gobierno Local, 40
ISBN: 978-84-125912-6-2

pea y la propuesta de reclamar a las comunidades autónomas la constitución de fondos destinados a planes locales de choque en sus territorios; 2) fondo extraordinario para el sostenimiento del transporte público urbano; 3) fondo para la colaboración de las entidades locales en la gestión del ingreso mínimo vital. En la medida en que se prevé la colaboración de las entidades locales en la implantación y el seguimiento del ingreso mínimo vital, se hace necesario aprobar un fondo propio, vinculado a este fin[118].

Pero, antes al contrario de lo aquí propuesto, la gestión de la crisis sanitaria generada por la COVID-19 en España potenció las tendencias recentralizadoras, lo que, lógicamente, mermó bastante el rol de las comunidades autónomas y, especialmente, de los municipios durante el estado de alarma. Y respecto del modelo de gobernanza diseñado durante el proceso de la desescalada, tras el estado de alarma, se dejó un mayor papel a las comunidades autónomas, pero sin prestar una especial atención a la presencia y el espacio de decisión de los ayuntamientos. Puesto que la asistencia social se despliega en el marco de la LBRL, generalmente bajo el art. 26.1.c) LBRL (en los municipios de más de 20 000 habitantes), a medida que se avanzó en la desescalada, progresivamente se produjo un aumento de protagonismo de las comunidades autónomas y los ayuntamientos, aunque estos al servicio de las comunidades autónomas, de la política autonómica, no de políticas propias, con pura gestión de la financiación y fines que se les atribuían: esto es, los ayuntamientos como mero instrumento de ejecución de políticas ajenas. En general, como era previsible, los espacios supramunicipales fueron ocupados por las comunidades autónomas.

En el ámbito de los servicios sociales, como ya se ha señalado, las comunidades autónomas tienen muchas competencias y poder, tanto desde el punto de vista del diseño y planificación de la política social, como por el poder financiero de que disponen. Por tanto, en general, los ayuntamientos actuaron como terminales de ejecución de las políticas del Estado (en la fase de estado de alarma y las primeras fases de la desescalada) o de las comunidades autónomas (en las últimas fases de la desescalada y después). Un ejemplo de esto lo constituye, como se ha expuesto, la configuración de la gestión del ingreso mínimo vital: inicialmente, se comenzó apuntando a la posibilidad de implantar un modelo de gestión con una relación directa Estado-municipios, sin la intermediación autonómica, pero, finalmente, dicho modelo no se impuso. El Real Decreto-ley 8/2023, de 27 de diciembre, modifica la disposición adicional cuarta del inicial Real Decreto-ley 20/2020,

---

118.   http://www.femp.es/comunicacion/noticias/documento-para-la-reactivacion-economica-y-social-desde-las-entidades-locales.

Despoblación rural y envejecimiento:
políticas públicas y servicios municipales
de protección y atención a las personas mayores

Fundación Democracia y Gobierno Local
Serie: Claves del Gobierno Local, 40
ISBN: 978-84-125912-6-2

141

y establece que "las comunidades autónomas de régimen común" podrán también asumir, en su ámbito territorial, la gestión de la prestación no contributiva del ingreso mínimo vital que corresponde al Instituto Nacional de la Seguridad Social, que incluya la iniciación, tramitación, resolución y control por parte de la comunidad autónoma, mediante la celebración del correspondiente convenio con la Administración del Estado. En resumen, y como ya se ha dicho, estamos, una vez más, ante un supuesto en el que, pudiendo tener un mayor protagonismo la Administración municipal, el legislador (estatal, en este caso) la relega a un papel de mera colaboradora: inicialmente, del Instituto Nacional de la Seguridad Social, y, paulatinamente, de las comunidades autónomas, que, según la última reforma de finales de 2023, serán las que podrán asumir las competencias en este ámbito.

La situación óptima sería que las entidades locales (municipales y también supramunicipales) hubieran podido diseñar sus propios planes de desescalada y coordinar todas sus actuaciones a través de una planificación, por fases, simétrica a la propuesta desde el Estado (distancia social, criterios de asistencia, prioridades, cuantías, procedimiento de asistencia social). Esto es, que antes de que llegase la financiación extraordinaria, los ayuntamientos hubieran podido tener una planificación y organización adecuada y anticipada, para aplicar eficaz y estratégicamente los fondos que recibieran.

En conclusión, y teniendo en cuenta todo lo anterior, parece razonable que a los municipios, que tuvieron que gestionar y enfrentarse a la crisis sanitaria y social en primera línea, también en la salida de ella, y hacia el futuro, se les hubiera reconocido un papel protagonista, un rol determinante, definidor, no de mero ejecutor[119]. Un paso en ese camino, aunque más en el plano de las buenas intenciones que en la realidad, lo podemos encontrar en la Declaración de la FEMP, de 20 de abril de 2020, en la que afirmaba que las entidades locales iban a estar presentes en el proceso de desescalada y en la reconstrucción social y económica que debía abordarse en nuestro país tras la crisis provocada por el coronavirus. Para ello, en la reunión entre la FEMP y el presidente del Gobierno, acordaron un encuentro con el jefe del Ejecutivo cada quince días, y otro con el Ministerio de Sanidad y el Ministerio de Transición Ecológica, al objeto de coordinar la participación, junto al resto de las Administraciones, tanto en la desescalada como en la reconstrucción social y económica. Para el presidente de la FEMP, estos encuentros y los acuerdos adoptados sitúan a los Gobiernos locales en "el lugar

---

119. Declaración de la FEMP de 20 de abril de 2020: "Los Gobiernos Locales jugarán un papel central en la desescalada y la reconstrucción social y económica". http://www.femp.es/comunicacion/noticias/los-gobiernos-locales-jugaran-un-papel-central-en-la-desescalada-y-la.

Fundación Democracia y Gobierno Local
Serie: Claves del Gobierno Local, 40
ISBN: 978-84-125912-6-2

en el que queríamos estar, formando parte de la arquitectura del Estado y ser considerados como tales".

Incluso, dando un paso más, podría tomarse en consideración la posición de los municipios no solo en la definición de sus propios intereses, sino también participando en la codecisión, en la formulación de la política autonómica[120] e, incluso, nacional[121].

---

120.   Como ejemplo, el 21 de junio de 2020, aún con el estado de alarma vigente y en pleno proceso de desescalada, el portavoz del Gobierno Vasco y consejero de Gobernanza Pública y Autogobierno preside la reunión constitutiva del "Consejo Vasco de Políticas Públicas Locales", un órgano que dimana de la Ley 2/2016, de 7 de abril, de Instituciones Locales de Euskadi. Este órgano nace como foro de encuentro compartido por los tres niveles institucionales (Gobierno Vasco, diputaciones forales y municipios) para abordar conjuntamente las normas, programas, proyectos, planes o políticas públicas que les afecten. Además, y con el fin de garantizar la presencia de municipios de diferentes tamaños, al menos un tercio de los representantes municipales son electos de municipios con población inferior a 5000 habitantes.

121.   En este sentido, Font i Llovet (2020: 28-30), para el que el papel de los municipios, en el futuro inmediato, irá más allá del municipio clásico: también los servicios a las personas alcanzarán esa dimensión urbana y ciudadana predominante.

Despoblación rural y envejecimiento: políticas públicas y servicios municipales de protección y atención a las personas mayores

Fundación Democracia y Gobierno Local
Serie: Claves del Gobierno Local, 40
ISBN: 978-84-125912-6-2

143

CAPÍTULO 4

La prestación de servicios de calidad a los mayores en el ámbito rural en las estrategias de lucha contra la despoblación: la escasa intervención municipal

1. Estrategia Nacional frente al Reto Demográfico

En la lucha contra la despoblación, el primer hito significativo lo constituye la Ley 15/2007, de 13 de diciembre, para el desarrollo sostenible del medio rural, que, aunque con escasos resultados prácticos en su momento, tiene el valor de que estableció muchas de las bases conceptuales y los instrumentos de actuación administrativa que, posteriormente, se han ido proyectando y desarrollando en las leyes (sobre todo, en las más recientes leyes autonómicas), estrategias y planes estatales y autonómicos que se han aprobado en los últimos años. La Ley 45/2007 fue pionera en la determinación de las escalas de despoblación y las zonificaciones, con una comprensión comarcal de la despoblación, o la apuesta por la técnica de la planificación y las subvenciones, instrumentos y medidas hoy presentes en la legislación autonómica vigente[1].

En la actualidad, las soluciones propuestas desde la Administración pública para frenar la marcha de población de los municipios pequeños se concretan en la estrategia del Gobierno central frente al denominado "reto demográfico", que se compone de las Directrices Generales (2019), el Plan de

---

1. Así, como señalan Navarro *et al.* (2023: 13).

Despoblación rural y envejecimiento: políticas públicas y servicios municipales de protección y atención a las personas mayores

Fundación Democracia y Gobierno Local
Serie: Claves del Gobierno Local, 40
ISBN: 978-84-125912-6-2

145

recuperación: 130 medidas frente al Reto demográfico (2021) y la futura Estrategia Nacional 2030 frente al Reto Demográfico. El 29 de marzo de 2019 el Consejo de Ministros adoptó las Directrices Generales de la Estrategia Nacional frente al Reto Demográfico, que se concibe como un documento orientativo, que establece los objetivos y líneas de actuación, que garanticen la igualdad de oportunidades y el libre ejercicio de los derechos de ciudadanía en todo el territorio, y define un modelo de gobernanza multinivel, con el conjunto de los niveles de gobierno, para alcanzar estos fines a través de la colaboración y cooperación.

Desde el punto de vista organizativo, destaca la creación del Ministerio para la Transición Ecológica y el Reto Demográfico, con rango de Vicepresidencia Tercera en la XV Legislatura, y la consolidación, dentro de este Ministerio, de una estructura como la Secretaría General para el Reto Demográfico. Además, mediante el Real Decreto 399/2020, de 25 de febrero de 2020, se creó la Comisión Delegada del Gobierno para el Reto Demográfico, Esta comisión delegada se mantiene en la XV Legislatura, a través del Real Decreto 1/2024, de 9 de enero. A esta comisión el art. 5.5.a) del Real Decreto le atribuye, entre otras funciones, "el establecimiento de directrices, en el ámbito de competencias de la Administración General del Estado, para el diseño y aplicación de la Estrategia Nacional frente al Reto Demográfico, así como de los planes y actuaciones prioritarias en materia de reto demográfico". Y el art. 5.5.d) de este Real Decreto también le atribuye "la promoción e impulso de actuaciones dirigidas a garantizar la igualdad de oportunidades, [...], así como el papel de las personas jóvenes en las zonas en riesgo de despoblación, el adecuado dimensionamiento de las infraestructuras, equipamientos y servicios necesarios en las zonas afectadas por el despoblamiento territorial y la colaboración público-privada en la fijación de población en el medio rural". Por tanto, no menciona expresamente a los mayores como sujeto destacado de la acción de la Comisión Delegada del Gobierno para el Reto Demográfico. En definitiva, lo que aquí se quiere destacar es que todo ello supone dar visibilidad, en el plano organizativo, a las cuestiones relacionadas con el reto demográfico, y constituye una muestra muy gráfica de su importancia dentro de la agenda política y dentro de las preocupaciones de la sociedad en su conjunto.

Centrándonos en los instrumentos aprobados, el *Plan de Recuperación: 130 medidas frente al Reto Demográfico* se vertebra en diez ejes de acción con la previsión, como su propio título indica, de 130 medidas:

Eje 1. Impulso de la transición ecológica.

Eje 2. Transición digital y plena conectividad territorial.

Despoblación rural y envejecimiento:
políticas públicas y servicios municipales
de protección y atención a las personas mayores

Fundación Democracia y Gobierno Local
Serie: Claves del Gobierno Local, 40
ISBN: 978-84-125912-6-2

Eje 3. Desarrollo e innovación en el territorio.

Eje 4. Impulso del turismo sostenible.

Eje 5. Igualdad de derechos y oportunidades de las mujeres.

Eje 6. Fomento del emprendimiento y de la actividad empresarial.

Eje 7. Refuerzo de los servicios públicos e impulso de la descentralización.

Eje 8. Bienestar social y economía de los cuidados.

Eje 9. Promoción de la cultura.

Eje 10. Reformas normativas e institucionales para abordar el reto demográfico.

Aunque, efectivamente, este plan contiene la formulación de un extenso número de medidas, no aborda en detalle cómo se llevará a cabo la implementación de las mismas, que, en gran medida, inciden sobre competencias autonómicas[2] y con implicaciones, también, para las Administraciones locales, en su fase de implementación. El punto de partida de este plan se centra en el análisis del modelo territorial en España, compartido por una gran parte de Europa, que pone de manifiesto la existencia de dos procesos contrapuestos y simultáneos sobre las migraciones interiores:

"[...] uno de concentración de población y actividades en un número cada vez más reducido de áreas urbanas y otro de declive o estancamiento de la mayor parte de nuestro territorio, especialmente de nuestras áreas rurales y los pequeños municipios, el 50% de los cuales está en riesgo de desaparecer en las próximas décadas. Por ello, la acción pública debe ser capaz de dar respuestas a las dificultades de las áreas rurales, y de las zonas en declive demográfico, para garantizar algo tan esencial como la igualdad de derechos y oportunidades en todo el territorio. Pero, además, puede constituir una gran oportunidad para lograr la sostenibilidad en todas sus dimensiones: ambiental, territorial y humana. Los territorios rurales despoblados considerados como 'territorios-problema' constituyen 'territorios-oportunidad', ello supone que aún estamos a tiempo de recuperarlos si apostamos por sus posibilidades y se actúa políticamente con eficacia"[3].

---

2. Sáez Pérez (2021).

3. Página 8 del Plan https://www.miteco.gob.es/content/dam/miteco/es/reto-demografico/temas/medidas-reto-demografico/plan_recuperacion_130_medidas_tcm30-524369.pdf (consultado el 14 de junio de 2023).

Fundación Democracia y Gobierno Local
Serie: Claves del Gobierno Local, 40
ISBN: 978-84-125912-6-2

La prestación de los servicios públicos básicos a toda la población, sin que la distancia o las debilidades demográficas sean motivo de reducción de su calidad y accesibilidad, se considera un objetivo de equidad irrenunciable y aparece expresamente en el Eje 7 ("Refuerzo de los servicios públicos e impulso de la descentralización"). Aunque este Eje 7 apuesta por avanzar en la descentralización de actividades e infraestructuras públicas en el territorio, contribuyendo a frenar o revertir la tendencia a la concentración en las grandes áreas urbanas, al tiempo, apuesta por recuperar la presencia de la Administración General del Estado en el territorio rural, especialmente en ámbitos como la seguridad o la protección. Las personas que viven en el medio rural deben percibir una presencia cercana de la Administración pública, por lo que el Plan pretende reforzar la prestación de servicios en las áreas rurales. En concreto, el Eje 7 contribuye a alcanzar los siguientes objetivos: mejorar la prestación presencial de servicios básicos en el medio rural a las personas; reforzar la seguridad y mejorar los mecanismos de protección civil, e impulsar la descentralización de servicios e infraestructuras públicas hacia las provincias en declive demográfico.

También hay presencia del refuerzo de los servicios públicos en otros ejes, pero es el Eje 8 ("Bienestar social y economía de los cuidados") el que presta una mayor atención a las personas mayores. Este eje tiene como objetivo general reforzar los servicios públicos de atención al ciudadano en el ámbito rural y avanzar en la igualdad de derechos en todo el territorio, eliminando la brecha de desigualdad entre áreas rurales y urbanas, a partir de una prestación de servicios básicos, como los sanitarios y los asistenciales, próximos y en condiciones de equidad. En el cumplimiento de este objetivo, y en lo que se refiere a las necesidades de las personas mayores, apuesta por unas políticas sociales en estas áreas demográficamente desfavorecidas que procuren una especial atención a las necesidades derivadas del mayor envejecimiento de la población rural, y sus implicaciones en la prestación de los servicios sociosanitarios y asistenciales a las personas mayores. Aunque no se dice expresamente, es previsible que estas medidas incidan en la línea antes señalada de favorecer el envejecimiento en casa de los mayores.

Además, en esta misma línea y ya sí con referencia a estas medidas que favorecen la calidad de vida de los mayores, al tiempo que fomenta el mantenimiento en su propia vivienda, el Plan impulsa acciones dirigidas a la igualdad de trato, inclusión y diversidad, con el objetivo de garantizar una plena igualdad de derechos en las áreas rurales. Así, de forma más concreta, el Eje 8 permite alcanzar objetivos referidos a mejorar la atención sanitaria y asistencial en condiciones de equidad; atender a la población mayor de las áreas rurales, con respuestas adaptadas a las condiciones sociales y geográfi-

Despoblación rural y envejecimiento: políticas públicas y servicios municipales de protección y atención a las personas mayores

Fundación Democracia y Gobierno Local
Serie: Claves del Gobierno Local, 40
ISBN: 978-84-125912-6-2

cas, facilitando la autonomía y la accesibilidad; impulsar la atención a los colectivos sociales más vulnerables en las áreas rurales; y garantizar la igualdad de trato, la inclusión y la diversidad sin brechas en el territorio. Y de forma más concreta, en lo que se refiere a las personas de mayor edad, apuesta por promover un envejecimiento activo y saludable, con perspectiva de curso de vida que aumente la esperanza de vida en buena salud; mejorar la calidad de vida asociada a la cronicidad; desarrollar y mantener la capacidad funcional que permite el bienestar; prevenir la fragilidad y dependencia; y, de forma destacada, la apuesta por mejorar el SAAD, introduciendo reformas que simplifiquen los procedimientos y reduzcan las listas de espera, refuercen la calidad de los servicios profesionales y las condiciones laborales, y aumenten la cobertura de las prestaciones, a través de un Plan de Choque en Dependencia 2021-2023. La intención del Plan es impulsar cambios en el modelo de apoyos y cuidados de larga duración, promoviendo un proceso de desinstitucionalización y un modelo de Atención Centrada en la Persona.

En relación con la cobertura de las necesidades habitacionales de las personas en situación de dependencia (muchas de las cuales son mayores), este eje incluye medidas para asegurar que los centros residenciales a los que tengan que trasladarse a vivir (cuando no puedan seguir en su domicilio) reúnan unas características adecuadas para el cambio de modelo de cuidados de larga duración que se quiere fomentar; impulsar centros de día innovadores e integrados en la comunidad que permitan apoyos y cuidados en la proximidad del domicilio, favoreciendo su desarrollo también en áreas rurales; y, por último, introducir equipamientos domiciliarios que favorezcan la promoción de la autonomía personal mediante el uso de la teleasistencia avanzada, así como de cualquier otro medio tecnológico que permita la prestación de apoyos y cuidados en viviendas conectadas y entornos de cuidados inclusivos, también en el medio rural.

Por último, también se incluyen medidas que pueden afectar especialmente a los mayores, aunque no específicamente nombrados, en el Eje 2 ("Transición digital y plena conectividad territorial"), que concibe la transición digital como un elemento vertebrador de la cohesión social y territorial, esencial para permitir revitalizar las zonas más afectadas por la despoblación, creando las condiciones necesarias tanto para el emprendimiento y la generación de empleo como para garantizar una prestación de servicios en condiciones de equidad, aprovechando la potencialidad de la teleasistencia educativa, sanitaria, social y de entretenimiento. En concreto, en lo que a los mayores se refiere, se afirma que la digitalización contribuye a reducir la brecha geográfica de derechos y oportunidades, revirtiendo los procesos de salida de los grupos de edad clave para el futuro demográfico. En estas

Despoblación rural y envejecimiento:
políticas públicas y servicios municipales
de protección y atención a las personas mayores

Fundación Democracia y Gobierno Local
Serie: Claves del Gobierno Local, 40
ISBN: 978-84-125912-6-2

149

medidas se pone el énfasis "en el caso de mujeres jóvenes" y no se cita específicamente a los mayores, aunque podemos considerarles incluidos en la referencia genérica a los grupos más vulnerables.

Como ya se ha señalado anteriormente, en la estrategia *España 2050*, el Desafío 5 ("Preparar nuestro estado de bienestar para una sociedad más longeva") no cruza las variables de envejecimiento demográfico y despoblación. Sí que lo hace el Desafío 6 ("Promover un desarrollo territorial equilibrado, justo y sostenible"), que señala que el proceso de urbanización ha dado lugar a una distribución muy desigual de la población en el territorio. Hace notar que el envejecimiento demográfico y la falta de empleo y servicios amenazan con vaciar muchos núcleos rurales (casi la mitad de los municipios españoles están en "riesgo de despoblación") y acelerar la pérdida de población en algunas capitales de provincia. Para promover un desarrollo territorial equilibrado, la estrategia *España 2050* apuesta por reforzar el papel vertebrador de las ciudades medias[4]; aumentar la diversificación productiva de los municipios de menor tamaño; y asegurar el acceso a servicios, mejorando las conexiones de transporte y las infraestructuras tecnológicas, entre otras iniciativas.

También en la línea de lo señalado anteriormente, la estrategia *España 2050* identifica la prestación de servicios de calidad y, en especial, la atención a las personas mayores como elementos a tener en cuenta para conseguir un desarrollo territorial más equilibrado, que permita que la población que lo desee pueda permanecer en las ciudades medias[5] y pequeñas, así como en las áreas rurales. Más allá de una carga o una exigencia de prestar servicios a los mayores ubicados en zonas rurales, la estrategia *España 2050* incluye, entre las oportunidades para el desarrollo de la España rural, a la llamada *silver economy*, asociada a las necesidades y los intereses de las personas mayores. Igualmente, resulta fundamental reducir la brecha digital entre zonas rurales y urbanas. Para ello, será necesario ampliar y mejorar las infraestructuras digitales en los núcleos rurales, siguiendo la Estrategia Nacional frente al Reto Demográfico, y desarrollar programas de educación digital[6], especialmente por el impacto que tienen sobre la prestación de

---

4. Cañal-Fernández y Álvarez (2022), que muestran la importancia de las infraestructuras y la presencia de una ciudad de tamaño medio para fijar la población en los municipios más pequeños de su entorno.

5. Sobre el papel de las ciudades medias, ver Rodríguez Domenech (2022). Sin perder de vista que, en la actualidad, se ha descrito que, de manera particular, el decrecimiento de población está afectando a las ciudades de tamaño medio. Así, Vaquero y Losa (2020); Escudero *et al.* (2023).

6. Oficina Nacional de Prospectiva y Estrategia del Gobierno de España (2021: 265-266, 268).

Despoblación rural y envejecimiento:
políticas públicas y servicios municipales
de protección y atención a las personas mayores

Fundación Democracia y Gobierno Local
Serie: Claves del Gobierno Local, 40
ISBN: 978-84-125912-6-2

servicios sociales, sanitarios y educativos. Abordar la reducción de la brecha digital es un mandato constitucional a la luz del art. 9.2 CE, a fin de garantizar un estatuto jurídico equivalente con independencia del territorio, pero, además, puede constituir un objetivo eficaz de política pública para luchar contra la despoblación[7].

Igualmente, se plantea como necesidad aumentar el acceso a servicios, tanto públicos como privados, en los municipios de menor tamaño, en función de criterios de demanda, de cobertura de necesidades básicas y de eficiencia, con especial atención a los territorios en riesgo de despoblación. El principio esencial será asegurar que se provean servicios de calidad, decidiendo el enfoque o la estrategia más adecuada según la situación de cada municipio. Las nuevas tecnologías y la innovación social facilitarán tanto la provisión de servicios como el análisis y la predicción de necesidades prioritarias de cada población. Se apuesta por la integración de los núcleos rurales en los sistemas metropolitanos y por incentivar la creación de agrupaciones de municipios con intereses comunes, mediante una mejora de las comunicaciones, las conexiones de transporte público y otras modalidades de movilidad compartida, de modo que puedan beneficiarse de servicios ya existentes sin que para ello se recurra al uso del vehículo privado[8].

Por último, el Desafío 9 ("Ampliar las bases de nuestro bienestar futuro") también tiene en cuenta los problemas de envejecimiento demográfico de nuestra sociedad y, por ello, apuesta por seguir ampliando la calidad y cobertura de los servicios sanitarios y de cuidados, adaptándolos a nuevas realidades sociales como el aumento de la longevidad, la prevalencia de trastornos mentales o la soledad no deseada, que también afecta especialmente a las personas mayores. El envejecimiento de la población española constituye un desafío para el bienestar futuro. Se toma conciencia de que, si no se llevan a cabo las reformas necesarias, la calidad de nuestra protección social podría experimentar un retroceso notable. Asimismo, aunque se prevé que la esperanza de vida en "buena salud" continúe aumentando durante las próximas décadas, la prevalencia de ciertas enfermedades y, sobre todo, de trastornos mentales comunes, podría convertirse en una fuente de insatisfacción entre nuestra población (tanto para quienes las padecen como para sus familiares). La evolución de ciertos patrones sociales (por ejemplo, hogares más reducidos o mayor movilidad interterritorial) y de la propia distribución de la población sobre el territorio, como el despoblamiento de las

---

7. Sobre brecha digital y lucha contra la despoblación, Sierra Morón (2023: 120, 136), que, con una gráfica expresión, hace referencia a la "procura existencial digital".
8. Oficina Nacional de Prospectiva y Estrategia del Gobierno de España (2021: 268).

Despoblación rural y envejecimiento: políticas públicas y servicios municipales de protección y atención a las personas mayores

Fundación Democracia y Gobierno Local
Serie: Claves del Gobierno Local, 40
ISBN: 978-84-125912-6-2

151

zonas rurales, podría también derivar en una disminución de las interacciones sociales y un posible aumento de la soledad no deseada causada, entre otros motivos, por la lejanía geográfica de las familias.

Y, por último, destaca especialmente que la Estrategia, en su Desafío 9, también considera que el bienestar de la población española podría verse mermado por los cambios que se producirán en la distribución de la población en el territorio de aquí a 2050. Por un lado, la despoblación y la pérdida de dinamismo económico y laboral de muchos municipios rurales podrían afectar negativamente al bienestar de ese 12 % de la población española que residirá en ellos, en particular en el caso de los mayores en pueblos pequeños, quienes tendrán dificultades para acceder a ciertos servicios (bancarios, administrativos, sanitarios o de transporte) y verán cómo se reducen sus interacciones sociales y la capacidad para el desarrollo personal y familiar. Por otro lado, el crecimiento de las ciudades de mayor tamaño y el posible recrudecimiento de retos actuales como el acceso a la vivienda o la segregación social podrían reducir la satisfacción de la población urbana, prolongando y extendiendo a otros lugares una tendencia que ya se aprecia en algunas grandes ciudades.

En parte, algunos de estos problemas se pueden ver disminuidos por la tecnología, que puede ayudar a cerrar parte de la brecha de servicios que hoy existe entre el mundo urbano y el mundo rural, llevando oportunidades laborales, formativas, médicas y de ocio incluso a los pueblos más pequeños. Esto podría traducirse en una mejora significativa de las oportunidades y de la calidad de vida y, con ello, de la satisfacción vital, en el mundo rural. Al mismo tiempo, las reformas propuestas podrían derivar en ciudades más habitables, solidarias y cohesionadas, lo que daría pie a un mayor bienestar, especialmente entre la población mayor y los hogares más vulnerables.

2. La variable autonómica: los planes autonómicos de lucha contra la despoblación

2.1. Rasgos generales y vinculatoriedad

Como ya se ha señalado, la implantación de la Estrategia Nacional tiene implicaciones sobre los distintos niveles de Administración (comunidades autónomas, diputaciones provinciales y municipios), en un entramado de gobernanza multinivel. En la evolución de la población inciden factores asociados a las comunidades autónomas donde se localiza: además de las diferencias respecto de la tipología de municipios y los procesos de despoblación que afrontan, existen también notables diferencias regionales en

Despoblación rural y envejecimiento: políticas públicas y servicios municipales de protección y atención a las personas mayores

Fundación Democracia y Gobierno Local
Serie: Claves del Gobierno Local, 40
ISBN: 978-84-125912-6-2

cuanto a los planes y estrategias adoptados. Especial interés reviste el análisis de los planes contra la despoblación recientemente aprobados por algunas comunidades autónomas, mientras que en otras dichas estrategias están aún en fase de discusión o aprobación. Aunque en algunos casos las medidas en materia de despoblación se vienen adoptando desde hace veinte años, en la mayor parte de las comunidades autónomas los programas y la normativa en materia de despoblación se encuentran aún en fase de estudio o de tramitación parlamentaria[9]. Veamos, en concreto, las previsiones en relación con los servicios públicos: si se prevén medidas al respecto y cómo se articula la vinculatoriedad para las Administraciones locales.

Antes de entrar en el análisis de estos planes autonómicos, debe hacerse notar que el procedimiento formal de la planificación y su resultado, el plan, no son imperativos constitucionales. Es cierto que de la Constitución sí que puede deducirse una prohibición constitucional de actuación estatal meramente reactiva en el ámbito de las actuaciones que se comprenden en el Estado social (arts. 1.1 y 9.2 CE) y en los principios rectores de la política social y económica (capítulo tercero del título primero CE), que es el ámbito en el que aquí nos movemos. Puede afirmarse que los poderes públicos están constitucionalmente obligados a actuar en estos ámbitos con políticas previsoras, que diagnostiquen y anticipen problemas, que fijen objetivos de desarrollo y transformación social y valoren alternativas para conseguirlos. Pero con esa obligación puede cumplirse articulando la actuación estatal de formas diversas y no necesariamente a través de la planificación. Aunque de la Constitución no puedan derivarse obligaciones implícitas para el Estado de aprobar concretos planes, es patente que la estructura de la planificación optimiza múltiples contenidos de esos principios estructurales, muy especialmente de los principios del Estado social y del Estado de derecho[10]. Y, por eso o porque lo impone la ley o por decisión del Gobierno o la Administración correspondiente, en la práctica, en muchos casos, se formulan planes para abordar este tipo de acciones: prestar protección social a los mayores, la mejora de los servicios públicos o la lucha contra la despoblación rural.

También conviene dejar sentado que la aprobación de un plan específico de lucha contra la despoblación no garantiza la implementación de medidas concretas, como tampoco la ausencia de un plan o una normativa específi-

---

9.   Egea de Haro (2022: 243-244) incluye un cuadro-resumen con las iniciativas aprobadas y las que están en tramitación, y en qué momento se encuentran. El desarrollo de estas actuaciones autonómicas, también en González Bustos (2023: 46-54).

10.   Rodríguez de Santiago (2023: 47-48).

Despoblación rural y envejecimiento: políticas públicas y servicios municipales de protección y atención a las personas mayores

Fundación Democracia y Gobierno Local
Serie: Claves del Gobierno Local, 40
ISBN: 978-84-125912-6-2

153

ca sobre despoblación supone que el Gobierno autonómico correspondiente sea insensible a este fenómeno. En general, las primeras medidas que se han tomado contra la despoblación y los retos demográficos no suelen plasmarse en planes o leyes específicos contra la despoblación, sino que se recogen en la normativa en materia de ordenación territorial autonómica y otras normas sectoriales o planes sectoriales en materias conexas, como vivienda o empleo[11], o, como en el caso de la Xunta de Galicia, con la aprobación de la Ley 5/2021, de 2 de febrero, de impulso demográfico de Galicia (además de contar, con anterioridad, con diversos planes sectoriales, sobre todo demográficos, con impacto directo o indirecto sobre la población rural, con horizonte 2020).

Estos planes, estrategias, agendas o directrices autonómicos de lucha contra la despoblación, con un procedimiento de aprobación muy flexible, se pueden caracterizar como planes de gobierno o dirección política dotados de eficacia predominantemente indicativa: tienen un carácter materialmente coordinador de un gran volumen de actividades administrativas (educación, sanidad, servicios sociales, trasportes, carreteras, sector agrícola, ganadero y forestal, infancia, mujer, familia, cultura, abastecimiento de agua, sostenibilidad, accesibilidad y uso de nuevas tecnologías...), que afectan a todos o la mayoría de los departamentos de la Administración autonómica. Estos instrumentos establecen prioridades políticas y prevén su desarrollo futuro a través de otros planes o instrumentos más concretos e, incluso, a través de la aprobación de normativa. Su caracterización como planes de gobierno, con una función directiva, supone que, principalmente, suministran y elaboran información: a partir de la realización de un diagnóstico de situación y la fijación de unos determinados objetivos, se ofrecen medidas para su consecución[12]. Ofrecen un "banco de medidas", de opciones, para lograr los objetivos fijados, que podrán ser desarrolladas (en principio, de forma voluntaria) por los sujetos públicos y privados implicados dentro del ámbito cubierto por el plan en cuestión. Además, ofrecen unos indicadores de control, que permiten una evaluación periódica del cumplimiento de los objetivos del plan. El cumplimiento de estos indicadores da cuenta de la consecución de dichos objetivos y podrá ser utilizado por la Administración correspondiente para, en su caso, corregir y mejorar su actuación en este ámbito, y podrán utilizarse para el control de la actividad del Gobierno por parte de la ciudadanía. Pero es que, además, algunos de estos planes, fundamentalmente los de nivel superior, pueden tener también una eficacia

---

11. Egea de Haro (2022: 244).

12. Para Rodríguez de Santiago (2023: 23) este tipo de planes proporcionan un diagnóstico de la realidad que responde a una valoración del estado de las cosas menos rigurosamente elaborada y formulada; y la ponderación entre mandatos de optimización se realiza de forma implícita y está muy determinada por prioridades de carácter político.

154

Despoblación rural y envejecimiento: políticas públicas y servicios municipales de protección y atención a las personas mayores

Fundación Democracia y Gobierno Local
Serie: Claves del Gobierno Local, 40
ISBN: 978-84-125912-6-2

o vinculación indirecta, en la medida en que, a través de convocatorias de subvenciones para la realización de proyectos encaminados a cumplir o materializar las medidas o los objetivos previstos en los planes, estos alcanzan una eficacia no derivada de la propia fuerza del plan[13]. Así, planes que, en principio, son meramente directivos, indirectamente vinculan en la medida en que, si se quieren obtener dichas ayudas, las actuaciones de las Administraciones, típicamente las de nivel territorial inferior, se deben ajustar a las directrices o los indicadores fijados en el plan correspondiente[14].

Otro rasgo caracterizador de la planificación sobre despoblación es que estamos en presencia de un modelo de planificación escalonada. Como ya se ha señalado, los planes autonómicos contra la despoblación se desarrollan en el marco o con posterioridad a la aprobación de un plan nacional: las directrices generales de la Estrategia Nacional frente al Reto Demográfico, aprobada por Acuerdo del Consejo de Ministros, de 29 de marzo de 2019, que tiene un carácter puramente indicativo y cumple su función directiva mediante la recopilación y el suministro de información. Esto permite ubicar el contenido del plan nacional bajo la cobertura de las competencias estatales de coordinación en materia de ordenación general de la economía (art. 149.1.13 CE), de investigación científica (art. 149.1.15 CE) y de sanidad (art. 149.1.16 CE). También se podría entender que los datos que recopila y elabora el plan son información útil en materia demográfica que permite o facilita a las comunidades autónomas ejercer sus competencias, y, en esa medida, sería una manifestación del principio de colaboración conforme a lo establecido en el art. 141.1.c) LRJSP[15].

Estos planes autonómicos concretan la facultad autonómica de coordinar la actividad de las Administraciones locales ubicadas en su territorio a través del plan, con la posibilidad de imponerles medidas vinculantes, conforme a lo previsto en el art. 59 LBRL, cuando la coherencia de la actuación de las diferentes Administraciones con competencias concurrentes o complementarias (art. 10.2 LBRL) no pueda conseguirse a través de mecanismos de colaboración voluntaria interadministrativa. Para coordinar estas actuaciones se prevé un plan, no una norma (objetivos y medidas, participación, respeto a la autonomía local y fijación de objetivos por el plan), que es un instrumento idóneo para identificar los intereses a los que debe atenderse para fijar los objetivos y prioridades que se declaran

---

13. Esta caracterización y análisis sistemático en el detallado estudio de Rodríguez de Santiago (2022: 24-38, 46).
14. Rodríguez de Santiago (2022: 28, 47).
15. Rodríguez de Santiago (2022: 28).

Despoblación rural y envejecimiento: políticas públicas y servicios municipales de protección y atención a las personas mayores

Fundación Democracia y Gobierno Local
Serie: Claves del Gobierno Local, 40
ISBN: 978-84-125912-6-2

155

vinculantes para provincias y municipios (art. 59.1, párrafo 2, LBRL). En el procedimiento de elaboración del plan se puede articular la participación de las entidades locales, para hacer presentes sus intereses (art. 59.1, párr. 2, LBRL), justificando el plan que la coordinación es el único recurso que queda para garantizar la coherencia en la actuación pública a pesar del perjuicio que esto causa en el ámbito decisorio propio de las entidades locales, garantizado por la autonomía local (art. 59.1, párr. 1, LBRL). Precisamente para asegurar este espacio propio local, la misma ley reguladora de la planificación será la que precise, "con el suficiente grado de detalle, las condiciones y los límites de la coordinación, así como las modalidades de control que se reserven las Cortes Generales o las correspondientes Asambleas Legislativas".

A pesar de estas previsiones contenidas en el art. 59 LBRL en relación con la participación de las entidades locales en su elaboración, desde una perspectiva institucional y de gobernanza, la definición de estos planes ha seguido un enfoque *top-down*, con una participación limitada de los Gobiernos locales en las fases iniciales. La participación del nivel local suele producirse o, al menos, preverse en una fase posterior, en el momento de ejecución de los planes y usualmente a través de la creación de grupos de trabajo (en algunos casos, configurados como órganos consultivos) para el seguimiento de las acciones concretas previstas, con una composición que integre representantes también de los Gobiernos locales. También se promueve la firma de convenios de colaboración entre los municipios destinatarios de los planes y el Gobierno regional, para adaptar los objetivos de los planes regionales a las necesidades concretas y preferencias de los municipios[16].

Sin embargo, no todos los planes autonómicos han optado por utilizar esta posibilidad. Así, la Estrategia Regional frente a la Despoblación de Castilla-La Mancha (prevista en la Ley 2/2021, de 7 de mayo, de Medidas Económicas, Sociales y Tributarias frente a la Despoblación y para el Desarrollo del Medio Rural en Castilla-La Mancha), aunque es formalmente vinculante para el Ejecutivo autonómico, para el resto de las Administraciones públicas, en concreto para las Administraciones locales, la Ley opta por no recurrir a la facultad autonómica de coordinar su actividad a través de un plan conforme a lo dispuesto en el art. 59 LBRL, sino establecer que el cumplimiento de los objetivos fijados por dicha Estrategia Regional y de las medidas adoptadas por ella se realizará "de acuerdo con los mecanismos de cooperación y colaboración que se establezcan" (art. 18.4 Ley 2/2021 de Castilla-La Mancha).

---

16. Egea de Haro (2022: 245).

Despoblacion rural y envejecimiento: políticas públicas y servicios municipales de protección y atención a las personas mayores

Fundación Democracia y Gobierno Local
Serie: Claves del Gobierno Local, 40
ISBN: 978-84-125912-6-2

Con todo, este no es el único mecanismo de coordinación (o de imposición de la vinculatoriedad del plan) posible. También cabe que dicha coordinación se lleve a cabo a través de la evaluación o de la financiación. En cuanto a los mecanismos de evaluación, hay que fijarse en si los planes autonómicos los establecen con carácter vinculante para los municipios o si son predominantemente indicativos, lo que es un indicio de la caracterización de estos planes como directivos. Así, en el caso de Castilla-La Mancha, las revisiones del plan se realizan cada cuatro años y tienen como finalidad "analizar su evolución y abordar los ajustes necesarios para lograr el cumplimiento de sus objetivos", y los informes de seguimiento se envían a las Cortes Regionales para su análisis, lo que permite el control político del Gobierno autonómico en relación con el cumplimiento de los objetivos del plan (art. 18.5 de la Ley 2/2021 de Castilla-La Mancha), pero este control político no se extendería a los Gobiernos locales, a los que no se hace referencia. Junto a lo anterior, la Estrategia Regional castellanomanchega establece un sistema de seguimiento y evaluación del plan, con identificación de unos indicadores que se utilizarán para ello, así como de los órganos que se encargarán de dicho seguimiento y evaluación. De igual forma, identifica las fuentes de financiación de las medidas adoptadas.

En sentido similar, Extremadura ha optado por aprobar una ley, la Ley 3/2022, de 17 de marzo, de medidas ante el reto demográfico y territorial de Extremadura. Y también en el caso extremeño, la coordinación y el impulso de la política demográfica se atribuyen de manera centralizada al Gobierno autonómico (art. 1.2): al Consejo de Gobierno corresponde "la superior coordinación e impulso de la política demográfica y territorial" (art. 3). Pero, junto a la coordinación, afirma el fomento de la colaboración y la cooperación entre las distintas Administraciones públicas y, más en concreto, las entidades locales (arts. 1.2, 7, 2.2 y 9). En definitiva, aunque partiendo de una fuerte afirmación de las competencias autonómicas de coordinación en este ámbito, al menos sobre el papel, parece que el modelo extremeño fomenta especialmente la utilización de mecanismos de cooperación o colaboración con las entidades locales de su territorio.

Por su parte, a diferencia de los casos anteriores, la Agenda para la Despoblación de Castilla y León 2010-2020, aprobada por Acuerdo 44/2010, de 14 de mayo, de la Junta de Castilla y León (y con una nueva versión aprobada por Acuerdo 44/2017, de 31 de agosto), no está prevista en ninguna ley previa, aunque tienen en común, y aquí, quizá, más claramente, que también se configura como un plan de gobierno o dirección política, marcándose como objetivo que debe ocupar un papel relevante en la agenda política "mejorar la evolución demográfica", tratándose de un plan del que derivarán "di-

Despoblación rural y envejecimiento: políticas públicas y servicios municipales de protección y atención a las personas mayores

Fundación Democracia y Gobierno Local
Serie: Claves del Gobierno Local, 40
ISBN: 978-84-125912-6-2

157

versos proyectos legales, planes, acuerdos sociales y actuaciones concretas". Cabe destacar también que se afirma la complementariedad del enfoque adoptado en la Agenda con la previsión estatutaria de un Plan Plurianual de Convergencia Interior destinado a eliminar progresivamente los desequilibrios económicos y demográficos entre las provincias y los territorios de la Comunidad[17].

Con todo, en relación con la prestación de servicios públicos, aunque fuera de la planificación contra la despoblación, resulta fundamental que Castilla y León apostó por un nuevo modelo de ordenación y gobierno del territorio mediante la aprobación de la Ley 7/2013, de 27 de septiembre, de Ordenación, Servicios y Gobierno del Territorio de la Comunidad de Castilla y León (LORSERGO), que tiene por objeto delimitar los espacios funcionales para efectuar la ordenación territorial; planificar y programar en el territorio los servicios prestados por la Administración de la Comunidad, y potenciar fórmulas de gobierno y administración local más eficientes, especialmente las de carácter asociativo voluntario, así como fomentar la solidaridad de la comunidad municipal (art. 1 LORSERGO). Y, entre sus fines (art. 2 LORSERGO), destaca, en lo que aquí interesa, el de impulsar la cercanía a los ciudadanos en la gestión y prestación de los servicios y garantizar el acceso, en condiciones de igualdad de todos los ciudadanos de Castilla y León, a los servicios públicos prestados por la Administración autonómica, especialmente aquellos que hacen efectivos sus derechos sociales. En este sentido, establece que la Administración de la Comunidad de Castilla y León atenderá a la realidad territorial, especialmente la rural, en la prestación de sus servicios y en la gestión de sus diferentes políticas públicas, garantizando la igualdad de los ciudadanos castellanoleoneses en el acceso a la prestación de los servicios. A tal fin, constituirán un principio rector de sus políticas la modernización y el desarrollo integral de las zonas rurales, dotándolas de infraestructuras y servicios públicos suficientes (art. 13 LORSERGO). Particularmente, en materia de administración electrónica, la Junta de Castilla y León impulsará el acceso de toda la ciudadanía en condiciones de igualdad a las redes de comunicaciones en todas las entidades locales de la Comunidad Autónoma, particularmente en las áreas rurales (art. 24 LORSERGO).

Tampoco cuenta con la cobertura de una ley la Estrategia Regional de la Comunidad Autónoma de Cantabria frente al reto demográfico y lucha contra la despoblación 2021-2027 (aprobada por Acuerdo del Consejo de Gobierno de Cantabria de 13 de mayo de 2021). En cuanto a su naturaleza, la

---

17. Acuerdo 44/2010, de 14 de mayo, de la Junta de Castilla y León, por el que se aprueba la Agenda para la Población de Castilla y León 2010-2020.

Despoblación rural y envejecimiento: políticas públicas y servicios municipales de protección y atención a las personas mayores

Fundación Democracia y Gobierno Local
Serie: Claves del Gobierno Local, 40
ISBN: 978-84-125912-6-2

propia estrategia se configura como un "documento planificador de todas las acciones que se adopten en materia de lucha contra el despoblamiento", y, para valorar su ejecución y el grado de cumplimiento, se prevé llevar a cabo una labor de seguimiento y evaluación desde la Dirección General de Administración Local (p. 83): se fijan los indicadores que se utilizarán en el cumplimento de esta tarea (p. 84) y se identifica el órgano al que se encomienda esa labor de seguimiento y evaluación (el Consejo Asesor para la lucha contra el despoblamiento de Cantabria, p. 85). Al igual que sucede con los otros planes autonómicos, el plan fija objetivos y se remite a la aprobación futura de las medidas en las que se concreta.

Algo distinto, al menos en su configuración formal, es el caso del Plan contra la Despoblación de Aragón, aprobado formalmente como un plan de ordenación del territorio, a través de la figura de las "directrices territoriales" del art. 21.1 del Texto Refundido de la Ley de Ordenación del Territorio de Aragón de 2015 (TRLOTA) para articular la estrategia en materia de equilibrio demográfico y prevención de la despoblación: Acuerdo 165/2017, de 31 de octubre, del Gobierno de Aragón por el que se aprueba la Directriz Especial de Ordenación Territorial de Política Demográfica y contra la Despoblación. En cuanto a su carácter vinculante, el art. 26 TRLOTA no resulta muy claro cuando establece que las "formulaciones de carácter estratégico [...] tienen el valor de criterios determinantes del ejercicio de las potestades de todas las Administraciones públicas" (apdo. 1), con ciertas salvedades: cuando los órganos de la propia Administración autonómica o las entidades locales pretendan llevar a cabo actuaciones concretas que se desvíen de los criterios fijados por las estrategias, deberán "plantear la cuestión ante el Gobierno de Aragón, que resolverá de forma motivada, valorando su conveniencia para los intereses públicos" (art. 26.1 TRLOTA). Y por otro lado, en relación con las disposiciones normativas, establece que "tienen carácter obligatorio para sus destinatarios" (apdo. 2, art. 26 TRLOTA).

En realidad, estas previsiones de vinculatoriedad no se ajustan a cómo esta se concreta en el plan aprobado, que, como sucede con los otros planes autonómicos contra la despoblación, no contiene ninguna "norma" vinculante, sino que constituye un plan de gobierno o dirección política de carácter indicativo: el plan prevé que se aprueben en el futuro algunas modificaciones legislativas por parte de las Cortes o del Gobierno autonómico, estructurándose en objetivos generales, ejes de desarrollo, objetivos concretos, estrategias y medidas[18]. El preámbulo de la propia directriz advierte que "los epígrafes de carácter normativo son escasos". Predomina la identifica-

---

18. Este análisis, con más detalle, en Rodríguez de Santiago (2022: 44-45).

Despoblación rural y envejecimiento, políticas públicas y servicios municipales de protección y atención a las personas mayores

Fundación Democracia y Gobierno Local
Serie: Claves del Gobierno Local, 40
ISBN: 978-84-125912-6-2

159

ción de estrategias que orientan la actuación de los poderes públicos en relación con un amplio ámbito material. En un esfuerzo por fijar el alcance de esos grandes ejes de actuación, en la directriz se incluyen también medidas que concretan el alcance de las estrategias.

2.2. El contenido de los planes autonómicos de lucha contra la despoblación en relación con los servicios públicos. En especial, la protección de los mayores

La otra dimensión para tener en cuenta a la hora de analizar los planes autonómicos es la referida al contenido material o sustantivo de dichos planes. En este sentido, un rasgo característico de estos planes autonómicos es que se ocupan de un amplio elenco de ámbitos o áreas de actuación que tienen incidencia en la actividad de las entidades locales y de la vida local. Y, en coherencia con las prioridades que de forma genérica se han establecido como esenciales en la lucha contra la despoblación, se ocupan mayoritaria e intensamente de los servicios públicos y de la mejora de las infraestructuras locales. Aquí se va a poner el foco en el contenido material de estos planes (en concreto, si prestan atención a los servicios sociales y, en especial, a medidas de protección y asistencia a las personas mayores o de envejecimiento activo, ligado todo ello a las medidas de lucha contra la despoblación), así como si se ocupan de la gobernanza multinivel y si reservan un papel a las entidades locales en el desarrollo de estas políticas públicas.

a) Aragón

El Consejo de Gobierno de Aragón, por decreto de 31 de octubre de 2017, aprobó la Directriz Especial de Política Demográfica y contra la Despoblación, que se divide en 15 ejes temáticos (tanto poblacionales como demográficos) y contiene 70 objetivos, que establecen las prioridades de acción y orientan la Directriz, y 122 estrategias, que son el conjunto de acciones genéricas que se diseñan para conseguir esos objetivos. Pero la Directriz no solo contiene objetivos y estrategias que deban desarrollarse posteriormente mediante un programa de gestión territorial, sino que ya establece medidas concretas, directamente ejecutables. En concreto, establece hasta 184 medidas, que son propuestas concretas, destinadas a conseguir los objetivos y estrategias previstos. Y por último, además de esos objetivos, estrategias y medidas, se establecen cuatro normas, que son reglas de aplicación directa.

En realidad, este plan es algo distinto, al menos en su configuración formal, al resto de planes autonómicos contra la despoblación, porque es

Despoblación rural y envejecimiento: políticas públicas y servicios municipales de protección y atención a las personas mayores

Fundación Democracia y Gobierno Local
Serie: Claves del Gobierno Local. 40
ISBN: 978-84-125912-6-2

aprobado formalmente como un plan de ordenación del territorio, a través de la figura de las "directrices territoriales" del art. 21.1 del Texto Refundido de la Ley de Ordenación del Territorio de Aragón de 2015 (TRLOTA), para articular la estrategia en materia de equilibrio demográfico y prevención de la despoblación.

En cuanto al contenido material, esta directriz contra la despoblación de Aragón comprende, como ámbitos de actuación, el mercado laboral, la vivienda, la sanidad, la educación, los servicios sociales, la movilidad, las nuevas tecnologías, el envejecimiento, las mujeres, los jóvenes, la inmigración, etc. Por tanto, expresamente comprende medidas tanto en relación con la prestación de servicios públicos como en relación con los mayores.

En el plano organizativo, para poder ejecutar las previsiones de la Directriz, y también con el carácter de norma, se establece la creación de dos órganos: el Observatorio de Dinamización Demográfica y Poblacional, encargado de establecer las prioridades y hacer el seguimiento, y del forman parte todas las Administraciones y organismos que están trabajando en esta dirección; y una ponencia específica sobre demografía y poblamiento en el seno del Consejo de Ordenación del Territorio de Aragón, para desarrollar propuestas concretas.

b) Cantabria

Entre los últimos planes aprobados se puede citar el Acuerdo de Consejo de Gobierno, de 13 de mayo de 2021, por el que se acuerda aprobar la Estrategia Regional de la Comunidad Autónoma de Cantabria frente al reto demográfico y lucha contra la despoblación 2021-2027. Entre los principios generales de actuación que se han tener en cuenta a la hora de abordar el diseño y la implementación de medidas de lucha contra la despoblación en Cantabria se incluyen, en lo que aquí interesa, el principio de igualdad y atención a la diversidad (con especial incidencia en las diferencias por edad) y el principio de protección integral de las personas mayores. Se apuesta por el empoderamiento de este colectivo y su participación activa en todas las esferas de la vida social; favorecer políticas de promoción de la relación y de la solidaridad intergeneracional y solidaridad social; establecer medidas y acciones destinadas al reconocimiento social de la vejez que erradiquen la mirada paternalista hacia las personas mayores y permitan tener presente la experiencia diferenciada de mujeres y hombres en su diversidad; y, finalmente, rompiendo los estereotipos de género que afectan específicamente a las personas mayores. De forma más concreta, se incluyen medidas que promocionan y

Despoblación rural y envejecimiento:
políticas públicas y servicios municipales
de protección y atención a las personas mayores

Fundación Democracia y Gobierno Local
Serie: Claves del Gobierno Local, 40
ISBN: 978-84-125912-6-2

161

difunden el envejecimiento activo y saludable, medidas de ayuda de conciliación familiar para el cuidado de las personas mayores, ampliación de la oferta de actividades para el tiempo libre para el colectivo de mayores, participación de los mayores en actividades de los centros educativos y formativos, sesiones de contacto con distintos grupos de edad, ciclos de conferencias divulgativas, campañas informativas, creación de premios que destaquen las mejores iniciativas de la sociedad para incorporar la perspectiva de las personas mayores en sus ámbitos de actuación, programas de alfabetización (también digital) y de obtención de títulos para mayores, protocolo de detección precoz del abuso y maltrato de perso nas mayores, formación en educación para la salud de profesionales especializados en prevención terciaria y que trabajen con personas mayores, medidas de atención y cuidado a las personas mayores que viven en el medio rural, etc.

También se incluye, como principio general que debe ser incorporado a todas las acciones del Gobierno de Cantabria, el principio de transversalidad en el ejercicio de políticas públicas, incluyendo el reto demográfico y la perspectiva de la despoblación en el diseño y la aplicación de todas sus políticas.

Adicionalmente, se establece como objetivo general de la Estrategia "lograr la igualdad de oportunidades y el libre ejercicio de los derechos de ciudadanía en todo el territorio". Y entre los objetivos específicos (objetivos transversales, les llama), en lo que aquí interesa, se incluye, como objetivo transversal número 3, el aseguramiento de "una apropiada prestación de servicios básicos a toda la población en condiciones de equidad, adaptada a las características de cada territorio". Entendido también como un servicio, en los términos que aquí se defienden, se incluye como objetivo transversal número 1 la garantía de "una plena conectividad territorial, con una adecuada cobertura de banda ancha y de telefonía móvil en todo el territorio, de acuerdo con la estrategia digital de la Unión Europea". Vinculado con la gestión municipal, el objetivo transversal número 4 apuesta por "avanzar en la simplificación normativa y administrativa". Y, por último, también se incluye entre estos objetivos transversales (objetivo transversal número 6) "mejorar los mecanismos para una mayor colaboración público-privada, potenciando la incorporación de los factores demográficos en la responsabilidad social del sector privado, para convertir todos los territorios [...] en escenarios de oportunidades", lo que puede tener incidencia en los servicios públicos, en relación con sus formas de gestión o prestación. Para la consecución de estos objetivos, la Estrategia ha diseñado unos ejes estratégicos, varios de los cuales tienen incidencia o se refieren a determinados servicios públicos, de carácter social, fundamentalmente: empoderamiento del envejecimiento,

Despoblación rural y envejecimiento:
políticas públicas y servicios municipales
de protección y atención a las personas mayores

Fundación Democracia y Gobierno Local
Serie: Claves del Gobierno Local, 40
ISBN: 978-84-125912-6-2

apoyo a personas mayores y familias, cohesión social, etc. Pero entre ellos, en lo que aquí interesa, tiene una especial importancia el tercero (Eje estratégico de garantía de servicios públicos de calidad), que pretende garantizar la prestación de servicios básicos a la población de las zonas rurales, para asegurar una igualdad de oportunidades efectiva y su desarrollo económico y social. Este tercer eje, a su vez, se concreta en acciones o medidas concretas: favorecer el acceso al capital y lucha contra la exclusión bancaria y financiera (incluyendo medidas para asegurar la presencia de cajeros automáticos, incluso en instalaciones municipales, lo que, aunque no se dice, afecta especialmente a las personas mayores), reforzamiento del servicio educativo y de salud pública en el medio rural, servicios sociales, servicios de transporte, servicios de seguridad pública, infraestructuras básicas, vivienda, conectividad digital y telecomunicaciones, energías renovables, cultura y ocio responsable[19].

A pesar de que la Estrategia considera fundamental el papel de la gobernanza multinivel y la coordinación de las políticas entre los distintos niveles de gobierno, y de que afirma que "es preciso impulsar la participación efectiva de las comunidades locales y agentes sociales y económicos más representativos del medio rural más despoblado en la definición de las políticas y servicios destinados a la lucha contra la despoblación", con carácter general, la Estrategia establece solo una representación de los intereses locales, dentro de los mecanismos de gobernanza multinivel, en un Consejo Asesor para la Lucha contra la Despoblación de los Municipios de Cantabria, creado en 2019 (Decreto 216/2019, de 21 de noviembre), con tres representantes de la Federación de Municipios de Cantabria y un representante de cada uno de los grupos de acción local de Cantabria. Además, en alguna medida concreta, se prevé algún mecanismo de colaboración con la Administración local[20], si bien la regla general es que no se incluye referencia específica al papel que la Administración local puede jugar. Así, dentro del Eje 3, en la acción relativa a favorecer el acceso al capital y lucha contra la exclusión bancaria y financiera, se prevé la firma de un convenio de colaboración entre el Gobierno de Cantabria y los ayuntamientos que necesiten la instalación de un cajero automático. En el ámbito de la seguridad pública, de forma muy genérica, se hace referencia a fomentar el asociacionismo municipal para la creación de servicios de policía local. En términos parecidos, en relación con las medidas en materia de vivienda, se apuesta por promocionar la aprobación de planes municipales o comarcales de regeneración urbanística.

---

19. Ya hemos señalado la importancia de la cuestión energética anteriormente, con remisión a López de Castro García-Morato (2022).
20. Sobre esta cuestión, Chinchilla Peinado (2020a).

Despoblación rural y envejecimiento: políticas públicas y servicios municipales de protección y atención a las personas mayores

Fundación Democracia y Gobierno Local
Serie: Claves del Gobierno Local, 40
ISBN: 978-84-125912-6-2

163

c) Castilla-La Mancha

El caso de Castilla-La Mancha es muy relevante, porque ha aprobado una ley específica de lucha contra la despoblación: la Ley 2/2021, de 7 de mayo, de Medidas Económicas, Sociales y Tributarias frente a la Despoblación y para el Desarrollo del Medio Rural en Castilla-La Mancha, que tiene un carácter multisectorial y transversal en las actuaciones, con la finalidad primordial de procurar servicios básicos adaptados a las necesidades de su población, posibilitando la igualdad de oportunidades efectiva para sus habitantes, y la cohesión social y territorial del medio rural. Esta ley constituye el nivel más completo e intenso de regulación en materia de lucha contra la despoblación abordada en España, llegando incluso a la configuración de derechos subjetivos como forma de protección de los ciudadanos afectados por el despoblamiento, y lo hace situando como primer objetivo que se marca la mejora de la calidad de vida de la población rural, garantizando la igualdad de oportunidades y la accesibilidad, entre otros criterios.

Como ya hizo la Ley estatal 45/2007, la Ley 2/2021 de Castilla-La Mancha establece una zonificación de la despoblación empleando criterios demográficos, de usos del suelo, de creación de empleo y de accesibilidad. Esta zonificación se ha concretado por el Decreto 108/2021, de 19 de octubre, del Gobierno castellanomanchego. La Ley 2/2021 establece cuatro principios de actuación, en función de los ámbitos sobre los que incide: sobre los servicios públicos, garantizando el acceso al transporte, servicios sociales y servicios sanitarios y educativos; sobre el ámbito económico, a partir de iniciativas que fomentan la modernización, la diversidad económica y el impulso de la actividad empresarial; sobre el ámbito social, mediante políticas que fomentan la conciliación familiar, el acceso a la vivienda, la promoción de la cultura y la necesaria sensibilización sobre los problemas demográficos; y sobre el ámbito territorial, primando la cooperación entre actores locales, el fomento de las energías renovables y la garantía de accesibilidad por carretera a zonas poco pobladas.

De forma más concreta, el Capítulo II lleva por título "Garantía del acceso a los servicios públicos en el medio rural". Y, dentro de este capítulo, la sección 4.ª (arts. 41 a 45) se dedica al "Acceso público al Sistema de Servicios Sociales y Atención a la Dependencia y Servicios en Materia de Igualdad". El art. 41.c) incluye el impulso del servicio de ayuda a domicilio y la teleasistencia, incrementando la oferta de servicios existentes y propiciando la permanencia de las personas mayores en el domicilio. También establece que, en colaboración con las entidades locales, se prestarán de forma flexible y personalizada otros servicios de proximidad complementarios, de acompa-

Despoblación rural y envejecimiento: políticas públicas y servicios municipales de protección y atención a las personas mayores

Fundación Democracia y Gobierno Local Serie: Claves del Gobierno Local, 40 ISBN: 978-84-125912-6-2

ñamiento, comidas, lavandería a domicilio, así como la participación en las actividades sociales que se realicen en la comunidad. Y, en relación con la prestación, establece la participación de las entidades locales en la red pública de servicios sociales de atención primaria, así como la colaboración de las entidades sociales del tercer sector (art. 41.b).

La Ley también apuesta, en el art. 42, por la promoción de la autonomía personal y la atención a las personas en situación de dependencia, promoviendo el acceso a los servicios y prestaciones del SAAD. De forma más concreta, prevé el desarrollo de determinadas actuaciones, como las siguientes:

"a) La creación de servicios que faciliten la atención en el domicilio y en el entorno social más próximo, estableciendo en su caso servicios itinerantes que faciliten el acceso a los mismos a las personas en situación de dependencia.
b) El impulso de los servicios de teleasistencia y atención domiciliaria, así como la asistencia personal para las personas en situación de dependencia que no dispongan del suficiente apoyo familiar.
c) Facilitar el acceso a los servicios que ofrezcan los centros residenciales ubicados en el municipio o en municipios próximos para personas en situación de dependencia que no sean residentes, con criterios de acción positiva para las que residen en las zonas escasamente pobladas o en riesgo de despoblación, así como los servicios de terapia ocupacional, fisioterapia, centro de día, comidas, lavandería, entre otros.
d) Promover acciones coordinadas entre el Sistema de Servicios Sociales y de Atención a la Dependencia con el Sistema de Salud, en atención primaria y hospitalaria, así como la continuidad de cuidados en el municipio de residencia".

Y más concretamente, en relación con las personas mayores, la Ley dedica el art. 43 a la atención y el cuidado de las personas mayores que viven en el medio rural, especialmente en las zonas rurales escasamente pobladas o en riesgo de despoblación, para atender sus necesidades básicas y ofrecerles el apoyo necesario para promover su autonomía personal a través de las siguientes actuaciones:

"a) Asegurar la prestación del servicio de teleasistencia a las personas mayores beneficiarias del mismo que residan en zonas rurales de difícil acceso a las redes de comunicación mediante la instalación de terminales digitales de última generación, preferentemente a aquellas que vivan solas o en domicilios aislados.
b) El desarrollo de un envejecimiento activo y un entorno de bienestar en que puedan aportar sus conocimientos y valores.
c) Desarrollar la capacitación digital de la población mayor de 55 años y el acceso a las tecnologías de la comunicación para reducir la brecha digital generacional y la brecha digital de género y favorecer el desarrollo de procedimientos y actividades digitales.

Despoblación rural y envejecimiento: políticas públicas y servicios municipales de protección y atención a las personas mayores

Fundación Democracia y Gobierno Local
Serie: Claves del Gobierno Local, 40
ISBN: 978-84-125912-6-2

165

d) Impulsar el desarrollo de servicios relacionados con el envejecimiento de la población.

e) Facilitar herramientas a las mujeres mayores para la identificación y la prevención de la violencia de género, garantizando la atención integral a través de los Centros de la Mujer.

f) Propiciar los mecanismos necesarios para la promoción del ocio inclusivo".

Y por último, en línea con lo aquí visto en relación con la despoblación y la atención habitacional a mayores en el ámbito rural, la Ley dedica el art. 44 a la previsión de unas medidas de promoción de la activación de recursos residenciales adaptados al medio rural. En concreto, las siguientes:

"a) El acceso a un recurso de atención residencial, a menos de 40 kilómetros de su hogar, en núcleos de población de zonas escasamente pobladas o en riesgo de despoblación para que las personas mayores puedan permanecer en su entorno y evitar el desarraigo.

b) El sistema de concertación social de la Administración Regional contemplará medidas de acción positiva hacia los centros o recursos ubicados en las zonas escasamente pobladas o en riesgo de despoblación, estableciendo criterios de preferencia para la adjudicación de plazas en dichas zonas.

c) La adaptación o la creación de nuevos servicios adecuados para atender las necesidades específicas de las personas mayores que viven en municipios pequeños o afectados por la despoblación, como centros multiservicios, unidades específicas de alojamiento y convivencia, viviendas con apoyos o supervisadas, servicios itinerantes y cualquier dispositivo que cuente con la preceptiva regulación y la correspondiente autorización para su puesta en funcionamiento.

d) Se activarán otros tipos de residencia o convivencia en el ámbito rural para las personas mayores que tienen dificultades para permanecer en su domicilio o carecen de este o no reúne las condiciones básicas de habitabilidad o accesibilidad, como son las viviendas tuteladas o colaborativas, las pequeñas unidades de convivencia o las familias acogedoras".

En definitiva, estamos ante una ley muy ambiciosa, con una visión amplia en cuanto a los ámbitos que se deben cubrir y actuaciones que se deben afrontar para luchar contra la despoblación, partiendo de un diagnóstico de la situación y poniendo en marcha un amplio número de medidas, poniendo el énfasis en la dotación de infraestructuras, en el empleo y en las necesidades de formación de la población[21], pero también, y en lo que aquí interesa, en el establecimiento de medidas que afectan a la accesibilidad a servicios públicos, en general, y sociales, en particular. Y, además, teniendo en cuenta, de manera destacada, las necesidades de la población de mayor edad, con la idea de favorecer la atención en la propia casa o, en su defecto,

---

21. Navarro *et al.* (2023: 16-17).

Despoblación rural y envejecimiento:
políticas públicas y servicios municipales
de protección y atención a las personas mayores

Fundación Democracia y Gobierno Local
Serie: Claves del Gobierno Local. 40
ISBN: 978-84-125912-6-2

promover servicios de apoyo o soluciones residenciales fuera del domicilio, pero en cercanía, para facilitar la permanencia de los mayores en su ámbito rural cercano y evitar, así, su desarraigo. De esta forma, se garantiza el mantenimiento de la población mayor en las zonas escasamente pobladas, al tiempo que se crean puestos de trabajo que permitan asentar o mantener población más joven. Este tipo de iniciativas se presentan como una solución para atender a su población mayor en cercanía y en su entorno habitual, además de como una acción más para fijar población y para crear empleo en la propia localidad.

Dado que dicha ley castellanomanchega tiene vocación de que el reto demográfico tenga continuidad en el tiempo, se establece que la ERD es el principal instrumento de planificación para abordar el desarrollo de las 26 zonas rurales escasamente pobladas y en riesgo de despoblación de la región, que incluyen 721 municipios (79 % del total), con una población de 438 024 habitantes (21 % del total), y que ocupan el 73 % de la superficie regional. La Estrategia tiene un contenido material muy ambicioso y amplio en relación con los servicios públicos (acceso a la sanidad pública y servicios sociales, educación pública, formación, atención a la infancia y familia, políticas para la tercera edad, inclusión social, acceso a la vivienda, etc.) y la mejora de las infraestructuras locales (accesos por carretera a zonas despobladas, red de comunicaciones o transportes, abastecimiento de agua, saneamiento y depuración de aguas residuales, etc.).

La característica más significativa del proceso de elaboración de la ERD ha sido el alto nivel participativo logrado, tanto a nivel institucional como de la ciudadanía y de los actores económicos y sociales implicados en la materia. Además, ha sido informada favorablemente por unanimidad de los representantes del Pleno del Consejo Regional de Desarrollo del Medio Rural y frente a la Despoblación en Castilla-La Mancha.

La ERD tiene una vigencia de 10 años y contempla un sistema de evaluación y seguimiento en varias fases a lo largo del tiempo. Cada cuatro años se plantea una revisión intermedia que corresponde en el tiempo con los años 2025 y 2029, y al final del periodo de vigencia de la Estrategia a los diez años, en 2031, se realizará la evaluación final para analizar los resultados logrados en cuanto a la consecución de los objetivos marcados y el impacto de la propia estrategia. El sistema de seguimiento y evaluación está estrechamente ligado con el modelo de gobernanza compuesto por tres componentes: gobernanza interna, gobernanza abierta y participativa y espacios para la escucha y el diálogo entre los agentes implicados. En primer lugar, la gobernanza interna se concreta en la Comisión Interdepartamental frente

Despoblación rural y envejecimiento: políticas públicas y servicios municipales de protección y atención a las personas mayores

Fundación Democracia y Gobierno Local
Serie: Claves del Gobierno Local, 40
ISBN: 978-84-125912-6-2

167

a la Despoblación. En segundo lugar, en relación con la gobernanza abierta y participativa, se articula a través del Consejo Regional de Desarrollo del Medio Rural y frente a la Despoblación, en el que tiene cabida la participación de las entidades locales (con representantes de cada una de las diputaciones provinciales y cinco representantes de las entidades locales de las zonas rurales afectadas por la despoblación) y de los actores económicos y sociales más representativos en el territorio regional (representantes sindicales, empresariales, de desarrollo rural, del tercer sector, de las universidades públicas y del tejido asociativo de la mujer rural; como se ve, no se da una voz específica a entidades vinculadas o representativas de los mayores). Y, por último, la previsión de espacios para la escucha y el diálogo entre los agentes implicados, con la creación de grupos de expertos, celebración de reuniones con agentes públicos y privados, actores interesados en la lucha contra la despoblación, etc.

En cuanto a su contenido, el objetivo general de la ERD es favorecer el asentamiento y la fijación de población, facilitando el desarrollo de nuevas actividades económicas y el fomento del emprendimiento, y garantizando la igualdad de derechos y oportunidades de las personas que viven en las zonas rurales afectadas por la despoblación. Dicho objetivo final se despliega en cuatro ámbitos de actuación (servicios públicos, económico, social y territorial), con sus cuatro objetivos estratégicos (asegurar el acceso a unos servicios públicos básicos, propiciar la cohesión económica, avanzar en la cohesión social y promover la cohesión territorial). El alcance de los objetivos estratégicos se instrumentaliza a través de un conjunto de actuaciones organizadas en 23 líneas de actuación repartidas en los cuatro ámbitos de actuación. Además, dentro de cada línea de actuación se han definido una serie de objetivos específicos, que suponen un total de 57, y que sirven de vectores para avanzar en la consecución de los objetivos estratégicos. A su vez dentro de estos objetivos específicos, en la base misma de la Estrategia, se han identificado las 210 actuaciones que se van a llevar a cabo durante su periodo de vigencia, para hacer frente al reto de la despoblación.

Si nos centramos en el objetivo estratégico de los servicios públicos, este abarca las áreas de actuación relacionadas con los servicios públicos básicos, concretamente con los servicios sanitarios, educativos, sociales y de atención a la dependencia. Además, se incluye el transporte público, concebido como una prolongación de los servicios públicos básicos, o el acceso a los recursos públicos de información y protección de las personas consumidoras. Este ámbito responde a la necesidad de garantizar un acceso en igualdad a los servicios públicos, para todas las personas, vivan donde vivan. La Estrategia tiene presente que la cohesión territorial pasa también por el

Despoblación rural y envejecimiento:
políticas públicas y servicios municipales
de protección y atención a las personas mayores

Fundación Democracia y Gobierno Local
Serie: Claves del Gobierno Local, 40
ISBN: 978-84-125912-6-2

mantenimiento y la vertebración de los núcleos poblacionales, facilitando el acceso a los servicios básicos, incluyendo el transporte. Muchas de estas actuaciones, como es obvio, tienen como destinatarios principales a los mayores.

Así, destacadamente, en relación con los servicios sanitarios, se apuesta por intentar garantizar la accesibilidad a los servicios sanitarios de proximidad, teniendo en cuenta el impacto del uso de la tecnología y el uso de las TIC (telemedicina) como solución en este ámbito, pero en un contexto de dificultades de extensión de la digitalización, además de tener en cuenta el envejecimiento de la población. Por eso se incluye una línea de actuación, la LT5, que se centra en "potenciar el uso de las tecnologías de la información y la comunicación", y que, como objetivos específicos, incluye actuaciones relativas a la conectividad digital y al impulso de la capacitación digital de la ciudadanía. Además, se apuesta por el fomento de la atención sanitaria a domicilio para personas de edad avanzada (además de para enfermos crónicos), así como el acceso a los medicamentos, incluyendo medidas de entrega domiciliaria para dependientes. Igualmente, en este ámbito, se apuesta por el "fomento del autocuidado y del envejecimiento saludable"[22].

Otra de las líneas de actuación (la LSP3) tiene como contenido: "Garantizar el acceso a los servicios sociales", con especial atención, al igual que en el ámbito sanitario, a la dependencia y el envejecimiento de la población (vinculado al creciente nivel de dependencia requerida). Entre las debilidades (puestas en evidencia por la crisis sanitaria de la COVID-19) incluye la necesidad de modernización, mejora y refuerzo del actual modelo de los servicios sociales, para ampliar la respuesta a los retos de asistencia y cuidado de las personas mayores, con discapacidad o con necesidades específicas. Igualmente, entre las medidas para hacer frente a las necesidades de estos sectores de la población más vulnerables, se incluye el impulso de la atención domiciliaria y de los servicios de proximidad, la teleasistencia y el telecuidado avanzado (e-care), los programas de envejecimiento activo, la garantía de los recursos de atención residencial, la accesibilidad en la rehabilitación edificatoria y la igualdad de género en el ámbito rural.

El objetivo de la garantía de los recursos de atención residencial tiene como finalidad asegurar la disponibilidad y el acceso a recursos residenciales a los colectivos de mayor edad en las zonas rurales con problemas de despoblación. Incluye tres actuaciones para tratar de garantizar el acceso a

---

22.   Todo ello en los Objetivos Específicos de la Línea SP1 ("Garantizar el acceso a la sanidad pública").

Despoblación rural y envejecimiento:
políticas públicas y servicios municipales
de protección y atención a las personas mayores

Fundación Democracia y Gobierno Local
Serie: Claves del Gobierno Local, 40
ISBN: 978-84-125912-6-2

169

recursos residenciales a una distancia menor de 40 kilómetros del domicilio, la provisión de viviendas para mayores con capacidad de su autocuidado y el desarrollo de acciones positivas en el sistema de concertación social de plazas residenciales en estas zonas (Objetivo Específico SP 3.4). Y, en lo que se refiere a la accesibilidad en la rehabilitación edificatoria, este objetivo tiene por finalidad facilitar la accesibilidad en las viviendas para adecuarlas a las necesidades de las personas con algún tipo de discapacidad y/o de mayor edad (más de 65 años)

Como se ha señalado, también se incluyen medidas en relación con la promoción de la cultura y el ocio, como instrumento que mejora la capacidad de atracción y fijación de población en el mundo rural. El fomento de la actividad cultural en las zonas rurales de baja densidad de población contribuye tanto a la igualdad de derechos como a reducir la brecha urbano-rural.

Se presta una especial atención a las personas mayores en la línea de actuación LS7: "Facilitar el acceso a los servicios bancarios y financieros", cuya dotación influye en el nivel de atractivo para fijar población, por ser una necesidad de los ciudadanos, pero también para las actividades económicas.

d) Castilla y León

Por su parte, la Agenda para la Despoblación de Castilla y León (en la nueva versión aprobada mediante el Acuerdo 44/2017, de 31 de agosto), incluye medidas de apoyo a las familias y beneficios fiscales y exenciones o bonificaciones para las familias numerosas, aunque, para su eficacia jurídica, se remite a aprobaciones y concreciones posteriores. En términos similares, también contiene medidas de emprendimiento, vivienda, de integración de los inmigrantes, medidas para la emancipación de los jóvenes (formación, empleo, igualdad de oportunidades para jóvenes en el medio rural, agricultura y ganadería) y medidas que se centran en el apoyo a las mujeres del sector agrario y agroalimentario, el fomento de la igualdad de oportunidades en el ámbito laboral y la atención a mujeres vulnerables. Estas medidas tienen en común que se abordan desde el ámbito regional, con nula o muy escasa referencia y, por tanto, implicación de las Administraciones locales.

A pesar de que se señala el envejecimiento de la población como uno de los elementos que inciden en la pérdida de la población y que afecta especialmente a Castilla y León, junto con el descenso de la natalidad y la escasez de jóvenes, sin embargo, no se contienen en el Plan medidas específicas de protección de los mayores. Como se ha dicho, el foco se pone

Despoblación rural y envejecimiento:
políticas públicas y servicios municipales
de protección y atención a las personas mayores

Fundación Democracia y Gobierno Local
Serie: Claves del Gobierno Local, 40
ISBN: 978-84-125912-6-2

mucho más en la atracción de los jóvenes, con medidas que propician un entorno favorable a la implantación de actividades económicas generadoras de empleo, la garantía de la prestación de los servicios públicos fundamentales orientados a las necesidades del territorio y las medidas de apoyo a las familias y a la conciliación de la vida familiar, personal y laboral. En cuanto a la prestación de servicios, para los municipios rurales especialmente afectados por la despoblación, prevé el fomento de los puntos multiservicios, aunque no desarrolla esta medida (medida número 139, introducida en 2017).

Hay que tener en cuenta que Castilla y León, además de con la normativa en materia de dependencia, cuenta con un Plan Estratégico de los Servicios Sociales, aprobado por el Acuerdo 61/2017, de 11 de octubre, de la Junta de Castilla y León, que comprende la planificación autonómica de los servicios sociales contemplada en la Ley 16/2010, de Servicios Sociales de Castilla y León, como instrumento para establecer las líneas de acción estratégica del sistema y las directrices básicas de la política en esta materia. Y también hay que tener presente que Castilla y León cuenta con la Ley 5/2003, de 3 de abril, de atención y protección a las personas mayores de Castilla y León, y normativa que desarrolla y concreta esta ley, destinada a prestar una atención integral y continuada a las personas mayores, promoviendo su desarrollo personal y social, fomentando su participación y su integración social. Entre los instrumentos para cumplir con estos fines se incluye una Estrategia de prevención de la dependencia para las personas mayores y de promoción del envejecimiento activo (Acuerdo 28/2017, de 15 de junio) y un Programa Integral de Envejecimiento Activo (Orden FAM/119/2014, de 25 de febrero).

En el plano organizativo, por Decreto 32/2022, de 14 de julio, se crea y regula el Consejo de Dinamización Demográfica de Castilla y León, que es el órgano autonómico que tiene como finalidad servir como cauce de participación y colaboración de las instituciones, personas y agentes sociales de Castilla y León en la planificación, diseño, ejecución, seguimiento y evaluación de las políticas y actuaciones en materia de población y dinamización demográfica que lleve a cabo la Administración de la Comunidad de Castilla y León. Se trata de un órgano colegiado de carácter consultivo, deliberante, de asesoramiento, de propuesta y de participación social en materia de población y dinamización demográfica de la Administración de la Comunidad de Castilla y León, adscrito a la Consejería competente en materia de dinamización demográfica, con las siguientes funciones: a) proponer e impulsar actuaciones de fomento, estudio, sensibilización y divulgación en materia de población y dinamización demográfica; b) proponer medidas que favorezcan la actuación coordinada en materia de población y dinamización

Despoblación rural y envejecimiento: políticas públicas y servicios municipales de protección y atención a las personas mayores

Fundación Democracia y Gobierno Local
Serie: Claves del Gobierno Local, 40
ISBN: 978-84-125912-6-2

171

demográfica de los organismos de la Administración de la Comunidad de Castilla y León, de las demás Administraciones públicas y de otras entidades públicas y privadas; c) actuar como órgano de consulta, deliberación, asesoramiento e informe de la Administración de la Comunidad de Castilla y León en materia de población y dinamización demográfica; d) informar los anteproyectos de ley y proyectos de disposiciones administrativas de carácter general en materia de población y dinamización demográfica; e) cualesquiera otras que en materia de dinamización demográfica le fueran atribuidas normativamente.

Este decreto y la creación del Consejo de Dinamización Demográfica de Castilla y León se encuadran dentro de la anunciada (y no conclusa, de momento) nueva Estrategia Regional de Dinamización Demográfica que la Junta de Castilla y León va a elaborar, en principio, teniendo en cuenta el informe de evaluación de la Agenda anterior y las recomendaciones que se realizan a su finalización. Se propone que en esta estrategia sean tenidos en cuenta especialmente los colectivos de inmigrantes, refugiados y asilados, los jóvenes y las mujeres, las familias y los emprendedores, los emigrantes castellanoleoneses y la población procedente de otras comunidades autónomas. Es decir, que en estos anuncios no se incluye, como colectivo especialmente a tener en cuenta, a los mayores[23].

e) Extremadura

El art. 1.4 del Estatuto de Autonomía de Extremadura establece que son elementos diferenciales de Extremadura que han de orientar la actuación de los poderes públicos de la región, entre otros, el predominio del mundo rural y la baja densidad de su población y su dispersión, entendida como dificultad relativa de acceso a los servicios y equipamientos generales. Por su parte, el art. 7 recoge una serie de principios rectores de los poderes públicos extremeños, incluyendo, entre otros, el impulso de la equidad territorial y la cohesión social en sus políticas internas, con el consiguiente mandato de alentar el crecimiento demográfico regional, apoyar el retorno de los emigrantes y luchar contra la despoblación de las zonas rurales.

---

23. Todo ello anunciado el 27 de septiembre de 2021, en la web oficial de la Junta de Castilla y León, por el anterior Gobierno autonómico; en concreto, por el vicepresidente, portavoz y consejero de Transparencia, Ordenación del Territorio y Acción Exterior, tras la celebración del Pleno del Consejo de Políticas Demográficas, que es un foro de participación monográfico en el que Administraciones, formaciones políticas y sociedad civil están representadas.
https://comunicacion.jcyl.es/web/jcyl/Comunicacion/es/Plantilla100Detalle/1284663638052/_/1285095747998/Comunicacion (consulta realizada el 13 de septiembre de 2023).

172

Despoblación rural y envejecimiento: políticas públicas y servicios municipales de protección y atención a las personas mayores

Fundación Democracia y Gobierno Local
Serie: Claves del Gobierno Local. 40
ISBN: 978-84-125912-6-2

Para dar cumplimiento a estas previsiones estatutarias, Extremadura también optó por aprobar una ley, la Ley 3/2022, de 17 de marzo, de medidas ante el reto demográfico y territorial de Extremadura, que tiene la pretensión de realizar un enfoque global del problema demográfico y territorial desde los distintos ámbitos sectoriales, por lo que tiene un carácter transversal, propiciando una acción sistémica y coordinada de las políticas sectoriales, y regulando los instrumentos necesarios para la implementación de la Estrategia ante al Reto Demográfico y Territorial de Extremadura. Esta estrategia es el instrumento que define los objetivos, la clasificación de las diferentes zonas del territorio rural extremeño (en función de su situación demográfica, sus singularidades, sus necesidades específicas y su capacidad de desarrollo), las áreas de intervención, las líneas estratégicas y las acciones a desarrollar por la Junta de Extremadura en estas materias. Para el seguimiento y la evaluación de las políticas emprendidas en materia demográfica se contempla la elaboración de un informe anual, del que se dará cuenta al Consejo de Gobierno y a la Asamblea de Extremadura.

El preámbulo de la Ley destaca el carácter eminentemente rural de la sociedad extremeña, y afirma que esto se traduce en ciertas dificultades a la hora de acceder a servicios públicos básicos, poniendo el foco en la escasez de oportunidades socioeconómicas, especialmente para los jóvenes y para las mujeres, que son los colectivos a los que más atención presta la Ley. Pero también tiene presente que el impacto provocado por la pandemia de la COVID-19 ha puesto de manifiesto algunos de los desafíos que plantea el envejecimiento poblacional, como la calidad de la asistencia sanitaria y asistencial, o el envejecimiento activo y saludable. En este contexto, tiene en cuenta que la economía de los cuidados abre nuevas oportunidades para mejorar la calidad de vida de las personas mayores, ofreciendo, a su vez, generación de empleo, especialmente en las zonas rurales.

Destacadamente, porque no es común que se incluyan previsiones de este tipo en la legislación frente al reto demográfico y la lucha contra la despoblación, la Ley pone en valor la solidaridad intergeneracional como principio sustancial de nuestro Estado de derecho, "debiendo afianzarse para prevenir cualquier tipo de prejuicio o estereotipo negativo asociado a la edad. El paradigma intergeneracional ofrece un nuevo horizonte en el diseño y gestión de los espacios y servicios públicos, evitando la segregación etaria y favoreciendo una mayor cohesión social".

Entre los objetivos estratégicos que la Ley recoge en el art. 4, se incluyen varios que vinculan el fenómeno de la despoblación con medidas de protección o asistencia a los mayores que viven en el ámbito rural extremeño. En concreto:

Despoblación rural y envejecimiento:
políticas públicas y servicios municipales
de protección y atención a las personas mayores

Fundación Democracia y Gobierno Local
Serie: Claves del Gobierno Local, 40
ISBN: 978-84-125912-6-2

173

"l)   El desarrollo de programas intergeneracionales que promuevan el uso compartido de los espacios y servicios públicos y una mayor cohesión social.

m)   El impulso de la economía plateada, al constituir una oportunidad que ofrece el envejecimiento de la población como nuevo sector generador de empleo.

n)   Fomentar el desarrollo de un turismo sostenible, mediante proyectos compatibles con el medio natural, la integración de la actividad turística en la población rural y los valores medioambientales.

o)   Impulsar programas de atención a la dependencia en el entorno, con el fin de mantener a las personas mayores el mayor tiempo posible en sus entornos rurales, dotándoles de los servicios necesarios para el mantenimiento de una vida saludable.

p)   Fortalecer los servicios públicos que se prestan en las zonas rurales más despobladas, en la atención a la dependencia, la educación y la sanidad, favoreciendo con ello, el mantenimiento de la población en el entorno".

El capítulo quinto de la Ley pretende sentar las bases para una equiparación real y efectiva en el acceso universal y descentralizado a los servicios públicos, con independencia del lugar de residencia. Para ello se incide en la atención sanitaria integral y permanente, incluyendo la atención farmacéutica, en la implantación de la atención domiciliaria, en las medidas para un envejecimiento saludable, a través de la economía de los cuidados. Incluso se apuesta, en su art. 49.5, para facilitar el acceso de la población rural a la atención especializada, reduciendo en lo posible los grandes desplazamientos, por una descentralización de las especialidades más demandadas. También se afirma que deben potenciarse por parte del Servicio Extremeño de Salud, y especialmente para personas mayores y con enfermedades crónicas, la hospitalización a domicilio y las unidades de convalecencia sociosanitaria, como fórmulas que combinan una adecuada atención con el mantenimiento del paciente en su entorno (art. 50). De igual forma, el art. 52 prevé que la atención a las personas dependientes se llevará a cabo, preferentemente, en su entorno social habitual, impulsando servicios de ayuda a domicilio y teleasistencia.

De manera más concreta, el art. 55 hace referencia a la promoción del envejecimiento saludable por parte de la Junta de Extremadura en colaboración con las entidades locales, e incluye algunas medidas: promoción de hábitos de vida saludables; desarrollo de planes de alfabetización digital para las personas mayores; propiciar la participación de los mayores y el compromiso social con su entorno como fórmula para aprovechar y poner en valor su experiencia; promover iniciativas intergeneracionales generadoras de espacios de interacción entre la infancia, la juventud y las personas mayores; asegurar la especial protección de las personas mayores en caso

Despoblación rural y envejecimiento: políticas públicas y servicios municipales de protección y atención a las personas mayores

Fundación Democracia y Gobierno Local
Serie: Claves del Gobierno Local, 40
ISBN: 978-84-125912-6-2

de situaciones epidemiológicas de carácter extraordinario; y promover los recursos necesarios para la construcción de residencias sostenibles para personas dependientes en el medio rural, de ámbito local o superior, de manera que ninguna persona mayor que haga uso de las mismas se encuentre a más de 30 minutos de la vivienda familiar.

En relación con el acceso a la vivienda, aunque sin hacer referencia específica a los mayores, el art. 44 de la Ley establece una serie de actuaciones que les pueden tener como destinatarios. En concreto, dentro de ellas, la prevista en el apdo. 2.b) ("se facilitarán instrumentos financieros y/o ayudas para el acceso a la vivienda, especialmente en situaciones de vulnerabilidad", con cita expresa de jóvenes y mujeres) y en el apdo. 2.c) (fomento de la mejora de la habitabilidad y accesibilidad, y el ahorro y eficiencia energética, mediante el establecimiento de ayudas y líneas de financiación de rehabilitación de viviendas"). De forma más específica, el art. 52.6 establece que se aprobará por parte de la Junta de Extremadura un programa de adaptación de viviendas específico para personas en situación de dependencia, con el objetivo de que los domicilios de las personas mayores puedan adaptarse a sus necesidades. También en colaboración con las entidades locales, el art. 56 contiene un mandado a la Junta de Extremadura para que facilite el establecimiento de comunidades de vivienda colaborativa como fórmula para la recuperación de inmuebles y fijación de población en el medio rural, y mediante el que se establecen lazos intergeneracionales y se estimula el empoderamiento de las personas mayores.

También se establece que, cuando no existan recursos residenciales o sean insuficientes, se deben fomentar otras modalidades de residencia o convivencia para las personas mayores que tengan dificultades para permanecer en su domicilio, carezcan de este o no reúnan las condiciones básicas de habitabilidad o accesibilidad, como son las unidades de convivencia o las familias acogedoras. En todo caso, se garantizará el acceso a un recurso de atención residencial como máximo a 30 minutos de su hogar, para que las personas mayores puedan permanecer en su entorno y evitar el desarraigo, siempre y cuando no existan circunstancias de emergencia social o de tipo sanitario a las que haya que dar respuesta de manera inmediata y que impidan mantener la cercanía con el domicilio habitual (art. 52.3).

Las medidas contempladas en el art. 52 de atención y cuidado de las personas en situación de dependencia tienen a los mayores como destinatarios destacados. Estas medidas, en general, también están enfocadas a fomentar el envejecimiento en casa o en cercanía. Así, se incluye la prestación de servicios de proximidad complementarios, como acompañamiento o servicio de comidas y lavandería.

Despoblación rural y envejecimiento:
políticas públicas y servicios municipales
de protección y atención a las personas mayores

Fundación Democracia y Gobierno Local
Serie: Claves del Gobierno Local, 40
ISBN: 978-84-125912-6-2

175

También llama la atención, por ser poco común, que el art. 52.4 incorpora la visión conforme a la cual el desarrollo de servicios relacionados con el envejecimiento de la población y la dependencia se considera, además, una oportunidad de desarrollo económico y yacimiento de empleo, siendo factor determinante en la activación económica y la fijación de la población en el territorio.

Por su parte, el capítulo sexto propugna la plena conectividad para toda la población extremeña como elemento básico para el desarrollo de cualquier actividad en el medio rural, extendiendo las redes de telecomunicaciones y reduciendo la brecha digital en todas sus vertientes.

En cuanto a las relaciones interadministrativas, como ya se indicó brevemente en el apartado anterior, la ley extremeña establece que la coordinación y el impulso de la política demográfica se atribuyen de manera centralizada al Gobierno autonómico, en concreto al Consejo de Gobierno y a la Consejería competente en la materia, y se configuran como órganos de coordinación y de participación, respectivamente, la Comisión Interdepartamental de Población, regulada en el Decreto 180/2019, de 26 de noviembre, y la Mesa de Población de Extremadura. Aunque esta ley es de aplicación a la Junta de Extremadura y al resto de entidades integrantes del sector público autonómico (art. 2.1), el art. 2.2 de la Ley establece que "las disposiciones relativas a las Administraciones públicas de Extremadura contenidas en esta ley serán de aplicación a las Administraciones Locales de Extremadura, en el marco de la Ley 3/2019, de 22 de enero, de garantía de la autonomía municipal de Extremadura, y demás normativa de aplicación al régimen local". Y, para la consecución de los objetivos de la ley, el art. 1.2 de la misma establece la coordinación de las políticas públicas autonómicas. Más contundente aún parece el art. 3, que afirma que corresponde al Consejo de Gobierno "la superior coordinación e impulso de la política demográfica y territorial". Pero, junto a la coordinación, el art. 1.2 parte del fomento de la colaboración y la cooperación entre las distintas Administraciones públicas. De manera algo más concreta, el art. 7 incide en la colaboración institucional, al prever que la Junta de Extremadura garantizará la presencia de las Administraciones públicas de Extremadura (lo que incluye, según establece el art. 2.2 de la propia ley, a las entidades locales) y de las entidades representativas de los diferentes sectores económicos, sindicales y sociales presentes en el medio rural en la composición de los órganos de colaboración que se creen para la definición y gestión de las políticas públicas ante el reto demográfico, y promoverá la formalización de los oportunos instrumentos de colaboración.

En el art. 9 la Ley da un paso más, apostando por el "apoyo a las entidades locales". Además de un mandato genérico al órgano competente en materia de Administración local, para que colabore y coopere para la conse-

Fundación Democracia y Gobierno Local
Serie: Claves del Gobierno Local, 40
ISBN: 978-84-125912-6-2

cución de los objetivos establecidos en la Ley, contiene un mandato específico para que promueva "la implicación de todas las entidades integrantes del ámbito local, especialmente de las Diputaciones Provinciales". Y ello a través de unas concretas actuaciones:

a) Facilitar el desarrollo de actuaciones y de proyectos de obras y servicios de interés general y social que se aprueben por las entidades locales en cuanto coadyuven a superar el reto demográfico y territorial.

b) Fomentar las agrupaciones de las entidades locales extremeñas para el mantenimiento de puestos de trabajo legalmente reservados al personal funcionario de Administración local con habilitación de carácter nacional para el desempeño de las funciones públicas necesarias en todas las corporaciones locales, en virtud de la normativa aplicable en materia de régimen local.

c) Fomentar las mancomunidades de municipios de acuerdo con la situación demográfica y territorial de Extremadura para ayudar a los municipios integrantes de esas mancomunidades a prestar servicios en común de manera más eficiente e impulsar un desarrollo más sostenible, igualitario y equilibrado entre sus respectivos territorios.

d) Posibilitar la creación de una partida específica, dentro de los criterios de reparto del Fondo Regional de Cooperación Municipal, destinada a compensar la pérdida de recursos en aquellas entidades con menor población, conforme a los criterios previstos en la Ley 3/2019, de 22 de enero, de Garantía de Autonomía Municipal de Extremadura.

e) Reforzar y potenciar la figura de agentes de desarrollo local, dinamizadores locales agroecológicos y agentes de igualdad en los ayuntamientos y mancomunidades, como agentes esenciales en la dinamización socioeconómica de los pequeños municipios y zonas rurales.

Por tanto, aunque partiendo de una fuerte afirmación de las competencias autonómicas de coordinación en este ámbito, al menos sobre el papel, parece que el modelo extremeño fomenta especialmente la utilización de mecanismos de cooperación o colaboración con las entidades locales de su territorio.

En resumen, como valoración final de la regulación extremeña, estamos ante una de la visiones más integrales y ambiciosas de todas las regulacio-

Despoblación rural y envejecimiento:
políticas públicas y servicios municipales
de protección y atención a las personas mayores

Fundación Democracia y Gobierno Local
Serie: Claves del Gobierno Local, 40
ISBN: 978-84-125912-6-2

177

nes emprendidas: vincula el fenómeno de la despoblación con el envejecimiento demográfico; pone el foco en la importancia de prestación de servicios de calidad en cercanía, con especial atención a la atención sanitaria, incluso especializada; incluye medidas de políticas de envejecimiento activo; apuesta por promover servicios de atención de proximidad esenciales o complementarios, así como por la rehabilitación de viviendas, lo que facilita el envejecimiento en casa, junto al fomento de modalidades de residencia o convivencia para las personas mayores que tengan dificultades para permanecer en su domicilio; contiene un mandato de toma en consideración de la prevención de los conflictos intergeneracionales como elemento que facilita la cohesión social; toma aprendizaje de los problemas vividos por los mayores durante la pandemia de la COVID-19; tiene en cuenta la potencialidad de las medidas de cuidado de mayores y dependientes como factor de activación económica y generador de empleo, lo que puede permitir la fijación y atracción de población en el territorio; incluye medidas de alfabetización y conectividad digital, especialmente pensando en los mayores; y por último, desde el punto de vista organizativo de las relaciones interadministrativas, incorpora una sensibilización por la participación de las Administraciones locales en la implantación de estas políticas.

f) Principado de Asturias

El Principado de Asturias opta por la elaboración de un plan demográfico 2017-2027 que incluye, entre sus objetivos, "avanzar en la corrección de los desequilibrios demográficos territoriales que existen a nivel interno y atender las necesidades de la población". En la Introducción del Plan, se destaca que el Principado de Asturias se caracteriza por una población cada vez más envejecida, con cierta tendencia hacia la pérdida de habitantes como consecuencia de un crecimiento vegetativo negativo y un importante desequilibrio territorial interno. Por ello, y en coherencia, el tercer eje del Plan se dedica al "envejecimiento", que incluye la potenciación de los servicios sanitarios y sociales, el envejecimiento activo y saludable, la promoción de la participación de las personas mayores y el fomento de la tercera edad como activo económico (*silver economy*).

En concreto, se pueden citar medidas como las siguientes: refuerzo de la asistencia a domicilio (con un enfoque preventivo, que promocione la autonomía personal); ampliación de la cobertura de centros de día; promoción de la investigación ligada al envejecimiento, la medicina regenerativa y los proyectos en materia de biomedicina; fomento de actividades en los centros rurales de atención diurna (programa Rompiendo Distancias); elaboración y desarrollo de la Estrategia Asturiana de Envejecimiento Activo;

Despoblación rural y envejecimiento: políticas públicas y servicios municipales de protección y atención a las personas mayores

Fundación Democracia y Gobierno Local
Serie: Claves del Gobierno Local, 40
ISBN: 978-84-125912-6-2

desarrollo de proyectos *Living Life* de vida independiente y continuación de la consolidación de Asturias como *Reference Site* en Europa; impulso del Consejo Autonómico de Mayores como espacio de participación en ámbitos de decisión; promoción del voluntariado entre las personas mayores y desarrollo de programas de "generactividad" para la transferencia del conocimiento intergeneracional; facilitación del emprendimiento y la actividad económica en productos y servicios de todo tipo relacionados con personas mayores, con especial atención al desarrollo de patentes y la comercialización de productos tecnológicos.

Entre los ejes que estructura la estrategia de intervención se incluyen, también, medidas de política migratoria, con acciones como el retorno del talento, junto a medidas centradas en el reequilibrio territorial a través de acceso a servicios, equipamientos e infraestructuras de calidad en todo el territorio, o fomentando la actividad social y económica en toda la región.

g) Navarra

Por Acuerdo del Gobierno de Navarra, de 1 de agosto de 2020, se aprueba el "Plan de Reactivación de Navarra/Nafarroa Suspertu 2020-2023", que recoge medidas para salir de la crisis, orientando sus actuaciones en las siguientes líneas estratégicas: "transformar la economía hacia una digitalización justa, acelerar la transición ecológica, vertebrar el territorio, profundizar en el marco de convivencia. Todo ello desde el liderazgo público y desde una dimensión exterior". No está pensando propiamente en problemas o medidas de lucha contra la despoblación, y tampoco tiene en cuenta de manera especial la dimensión municipal, ni a las personas mayores, salvo en la medida 28 (dentro del objetivo de eliminación de la brecha digital), en la que se apuesta por el desarrollo de un plan de choque contra la brecha digital dirigido a la población más vulnerable, dentro de la que se incluye a los mayores.

La lucha contra la despoblación sí que es incluida dentro de la medida 30, que pretende que se afronte una inversión para tener una red de carreteras más seguras, que mejoren las comunicaciones dentro del territorio y apoyen la lucha contra el despoblamiento. Igualmente, la medida 32 apuesta por desarrollar un nuevo sistema de movilidad más sostenible, que mejore la conectividad de todo el territorio, favoreciendo el reequilibrio territorial y la igualdad de oportunidades. La dimensión rural también queda incluida en la medida 47, que incluye la oferta de vivienda pública en pequeños municipios rurales, mediante la rehabilitación de edificios de titularidad pública en desuso. También el objetivo 4.3 pone el foco sobre la vertebración del territorio (de manera sostenible) y, dentro de este apartado,

Despoblación rural y envejecimiento: políticas públicas y servicios municipales de protección y atención a las personas mayores

Fundación Democracia y Gobierno Local
Serie: Claves del Gobierno Local, 40
ISBN: 978-84-125912-6-2

179

incluye la apuesta por servicios básicos sostenibles y accesibles para todos, dentro de lo que incluye (medida 66) el impulso en la Administración local de procedimientos y sistemas que faciliten los trámites a la población rural, evitando o minimizando desplazamientos de población. En la medida 176 se apuesta por la extensión de la banda ancha para que llegue al conjunto del territorio de Navarra.

En el ámbito prestacional, de manera destacada, las medidas 72 a 77, que apuestan por un desarrollo económico y social rural y que, en relación con la promoción de la cohesión social y la igualdad de oportunidades, incluyen disposiciones relativas al refuerzo del ecosistema sanitario y que profundizan en los sistemas de cobertura social para la población en general. Por último, en relación con la vivienda, se incluye la medida 116, que pretende fortalecer el parque de vivienda de alquiler asequible, especialmente para mayores (y jóvenes), así como viviendas colaborativas.

h) País Vasco

El Programa Vasco de recuperación y resiliencia, 2021-2026 (Euskadi Next)[24] se imbrica y se integra en la estrategia de desarrollo humano sostenible que el Gobierno Vasco viene desarrollando en los últimos años. Aunque tampoco es un plan específico de lucha contra la despoblación, contiene elementos comunes a esos planes y adopta medidas relativas a los servicios públicos de calidad (también en el ámbito rural), a las prestaciones y el modelo de atención a los mayores, y a la implantación de una gobernanza multinivel, con participación de las entidades locales.

En relación con la gobernanza, el Programa cuenta con un lema que ya promete, en cuanto al papel que se deja a la Administración municipal: "una respuesta local para afrontar un reto global". Y, efectivamente, contiene dos apartados en los que esta presencia de lo local se refleja: una verdadera gobernanza multinivel (apdo. 3.5) y la participación de los ayuntamientos vascos (apdo. 3.6). Eso sí, el contenido del Plan no está enfocado en medidas de lucha contra la despoblación.

En relación con los mayores, el Programa, en lo que se refiere al cuidado de las personas, parte de considerar que el colectivo de las personas mayores es un grupo especialmente vulnerable y cuya atención constituye un importante desafío en la actualidad. Y, por esto, el Programa les presta una es-

---

24. https://www.euskadi.eus/contenidos/documentacion/euskadi_next_program_doc/es_def/adjuntos/EUSKADI-NEXT-2021-2026.pdf (última consulta, 13 de septiembre de 2023).

Despoblación rural y envejecimiento: políticas públicas y servicios municipales de protección y atención a las personas mayores

Fundación Democracia y Gobierno Local
Serie: Claves del Gobierno Local, 40
ISBN: 978-84-125912-6-2

pecial atención y contiene varios proyectos específicamente pensados para los mayores, en la línea de aseguramiento de los cuidados y de fomento del envejecimiento activo y en casa, junto a otros que se proyectan, en general, sobre ciudadanos dependientes o necesitados de cuidado (y sus familias), lo que, en su caso, también puede aplicarse a mayores. Así, uno de los proyectos propuestos es el Primer polo transfronterizo de innovación en longevidad en la Unión Europea, que pretende impulsar y conectar iniciativas de investigación e innovación de todos los actores sociales (poderes públicos, universidades y otros centros de conocimiento, tercer sector social, empresas...), a fin de mejorar la autonomía y la vida plena de las personas mayores. En esta misma línea, el proyecto *City Science Lab Mit-Tecnun*-Gipuzkoa se centra en iniciar un acuerdo de colaboración entre la Diputación Foral de Gipuzkoa, el Ayuntamiento de San Sebastián y las universidades MIT y *Tecnun*, para disponer de un nuevo *City Science Lab* en la ciudad de Donostia que dé respuesta a las necesidades futuras de envejecimiento y movilidad del territorio y de los ciudadanos de Gipuzkoa. Se buscará mejorar las condiciones de la ciudadanía en sus hogares, favoreciendo principalmente a las personas mayores. El proyecto ETXETIC es el servicio de atención y apoyo a la permanencia en el hogar de las personas en situación de dependencia a través de la monitorización, prevención y detección de riesgos, basado en nuevas tecnologías. A través de una red de centros se desplegará un servicio de apoyo a la permanencia en el hogar basado en nuevas tecnologías que permitan la monitorización, prevención y detección de riesgos en el hogar, combinado con atención presencial puntual en un centro de referencia, incluyendo la instalación de tecnología de apoyo y prevención en los hogares; plataformas informáticas de gestión integral de la información que permita la detección precoz de signos de alerta; servicios de apoyo y atención en centros de atención diurna de referencia. El proyecto Gipuzkoa Zaintza Lurraldea 2030 + Escalado de OK en Casa a toda la Comunidad Autónoma tiene el objetivo general de impulsar la generación de ecosistemas locales de atención, cuidados y apoyos (domicilios y residencias con soporte comunitario e institucional), basados en la innovación y experimentación social. El proyecto implementa diferentes experiencias piloto tanto en residencias como en domicilios, basadas en la innovación social y tecnológica. Una de las iniciativas impulsadas es un sistema de apoyo a personas cuidadoras familiares, que se soporta sobre una APP. El proyecto para un Servicio Piloto de Apoyo a los Proyectos Vitales de las Personas Mayores ofrece un servicio *online* de información, orientación e intermediación para personas mayores, y tres oficinas piloto, semipresenciales, de apoyo a sus proyectos vitales. Este proyecto se centra en facilitar a las personas mayores de 65 años, o cercanas a la jubilación, información, orientación e intermediación, personalizadas, sobre diversas cuestiones relativas a sus proyectos vitales. La Estrategia para

Despoblación rural y envejecimiento:
políticas públicas y servicios municipales
de protección y atención a las personas mayores

Fundación Democracia y Gobierno Local
Serie: Claves del Gobierno Local, 40
ISBN: 978-84-125912-6-2

181

la Innovación en los Cuidados de Larga Duración en Domicilio persigue el impulso de una nueva estrategia de innovación (institucional, tecnológica y social) en el ámbito de los cuidados, con la incorporación, en los domicilios de personas mayores y dependientes, de tecnologías que contribuyan a mantener o mejorar la autonomía personal, prevenir el deterioro y compensar la pérdida de autonomía de las personas usuarias.

Por otro lado, los servicios a las personas mayores se verán reforzados a través de nuevos centros de atención, así como la reforma y adaptación de los ya existentes. Así, en Gipuzkoa, enmarcada en su estrategia Adinberri, se presenta el proyecto Adaptación de la red de centros residenciales de personas mayores hacia modelos convivenciales centrados en la persona, que pretende impulsar un cambio del modelo residencial existente. El proyecto de Centros Comarcales Sociosanitarios de Referencia supone el desarrollo a nivel comarcal de centros residenciales de referencia para el conjunto de los centros residenciales de la zona, que ofrezca apoyos especializados en el ámbito sociosanitario, como formación especializada, apoyo asistencial, orientación, coordinación y recursos compartidos. Y, por último, el proyecto del Centro Intergeneracional de Getxo busca la creación de un centro innovador en Getxo que favorezca la convivencia intergeneracional, donde convivan personas de diferentes edades, interactuando y desarrollando sus proyectos de vida en este espacio común, evitando el aislamiento social e intergeneracional: prevé una residencia con 100 plazas para personas en situación de dependencia, y, por otra parte, 40 alojamientos dotacionales municipales para jóvenes.

i) Cataluña

Por último, el Gobierno catalán, en relación con la Agenda 2030, ha aprobado en mayo de 2022 la Agenda Rural de Cataluña, que constituye un elemento clave para planificar sus políticas de equilibrio y cohesión territorial, que incorpora los Objetivos de Desarrollo Sostenible e identifica las necesidades y los retos del medio rural para garantizar sus condiciones de vida y para el desarrollo territorial, socioeconómico y ambiental de la región. Las acciones incluidas en esta hoja de ruta se estructuran en siete grandes desafíos, entre los que se incluyen acciones relativas al aseguramiento de servicios sociales y económicos de la población rural catalana. En concreto, dentro de la primera acción prioritaria ("Personas, bienestar y reto demográfico"), incluye acciones destinadas a "mejorar las condiciones de vida de la gente mayor": mejorar los servicios para los mayores y fomentar un envejecimiento activo, redefinir el modelo de atención a la gente mayor; mejorar los servicios de atención domiciliaria, y promover la adaptación de viviendas y nuevas formas de vivienda para gente mayor.

Despoblación rural y envejecimiento: políticas públicas y servicios municipales de protección y atención a las personas mayores

Fundación Democracia y Gobierno Local
Serie: Claves del Gobierno Local. 40
ISBN: 978-84-125912-6-2

Igualmente, se apuesta por la gobernanza multinivel, con el objetivo de descentralizar y democratizar la participación y la toma de decisiones. En concreto, se incluyen medidas tendentes a fortalecer la gobernanza y la planificación estratégica desde los municipios; crear y fortalecer espacios de gobernanza supramunicipales, con mejora de la coordinación administrativa en el mundo rural; promover la participación del mundo rural en la toma de decisiones, con la implantación de modelos de cogobernanza; y la implementación de acciones y políticas transversales. En relación con este último grupo de medidas, existe una referencia muy interesante a la inclusión de la "visión rural y territorializada" en la planificación y en la legislación, además de la necesidad de establecer "un diálogo rural-urbano": pensar las relaciones entre el mundo rural y urbano desde el diálogo y la reciprocidad.

En definitiva, aunque no es propiamente un plan de lucha contra despoblación, este documento muestra rasgos compartidos con dichos planes, con una clara preocupación por las cuestiones demográficas, y pretende adoptar medidas para avanzar hacia un territorio mejor conectado, además de sostenible e innovador, en lo que se refiere a los servicios públicos en el ámbito local, prestando una atención especial a las personas mayores. En concreto, señala que los ayuntamientos "constituyen la base de la organización institucional a nivel local", y destaca que los ayuntamientos rurales "tienen la oportunidad de poner en marcha la participación de los vecinos en la toma de decisiones y la realización de actividades, de modo que la comunidad local se implique en la solución de las actividades colectivas". Por tanto, pone en valor el importante papel que pueden jugar los municipios en la solución de sus propios problemas, aunque teniendo presentes las dificultades a las que se enfrentan los "micropueblos" que no llegan a los 500 habitantes para emprender proyectos por iniciativa propia. Por ello, destaca la necesidad de que los municipios dispongan de autonomía política y presupuestaria, para lo que resultan fundamentales las líneas de ayuda por parte de las Administraciones superiores, que, a menudo, encajan con dificultad con las particularidades de estos pequeños municipios.

j) Plan Estratégico de Gobernanza para la Despoblación Rural en la macrorregión Regiones del Sudeste de Europa (RESOE)

Para terminar, como iniciativa que comprende una acción coordinada e, incluso, conjunta entre comunidades autónomas, merece ser destacado el proyecto "Plan Estratégico de Gobernanza para la Despoblación Rural en RESOE", que incluye a Asturias, Cantabria, Castilla y León y Galicia. Estas cuatro comunidades autónomas forman la macrorregión RESOE ("Regiones del Sudoeste Europeo"). Las cuatro tienen en común un alto grado de ruralidad

Despoblación rural y envejecimiento:
políticas públicas y servicios municipales
de protección y atención a las personas mayores

Fundación Democracia y Gobierno Local
Serie: Claves del Gobierno Local, 40
ISBN: 978-84-125912-6-2

183

y se enfrentan a presiones demográficas debidas al descenso y envejecimiento de su población. Pues bien, el Plan Estratégico de Gobernanza para la Despoblación Rural en RESOE es financiado por la Comisión Europea y realizado por la OCDE. Su objetivo es diseñar un plan de acción para cada una de estas comunidades autónomas, así como una estrategia común para todas ellas en temas relevantes como la planeación espacial, prestación y digitalización de servicios públicos, el emprendimiento e innovación social y la gobernanza multinivel.

En lo que aquí interesa, este plan apuesta por la digitalización de los servicios públicos para mejorar su prestación: desarrollo e implementación de plataformas de *software* inteligentes para los servicios públicos locales. Y, en lo que a la gobernanza se refiere, en el diagnóstico de este plan se afirma que en estas zonas (como en el resto de comunidades autónomas, podemos afirmar) existe un ambiguo solapamiento de competencias entre el Gobierno nacional y el autonómico, así como un alto grado de fragmentación municipal, carencias financieras y una cultura de cooperación vertical y horizontal limitada en todos los niveles de gobierno. Esto da lugar a marcos de gobernanza fragmentados y descoordinados en toda la macrorregión y a la necesidad de mejorar los instrumentos y mecanismos de gobernanza multinivel. Para superar estas limitaciones, el Plan propone reforzar los acuerdos de gobernanza multinivel y la cooperación intermunicipal, para hacer frente a los impactos del cambio demográfico de forma eficaz y coordinada, y, más en concreto, incluye cuatro ejes de recomendaciones sobre la gobernanza multinivel: fortalecer la gobernanza del desarrollo regional y la prestación de servicios mediante el refuerzo de los mecanismos de colaboración vertical y horizontal; aclarar las competencias y el reparto de responsabilidades, y reforzar la coordinación entre las consejerías autonómicas; profundizar en la colaboración horizontal macrorregional y transfronteriza; y desarrollar el papel del Gobierno nacional en el fortalecimiento de los mecanismos de colaboración vertical[25].

Más allá de señalar que se trata de una experiencia concreta interesante, esta iniciativa tiene el interés adicional de que comparte problemas y dificultades con el resto de las comunidades autónomas (si no con todas, sí con la mayoría y en la mayoría de los elementos), por lo que las medidas propuestas y sus éxitos (o fracasos) podrían ser extrapolados a otras comunidades autónomas. Eso sí, se puede hacer notar que esta estrategia presta una especial atención a dimensiones de contenido económico: la innovación, la

---

25. Todo ello en el documento https://www.oecd.org/regional/rural-development/RESOE-Policy-Highlights-ES.pdf (última consulta, 13 de septiembre de 2023).

Despoblación rural y envejecimiento: políticas públicas y servicios municipales de protección y atención a las personas mayores

Fundación Democracia y Gobierno Local
Serie: Claves del Gobierno Local. 40
ISBN: 978-84-125912-6-2

potencialidad de los emprendedores y de pequeñas y medianas empresas, y mucha menos atención a los servicios prestacionales de contenido social (salvo la educación en las zonas rurales, que es una de las tres patas principales del Plan). Y, como ya se ha señalado, también pone un importante foco de atención en la gobernanza. A pesar de que en el diagnóstico se señala que uno de los problemas principales de la macrorregión es el envejecimiento de su población, no se incluyen medidas específicas relativas a la protección de este sector de la población.

3. El impacto de la planificación de lucha contra la despoblación sobre los servicios públicos locales: espacio de decisión municipal y autonomía local

En definitiva, los planes autonómicos de lucha contra la despoblación son el resultado de un diagnóstico de la situación, fijan unos objetivos generales y diseñan la política pública de lucha contra la despoblación con remisión a la aprobación futura de las medidas concretas que integran dicha política, estableciendo, a lo sumo, los órganos, las figuras jurídicas y/o los procedimientos a través de los que se aprobarán. Ofrecen, por tanto, un "banco de medidas"[26] para la ejecución de esa política pública por parte de las Administraciones públicas implicadas o afectadas en la consecución de los objetivos previamente fijados. Y, adicionalmente, podemos considerar que no solo fijan unos objetivos generales hacia los que caminar, también intentan crear una imagen, un determinado modelo de sociedad en el ámbito rural, con una construcción narrativa emocional. Hay que tener en cuenta que en la pérdida o ganancia de población intervienen factores de índole económica, pero, también, social, endógenos y exógenos, que influyen en la decisión final de las personas de quedarse en un lugar o desplazarse a otro[27].

El plan aporta al ayuntamiento legitimidad para adoptar las actuaciones (decisiones) que tome. Hoy la Administración se justifica ante la ciudadanía por los planes: a través de la planificación se fija la estrategia de la actuación pública o de las herramientas de la nueva gestión pública, y los objetivos hacia los que caminar. La estructura procedimental de la planificación (diagnóstico, pronóstico, objetivos y medidas) se vincula con el princi-

---

26. Esta expresión es utilizada por Rodríguez de Santiago (2022: 46).
27. Navarro *et al.* (2023: 13). Sevillano (2023: 348) refleja el debate sobre si los jóvenes se marchan por "necesidad" o por "deseo", y muestra que el valor que los jóvenes conceden a la actuación de las Administraciones públicas no es el mismo en el medio rural que en el medio urbano: dado que los jóvenes del mundo rural conceden tanto valor a las políticas públicas, podemos afirmar que la integración de políticas de juventud en los planes contra la despoblación de las distintas Administraciones públicas podría tener un impacto significativo.

Despoblación rural y envejecimiento:
políticas públicas y servicios municipales
de protección y atención a las personas mayores

Fundación Democracia y Gobierno Local
Serie: Claves del Gobierno Local, 40
ISBN: 978-84-125912-6-2

185

pio del Estado de derecho, porque introduce racionalidad en el ejercicio del poder por parte del Estado y suscita previsibilidad para los ciudadanos, que pueden comprender y anticipar los términos de ese ejercicio[28].

Por otro lado, la función directiva que cumplen estos planes no se limita a la fijación de dichos objetivos generales, sino que se extiende, también, a la evaluación y el seguimiento del plan, con determinación de los indicadores que se utilizarán para el cumplimiento de esta tarea, así como de los órganos encargados de realizarla y/o de los procedimientos a través de los que llevarla a cabo. Por tanto, aunque formal o nominalmente los planes no sean vinculantes, en cuanto que son meramente directivos, esto no supone que carezcan de fuerza vinculante. La función directiva puede actuar como mecanismo de coordinación (o de imposición de la vinculatoriedad del plan) fundamentalmente a través de los instrumentos de financiación o de los mecanismos de evaluación previstos en los propios planes. Se trata de criterios no estrictamente vinculantes, pero que deben ser tenidos en cuenta por el destinatario del instrumento que los establece. En este sentido, Rodríguez de Santiago (2022: 31-33) hace referencia a esta forma "débil" de vincular la característica de lo que se conoce como *soft law* o los mandatos de optimización.

Cuando lo que impone el plan es un principio o mandato de optimización, la Administración destinataria del plan podrá separarse de dicho mandato, pero tendrá que proporcionar una justificación convincente. No basta cualquier motivación que explique las razones de la desviación respecto de lo previsto en el plan. La decisión planificadora que vincula con la fuerza de un principio impone a la Administración destinataria del plan la realización de un juicio de ponderación, dado que la ponderación es "la institución dogmática central de la planificación"[29].

Con todo, en lo que aquí interesa, para los destinatarios del instrumento puede tener consecuencias el hecho de separarse de las previsiones del plan (en términos de pérdida de ventajas, de algún tipo de gravamen o de tener la carga de justificar su decisión). Por tanto, hay que ver, en cada caso,

---

28. Rodríguez de Santiago (2023: 49).
29. Rodríguez de Santiago (2023: 20-21), citando esta expresión de R. Whal, que aporta la siguiente definición: la planificación consiste en un procedimiento (tendencialmente riguroso) de obtención y elaboración de información sobre el estado actual de las cosas (diagnóstico), de realización de un juicio de pronóstico sobre su evolución, de fijación de objetivos determinados y de decisión sobre los medios para alcanzarlos mediante la ponderación entre alternativas. Diagnóstico (comprensión analítica de situaciones actuales), pronóstico, objetivos y medidas para alcanzarlos son el contenido propio del procedimiento planificador. Y el plan es el resultado de un procedimiento de planificación.

Despoblación rural y envejecimiento: políticas públicas y servicios municipales de protección y atención a las personas mayores

Fundación Democracia y Gobierno Local
Serie: Claves del Gobierno Local, 40
ISBN: 978-84-125912-6-2

el grado de concreción de esos indicadores y el procedimiento, así como el órgano al que se encarga esa evaluación. Igualmente, verificar si se establecen estímulos de cumplimiento del plan o de actuación conforme al plan (a través, por ejemplo, de subvenciones o desgravaciones fiscales), o si se prevén consecuencias negativas o de gravamen para el caso de no cumplimiento de sus objetivos o de actuaciones disconformes con el plan. Y, por último, si las medidas se concretan en una financiación adecuada que dé cobertura para su efectiva implantación.

En relación con el contenido material o sustantivo de dichos planes, en el plano lógico, la elección de los objetivos finales del plan constituye el primer elemento volitivo de la planificación. Esta selección de fines ya es una tarea caracterizada por implicar un tipo de discrecionalidad que se describe con la alusión a la Administración "conformadora" (frente a la meramente "ejecutiva")[30]. Pues bien, como se ha podido comprobar, un rasgo que comparten es que se caracterizan por la amplitud de los ámbitos o áreas de actuación que abarcan, muchos de los cuales tienen incidencia en la actividad de las entidades locales y de la vida local. Y efectivamente, en coherencia con las prioridades que de forma genérica se han establecido como esenciales en la lucha contra la despoblación, prestan una especial atención a la prestación de servicios públicos en el ámbito local y a la propuesta de medidas de mejora de las infraestructuras locales. Si descendemos a un análisis más concreto, en lo que afecta a las medidas referidas a la protección y asistencia a las personas mayores o de envejecimiento activo, vemos que los contenidos son algo más dispares. Es decir, que no todos los planes han vinculado los factores despoblación y mayores en el ámbito local.

De entre las medidas previstas en los planes que sí que vinculan estas dimensiones se pueden citar algunas, como las siguientes, que tienen como objetivos:

— Priorizar los fondos para servicios esenciales como atención médica, alimentos y medicamentos.

— El impulso de los servicios de teleasistencia y atención domiciliaria y la creación de servicios que faciliten la atención en el domicilio y en el entorno social más próximo: la inversión en tecnologías como la telemedicina y los sistemas de monitoreo remoto que permitan a las personas mayores permanecer en sus hogares.

---

30. Rodríguez de Santiago (2023: 22).

Despoblación rural y envejecimiento: políticas públicas y servicios municipales de protección y atención a las personas mayores

Fundación Democracia y Gobierno Local
Serie: Claves del Gobierno Local, 40
ISBN: 978-84-125912-6-2

187

— Establecer servicios itinerantes que faciliten el acceso a los mismos a las personas en situación de dependencia: explorar modelos innovadores para prestar servicios, como farmacias y clínicas móviles, entrega de comidas a domicilio y centros de día itinerantes.

— Facilitar el acceso a los servicios que ofrezcan los centros residenciales ubicados en el municipio o en municipios próximos para personas en situación de dependencia que no sean residentes.

— Impulso de servicios de terapia ocupacional, fisioterapia, centro de día, comidas, lavandería, peluquería, podólogo, entre otros.

— Promover acciones coordinadas entre el Sistema de Servicios Sociales y de Atención a la Dependencia y el Sistema de Salud, en atención primaria y hospitalaria, así como la continuidad de cuidados en el municipio de residencia.

— Coordinar los esfuerzos y las iniciativas autonómicas y, en su caso, provinciales con y entre los municipios, para lograr economías de escala y garantizar niveles mínimos de servicio.

— Impulsar servicios relacionados con el envejecimiento de la población y el desarrollo de actividades que fomenten un envejecimiento activo.

— Propiciar los mecanismos para la promoción del ocio inclusivo y la integración de los mayores en su entorno, para combatir su aislamiento o situaciones de soledad.

— Desarrollar la capacitación digital de la población mayor y el acceso a las tecnologías de la comunicación para reducir la brecha digital generacional y favorecer el desarrollo de procedimientos y actividades digitales.

— Fomentar el voluntariado y las asociaciones comunitarias para complementar los servicios públicos.

— Gestionar o coordinar la gestión de actividades y centros de ocio o recreativos, incluidos bares o centros de hostelería, en el municipio, cuando no exista iniciativa privada o de forma complementaria a la misma.

Este listado de medidas invita, también, a abordar una reflexión en relación con la escasa atención que se presta a la gobernanza multinivel y al papel que puedan reservar las entidades locales en el desarrollo de estas

Despoblación rural y envejecimiento: políticas públicas y servicios municipales de protección y atención a las personas mayores

Fundación Democracia y Gobierno Local
Serie: Claves del Gobierno Local, 40
ISBN: 978-84-125912-6-2

políticas públicas, más allá de algunas previsiones genéricas y poco concretadas relativas a la necesidad de coordinar esfuerzos o promover acciones coordinadas. A pesar de que estas medidas inciden claramente en la vida local y condicionan o tienen impacto sobre la actividad de las entidades locales, a partir de estas escuetas previsiones, poco espacio y atención parece dejarse a los municipios.

Por último, aunque existe una alta coincidencia respecto de los objetivos y ámbitos materiales cubiertos por estos planes y normas regionales, sin embargo, dando un paso más allá, la diferencia entre ellos podría estar en cómo se concretan estas medidas y si disponen de recursos adecuados disponibles para ser llevadas a cabo. Pero esto no lo podemos ver en la literalidad del contenido de dichos planes. Dicho contenido se caracteriza por la amplitud en el diseño de las áreas de actuación, que, sin embargo, contrasta con el menor detalle o especificación de la dotación presupuestaria para la ejecución de las medidas o de los criterios de distribución de los recursos económicos[31]. Ahí radican la posible trascendencia y el impacto real de estos planes y sus medidas sobre el diseño de la política pública de lucha contra la despoblación, en general, y sobre la acción de las Administraciones locales, en particular.

---

31.   Egea de Haro (2022: 245).

Despoblación rural y envejecimiento,
políticas públicas y servicios municipales
de protección y atención a las personas mayores

Fundación Democracia y Gobierno Local
Serie: Claves del Gobierno Local, 40
ISBN: 978-84-125912-6-2

189

CAPÍTULO 5

Consideraciones finales

La mayoría de los estudios, diagnósticos e, incluso, instrumentos públicos realizados sobre el reto demográfico y la despoblación ponen en evidencia el carácter transversal del problema, y reflejan la necesidad de que sean tomados en consideración en todas o, al menos, en muchas de las políticas públicas sectoriales, refrendando así la complejidad de estos fenómenos que afectan a nuestra sociedad, y el carácter interdisciplinar de la respuesta efectiva que se pretende dar a estos problemas. Y de forma más concreta, en lo que aquí interesa, se considera, entre los elementos para mantener o aumentar población de una entidad local, que es necesario que dicha entidad local, en función del tamaño poblacional, sea capaz de ofrecer, en cantidad y calidad, los servicios que demandan los ciudadanos. La falta de servicios o su baja calidad, los problemas de accesibilidad o el aislamiento son elementos determinantes, junto a otros factores, del progresivo abandono que han experimentado las zonas rurales españolas. Partiendo de esta premisa, las políticas de lucha contra la despoblación (plasmadas en los últimos tiempos en los variados planes de lucha contra la despoblación aprobados por las distintas Administraciones públicas) parece que deberían incluir, sin perjuicio de otras medidas, actuaciones destinadas a garantizar el acceso a las infraestructuras y a los servicios públicos esenciales para conseguir, con medidas de discriminación positiva, reconducir esta alarmante situación poblacional hasta alcanzar un nivel mínimo que garantice su sos-

Despoblación rural y envejecimiento: políticas públicas y servicios municipales de protección y atención a las personas mayores

Fundación Democracia y Gobierno Local
Serie: Claves del Gobierno Local, 40
ISBN: 978-84-125912-6-2

191

tenibilidad[1], una "garantía de la situación actual, sin retroceso", similar a la cláusula de no regresión[2].

Y, en especial, el diseño y despliegue de estos servicios debería partir de una realidad: sin perder de vista el deseo (o la necesidad) de atraer población joven, una gran parte (y creciente porcentualmente) de la población rural es mayor y tiene necesidades de prestaciones sociales específicas.

Con un matiz importante: a pesar de que de las medidas implantadas a partir de los diferentes instrumentos (normativos o no) y de los planes de lucha contra la despoblación pudieran derivarse innegables efectos positivos sobre la calidad de vida de la población, hay que tener presente precisamente esa multitud de factores que intervienen en la fijación o pérdida de la población dentro de un territorio. La decisión final de los individuos de marcharse o quedarse en un lugar determinado está ligada no solo a razones de tipo laboral o de acceso a servicios públicos o privados, sino también a razones de tipo personal o emocional[3].

En resumen, para combatir la despoblación y atender adecuadamente a la población de mayor edad, las políticas públicas deben centrarse en garantizar el acceso a servicios esenciales. La despoblación amenaza la prestación de servicios públicos esenciales para los mayores, por lo que se hace necesario emprender soluciones que intenten garantizar que las necesidades de esta población vulnerable no se vean comprometidas por las tendencias demográficas. Y, para abordar el diseño adecuado y eficaz de estas políticas y las medidas que las integran, los Gobiernos locales deberían evaluar qué servicios se prestan actualmente a los mayores y determinar formas de mantener e incluso ampliar su disponibilidad: mejorar o ampliar el acceso al transporte, la atención sanitaria, los servicios sociales y la vivienda adecuada para permitirles seguir viviendo en comunidades en despoblación.

---

1. Bello Paredes (2023: 126).

2. Bello Paredes (2023: 145), que señala que este principio tiene su origen en la doctrina francesa y que se afirma expresamente en la Conferencia de Naciones Unidas sobre Desarrollo Sostenible (Río, 2012), en el documento denominado: "El futuro que queremos". En España, además de su reflejo en la jurisprudencia del Tribunal Supremo en el ámbito urbanístico, este principio se ha incorporado a la Ley 7/2021, de 20 de mayo, de cambio climático y transición energética, en cuyo preámbulo (apartado III) se afirma: "este principio de no regresión se define como aquel en virtud del cual la normativa, la actividad de las Administraciones Públicas y la práctica jurisdiccional no pueden implicar una rebaja o un retroceso cuantitativo ni cualitativo respecto de los niveles de protección ambiental existentes en cada momento, salvo situaciones plenamente justificadas basadas en razones de interés público, y una vez realizado un juicio de ponderación entre los diferentes bienes jurídicos que pudieran entrar en contradicción con el ambiental".

3. Navarro *et al.* (2023: 13, 17).

Despoblación rural y envejecimiento: políticas públicas y servicios municipales de protección y atención a las personas mayores

Fundación Democracia y Gobierno Local
Serie: Claves del Gobierno Local, 40
ISBN: 978-84-125912-6-2

Estas políticas beneficiarían tanto a los mayores como a los municipios en su conjunto.

No hay duda de que, a medida que las poblaciones envejecen y se despueblan, los Gobiernos locales se enfrentan a desafíos cada vez mayores para prestar servicios públicos esenciales a los ciudadanos de edad avanzada. Abordar la soledad, el aislamiento y las condiciones de vida de los mayores que habitan en el medio rural debería ser una prioridad para cualquier política de lucha contra la despoblación. Es por ello que, aunque las políticas de lucha contra la despoblación pueden enfocarse en frenar la migración de los jóvenes, también deben centrarse en mejorar la calidad de vida de aquellos que no pueden o no desean mudarse: los planes de lucha contra la despoblación, si quieren no perder, también, a este colectivo, y si verdaderamente se aspira a asegurar un envejecimiento activo y saludable en el medio rural, deben tener en cuenta las necesidades de las personas mayores a la hora de diseñar las políticas públicas que pretenden poner freno o mitigar el fenómeno de la despoblación. Se han de proteger y mejorar los servicios que se prestan a nuestros mayores para garantizar su bienestar y evitar su aislamiento, con el fin de garantizar el acceso a servicios públicos de calidad para los mayores, contribuir a frenar la despoblación y mejorar la cohesión territorial.

Las necesidades principales que presentan las personas mayores pueden resumirse en las siguientes: 1) mantenimiento de un buen sistema de salud que atienda a sus peculiaridades; 2) prevención del riesgo de pobreza, sobre todo en edades más avanzadas; 3) sostenimiento de un sistema de pensiones que responda a las necesidades del momento, como principal medio para evitar la pobreza; 4) ofrecimiento de oportunidades de empleo para quienes lo deseen; y 5) creación y mantenimiento de servicios sociales que complementen las necesidades anteriores, tanto para las personas mayores autónomas como para las dependientes[4].

En definitiva, las prestaciones sociales, entendidas como aquellos servicios o prestaciones emprendidos por las Administraciones públicas que tienen como objetivo atender las necesidades específicas de determinados colectivos, detectar y prevenir las situaciones de marginalidad social, elevar la calidad de vida, promover el bienestar individual y colectivo, facilitar la adaptación recíproca y la integración de la persona y el medio social, etc.[5],

---

4. Así lo afirma Alemán Bracho (2013: 9), con cita del informe de Naciones Unidas de 2007: Organización de las Naciones Unidas. Consejo Económico y Social (2007: 9).

5. Garrido Juncal (2020: 80).

Despoblación rural y envejecimiento:
políticas públicas y servicios municipales
de protección y atención a las personas mayores

Fundación Democracia y Gobierno Local
Serie: Claves del Gobierno Local, 40
ISBN: 978-84-125912-6-2

193

dirigidas a las personas mayores en el ámbito local, son fundamentales para mejorar su calidad de vida, favorecer su envejecimiento activo en el entorno en el que han desarrollado sus vidas y luchar contra la soledad y el aislamiento en las zonas rurales.

Teniendo en cuenta el planteamiento metodológico enunciado en el capítulo introductorio de este estudio, aquí se ha atendido primero a qué fenómenos de reforma o problemáticos son considerados como esenciales desde la perspectiva de las políticas públicas, así como sus posibles líneas de evolución, para luego, a continuación, proyectar este análisis sobre el derecho administrativo y, así, tratar de dilucidar en qué medida este derecho estimula o frena las reformas identificadas como necesarias o en proceso por la ciencia de la administración y por dichas políticas públicas. Se ha prestado una especial atención al régimen competencial atribuido a los municipios en el ámbito de las prestaciones sociales en la legislación básica local (y su relación con las competencias autonómicas) y al contenido de los diversos instrumentos (leyes, estrategias, planes) aprobados para hacer frente a la despoblación.

Pues bien, a partir de esa visión, en las páginas anteriores se ha mostrado, como elemento con impacto (o, si se prefiere, como una consecuencia) en el fenómeno de la despoblación, la interrelación entre el envejecimiento de la población y la necesidad de prestar servicios de calidad a este segmento de la población. Las diversas estrategias internacionales, europeas y nacionales señalan la necesidad de actuar sobre y desde las comunidades rurales en despoblación, fortaleciendo sus servicios públicos y la atención a los mayores. Y más si tenemos en cuenta el predominio de la orientación de las políticas públicas relativas a los servicios sociales hacia el envejecimiento en casa, esto es, la asistencia a los mayores en su domicilio. Esto hace que, en lo que al fenómeno de la despoblación se refiere, progresivamente, se vaya a agudizar el impacto del envejecimiento de la población rural.

En este modelo, en el que se fomenta el mantenimiento de los mayores en su lugar de origen o de residencia, prestándoles servicios sociales de calidad, las entidades locales juegan un papel fundamental en la prestación de las demandas sociales y en la atención de las personas mayores. Por cercanía y proximidad están en una posición singular que les permite conocer de primera mano cuáles son esas necesidades en cada caso concreto y diseñar políticas locales eficaces y justas que tomen en consideración sus preferencias políticas, pero también los requerimientos de los mayores afectados, dentro de los condicionantes que impone el marco jurídico-normativo.

194

Despoblación rural y envejecimiento:
políticas públicas y servicios municipales
de protección y atención a las personas mayores

Fundación Democracia y Gobierno Local
Serie: Claves del Gobierno Local, 40
ISBN: 978-84-125912-6-2

Y, dado el protagonismo de la Administración municipal en este ámbito, parece razonable que se garantice que las corporaciones locales dispongan de medios suficientes y de instrumentos adecuados que permitan el mantenimiento y la continuidad en la prestación de los servicios sociales a mayores, que sigue siendo un espacio propio de intervención municipal en la atención de las demandas de este colectivo. Y, así, puede ser un buen ejemplo de referencia la crisis sanitaria y social producida por la COVID-19, durante la que se puso claramente en evidencia que los ayuntamientos tienen y tendrán mucho que hacer en este ámbito: en la prestación de una demanda creciente de servicios sociales, en general, y en relación con la asistencia a los mayores, en particular. Esto les obligó tanto a organizar o reorganizar el funcionamiento de la Administración local como la propia provisión de servicios[6]. Los mayores constituyeron, sin ninguna duda, el colectivo más golpeado por la pandemia, tanto desde el punto de vista sanitario como desde el punto de vista de la petición de auxilio social. Además de ser la principal población de riesgo, se agrava su situación debido al confinamiento: aumenta su dependencia, sufren la pérdida de cuidadores (por enfermedad de los mismos o por el propio confinamiento), se intensifican el aislamiento y la soledad, impacto psicológico (inseguridad, miedo, incertidumbre), cierre de centros de día y de actividades de ocio para mayores, prohibición de visitas de familiares, etc. Y, por supuesto, la dramática situación vivida en los centros residenciales de mayores, mayoritariamente de titularidad privada, pero también de titularidad/gestión pública, generalmente autonómica y algunos, aunque minoritariamente, de titularidad/gestión municipal.

De la crisis sanitaria y social vivida en los últimos años deberíamos ser capaces de sacar una lección aprendida que nos permitiera, para el futuro, considerar una prioridad dedicar recursos suficientes y adecuados a las políticas sociales y que estas se definan de manera eficaz y, a poder ser, por aquellos sujetos públicos que están en mejores condiciones de llevarlas a cabo. Quizá que se tenga en cuenta a los municipios en el diseño de estas políticas puede suponer ir en el camino señalado. La variedad, la intensidad y la inmediatez de las actuaciones emprendidas por las entidades locales en los momentos de mayor necesidad social demuestran la eficiencia en la adaptación a nuevas circunstancias de las Administraciones locales, de las que se ha afirmado que disponen de mayor capacidad de innovación institucional que el resto de los niveles de gobierno[7].

---

6. En este sentido, también, Navarro Gómez (2020).
7. Navarro Gómez (2020).

Despoblación rural y envejecimiento: políticas públicas y servicios municipales de protección y atención a las personas mayores

Fundación Democracia y Gobierno Local
Serie: Claves del Gobierno Local, 40
ISBN: 978-84-125912-6-2

195

Y, sin embargo, al proyectarse las líneas generales que definen las políticas públicas de protección de los mayores y la relevancia que tienen en relación con las políticas para hacer frente a la despoblación sobre las normas y sobre los diferentes instrumentos o estrategias de lucha contra la despoblación rural, comprobamos que, en realidad, en primer lugar, no se reserva un auténtico espacio, en su diseño e implementación, a las entidades locales; y cómo, además, no siempre se presta una especial atención a los mayores, al no tener en cuenta el cruce de las variables despoblación y envejecimiento demográfico rural.

Los Gobiernos locales se enfrentan a la difícil tarea de equilibrar las necesidades de una población envejecida con los desafíos económicos planteados por la despoblación. Y así, dentro de estas dificultades y equilibrios, como se señaló en el capítulo anterior, existen experiencias interesantes y, en ocasiones, innovadoras y creativas de estrategias para abordar este problema y que garanticen la dignidad y el bienestar de la población local, en general, y en especial de los adultos mayores, incluso en las comunidades más aisladas.

La falta de medios de los municipios rurales o el alcance supramunicipal de algunos de los servicios e infraestructuras necesarias, conducen a que el diseño de la estrategia de lucha contra la despoblación se aborde a nivel supramunicipal, autonómico y estatal. Es necesario asumir la necesidad de establecer planes y programas que permitan articular las actuaciones de todos los niveles de poder territorial[8], que es una tarea pendiente. Esto permitiría tomar en consideración a todos los actores con algo que decir en este ámbito y, adicionalmente, evitar las distorsiones o incoherencias existentes. En esta línea, entre las propuestas que se fijaron en la Comisión de Despoblación constituida por la FEMP y en su listado de medidas para luchar contra la regresión demográfica (2017) se incluye la constitución de una mesa estatal contra la despoblación, integrada por representantes de los tres niveles de administraciones territoriales: locales, autonómicas y estatal. Todo ello, según se afirma, con la finalidad de lograr compromisos presupuestarios y tributarios para fomentar el desarrollo local, el empleo, los servicios públicos, las infraestructuras, la vivienda y otros objetivos de reequilibrio demográfico.

Desde luego, la despoblación se puede medir con distintas escalas (nacional, regional, comarcal y local), y la elección de la escala de medición no es neutra, pues determina también qué actores y qué instrumentos

---

8.   López Ramón (2020a: 126).

Despoblación rural y envejecimiento:
políticas públicas y servicios municipales
de protección y atención a las personas mayores

Fundación Democracia y Gobierno Local
Serie: Claves del Gobierno Local, 40
ISBN: 978-84-125912-6-2

normativos, políticos y administrativos son los adecuados en cada caso. Teniendo en cuenta nuestro modelo territorial, corresponde al nivel local, en concreto, a los municipios, la competencia para la prestación de un buen número de los servicios básicos de sus vecinos. Por ello, parece que, sin perjuicio de las actuaciones que puedan llevarse a cabo en el ámbito estatal, en el marco de una estrategia general de lucha contra la despoblación, o de la iniciativa y planificación autonómica en este ámbito, debería dejarse también un espacio protagonista a las entidades locales a la hora de diseñar e implementar políticas públicas en esta materia. Sin embargo, en España, las iniciativas políticas, normativas y a través de instrumentos de planificación en este ámbito, se han concentrado en los niveles estatal y autonómico, con escaso o nulo espacio para la intervención de la Administración local[9].

En conclusión, y teniendo en cuenta todo lo anterior, parece razonable que, en primer lugar, se hagan efectivas las previsiones contenidas en el diseño programático que de la política de mayores y de la política de lucha contra la despoblación se realiza en las distintas estrategias, nacionales y autonómicas, en las que la cooperación interadministrativa (también con los municipios) desempeña un papel clave. En este sentido, merece ser destacada la reciente reforma de la LBRL llevada a cabo por el Real Decreto-ley 6/2023, de 19 de diciembre, que ha añadido contenidos que afectan a la atribución de competencias a los municipios, y que parece estar pensando precisamente en la gestión de los servicios públicos de los municipios pequeños. En concreto, introduce un nuevo art. 28 LBRL, según el cual "podrán establecerse, en municipios determinados de menos de 20.000 habitantes, sistemas de gestión colaborativa dirigidos a garantizar los recursos suficientes para el cumplimiento de las competencias municipales y, en particular, para una prestación de calidad, financieramente sostenible, de los servicios públicos mínimos obligatorios, [...]". Pero, eso sí, la aplicación efectiva a un municipio de la gestión colaborativa requerirá decisión en tal sentido de la comunidad autónoma respectiva, adoptada conforme a su legislación de régimen local propia y, en todo caso, con la conformidad previa del municipio afectado y el informe de las entidades locales afectadas.

Para lograr una auténtica actuación conjunta y de cooperación, sería importante llegar a un acuerdo político multinivel para configurar el mapa de los territorios despoblados y desfavorecidos, para articular programas entre comunidades autónomas y entidades locales, así como

---

9. Navarro *et al.* (2023: 13, 17-18).

Despoblación rural y envejecimiento: políticas públicas y servicios municipales de protección y atención a las personas mayores

Fundación Democracia y Gobierno Local
Serie: Claves del Gobierno Local, 40
ISBN: 978-84-125912-6-2

197

para la gestión de los fondos disponibles. En esta articulación de las relaciones administrativas multinivel pueden intervenir, de manera importante, además de los municipios, las diputaciones provinciales o los consejos comarcales, de acuerdo con su organización territorial. Esto supone, en definitiva, que las comunidades autónomas y los Gobiernos locales deben jugar, en sus relaciones, un papel diferente al actual, entablando una auténtica colaboración (y no solo una coordinación de actuaciones desde las comunidades autónomas) y determinando estrategias eficaces y eficientes comunes[10].

Por otro lado, la lucha contra la despoblación requiere de Gobiernos locales fuertes y sostenibles, y esto incluye una financiación municipal adecuada. Se debe abordar de una vez la tantas veces reclamada reforma del sistema de financiación local, pues el sistema actual claramente beneficia a los municipios de más población, que disponen de una mayor capacidad tributaria, colocando a los pequeños municipios en una situación de escasa disponibilidad de recursos. Los pequeños municipios se ven obligados a ejercer las mismas competencias y a trabajar con las mismas reglas de funcionamiento que los demás ayuntamientos. Y, para ellos, dichas atribuciones y tales pautas resultan manifiestamente inadecuadas, en cuanto demasiado extensas, complejas y rígidas, debido a que están pensadas para Administraciones de mayores dimensiones, con más recursos. Esto dificulta su actuación y afecta a la eficacia y la eficiencia en la respuesta que son capaces de dar a las demandas de sus vecinos[11].

Tal y como ha declarado el Congreso de Poderes Locales y Regionales del Consejo de Europa en su Recomendación 465 (2021), España carece de un sistema de nivelación financiera intermunicipal que proteja a los municipios con mayor debilidad financiera, tal y como exige el art. 9.5 CEAL. Un matiz respecto a lo afirmado anteriormente: el actual sistema de financiación local beneficia a los grandes municipios urbanos y perjudica a una buena parte de los municipios rurales, aunque no a todos. En especial, a los municipios rurales medianos que vertebran la actividad económica y los servicios de su espacio comarcal, y ello porque el régimen de transferencias regulado en la Ley de Haciendas Locales no tiene una función niveladora o ecualizadora, ya que asegura primariamente la sostenibilidad financiera de los municipios muy grandes, y presta una atención secundaria a los municipios medianos y pequeños. Adicionalmente, se puede considerar que el actual régimen de transferencias estatales, el regulado en la Ley de Haciendas

---

10. Estas ideas, con algún matiz, en Molina Ibáñez (2019: 167).
11. Almeida Cerreda (2023a; 2023b: 60).

198

Despoblación rural y envejecimiento:
políticas públicas y servicios municipales
de protección y atención a las personas mayores

Fundación Democracia y Gobierno Local
Serie: Claves del Gobierno Local, 40
ISBN: 978-84-125912-6-2

Locales, no es conforme con la estrategia estatal de reto demográfico. Porque no favorece la sostenibilidad económica de aquellos municipios rurales que, teniendo unas dimensiones y una capacidad de gestión suficiente, con mejores ingresos podrían desplegar estrategias de iniciativa económica local, ofrecer más y mejores servicios públicos, y coadyuvar a la sostenibilidad de los servicios privados. Podrían, en suma, generar atractivos demográficos competitivos con los de las grandes ciudades[12].

Además, *de facto*, las estrategias de ordenación territorial de alcance autonómico, y los múltiples planes y estrategias estatales y autonómicos aprobados para hacer frente a la despoblación, dejan, como ya se ha indicado, un escaso papel a los municipios, que son, básicamente, perceptores y gestores de subvenciones para la ejecución de políticas supralocales contra la despoblación. Así, las múltiples actuaciones contra la despoblación previstas por el actual Plan Estatal de Recuperación, Transformación y Resiliencia se han desarrollado a través de numerosas convocatorias de subvenciones (muchas de ellas territorializadas en las comunidades autónomas) para los concretos objetivos o acciones fijados en cada convocatoria. Todas estas medidas sin duda que pueden tener efectos directos y positivos contra la despoblación. Pueden estimular la actividad económica y la prestación de servicios en las áreas rurales. Pero no están promoviendo Gobiernos locales robustos y sostenibles que puedan diseñar sus propias estrategias de sostenibilidad[13]. Esta problemática, común a todas las Administraciones locales españolas, es aún más grave en el conjunto de los municipios de menores dimensiones[14].

En consecuencia, la uniformidad del régimen local español, en sus vertientes normativa y financiera, empeora, de modo decisivo, la asfixia de los ayuntamientos de dimensiones más reducidas. Los escasos recursos humanos, económicos y materiales de los que disponen, y las complicadas reglas de gestión impuestas desde la normativa general, les impiden llevar a cabo una eficiente prestación de calidad de los servicios públicos esenciales para su población. Esto es, el marco jurídico-económico existente determina que los pequeños municipios carezcan de la capacidad administrativa y financiera suficiente para ejercer sus funciones y realizar las actividades que les impone la legislación de régimen local, básica y de desarrollo, y la legislación sectorial. Y esto tiene un innegable impacto negativo sobre la agudización de la despoblación de los municipios menores. Para revertir tal situación y

---

12. Velasco Caballero (2022: 7-8).
13. Velasco Caballero (2022: 7).
14. Almeida Cerreda (2023b: 60).

Despoblación rural y envejecimiento:
políticas públicas y servicios municipales
de protección y atención a las personas mayores

Fundación Democracia y Gobierno Local
Serie: Claves del Gobierno Local, 40
ISBN: 978-84-125912-6-2

199

permitir que los municipios cumplan, de forma adecuada, con sus misiones propias, y sirvan, además, a la consecución de otros objetivos de interés general, como la lucha contra la despoblación y la protección de los mayores que residen en ellos, se debe proceder a dotarlos de estatutos específicos, adaptados a sus necesidades y peculiaridades, y que aseguren no solo la diversificación competencial, sino también la diferenciación estructural[15].

En relación con la financiación, España debería introducir una corrección de fondo en la Ley de Haciendas Locales. Esa reforma debe responder a las exigencias de la Carta Europea, tal y como la ha interpretado y aplicado el Consejo de Europa. Cualquiera que sea el sistema nacional de nivelación financiera intermunicipal, habrá de respetar algunas exigencias procedimentales mínimas entre las que se incluye la participación de las entidades locales en la definición del sistema de distribución de las transferencias niveladoras[16]. Llama la atención que ninguno de los modelos de reparto de financiación local existentes en la actualidad en España toma en consideración variables que pueden ser muy relevantes desde el punto de vista de la lucha contra la despoblación, tales como el envejecimiento de la población o la dispersión de los núcleos poblacionales, lo que no es conforme con la estrategia estatal de reto demográfico[17].

La apuesta por la implementación de políticas públicas y sistemas de organización territorial que potencien la cohesión y el equilibrio urbano-rural resulta indispensable, y esto se refleja, también, en la política territorial de la Unión Europea[18], ya que esa es una reflexión general que también preocupa a organizaciones europeas, como el Consejo de Europa. Así, la Recomenda-

---

15.   Almeida Cerreda (2023a; 2023b: 61, 68-77), que, sin ánimo de exhaustividad y a modo de ejemplo, enuncia algunas cuestiones en las que la normativa estatal y autonómica tendría que llevar a cabo las necesarias modificaciones y ajustes: a) la configuración de los órganos municipales, reforzando la posición institucional del alcalde, al que se le debería atribuir las competencias de tipo administrativo, y reconocer una verdadera potestad normativa propia; b) las reglas de actuación de la Administración local, eximiendo a los pequeños municipios de la obligación de elaborar instrumentos de planificación (plan normativo anual; plan de contratación anual o plurianual, o el plan estratégico de subvenciones), además de flexibilizar para ellos las reglas en materia de contratos públicos; c) la dispensa de la obligación de prestar los servicios mínimos que les corresponden y modificar el régimen del desarrollo y prestación conjunta o agrupada de funciones y servicios: delegaciones intermunicipales y las encomiendas intermunicipales de competencias, así como fórmulas de prestación conjunta, ágiles y poco burocráticas, como son la gestión compartida convencional y las agrupaciones o comunidades de municipios; d) la mejora de la financiación; e) la mejora de las disposiciones referidas al incentivo de la participación vecinal y de la democracia local; f) la mejora de las disposiciones relativas a las relaciones interadministrativas e intergubernamentales. Sobre la gestión compartida como instrumento jurídico de revitalización del medio rural, González Bustos (2023: 60 y ss.).

16.   Velasco Caballero (2022: 27, 29); Martínez Sánchez (2023: 252).

17.   Martínez Sánchez (2023: 252, 265-268).

18.   Navarro *et al.* (2023: 17).

Despoblación rural y envejecimiento: políticas públicas y servicios municipales de protección y atención a las personas mayores

Fundación Democracia y Gobierno Local
Serie: Claves del Gobierno Local, 40
ISBN: 978-84-125912-6-2

ción 429 (2019) del Congreso de Poderes Locales y Regionales del Consejo de Europa (CPLRE) señala que ya ha pasado la época de los Estados-Nación de los siglos XIX y XX y hay que recuperar la ciudad como lugar de agregación y como lugar de ejercicio de los derechos fundamentales. Igualmente, la Agenda Urbana Europea (aprobada en 2016) nos dice que las ciudades europeas han de participar en la elaboración de las políticas generales que conciernen a importantes servicios sociales, empezando por planes piloto que están en marcha, sobre la inclusión de los migrantes, la política de vivienda, la pobreza urbana, gran parte de temas de cambio climático, etc.[19].

Incluso, dando un paso más, ha de tomarse en consideración la posición de los municipios no solo en la definición de sus propios intereses, sino también participando en la codecisión, en la formulación de la política autonómica e, incluso, nacional, haciendo efectiva la tan frecuentemente proclamada cogobernanza. El documento *Visión a largo plazo para las zonas rurales*, elaborado por la Comisión Europea en 2021, contiene una estrategia que enumera las acciones a las que se compromete la Comisión para revitalizar las zonas rurales, e invita a todos los interesados (Estados miembros, autoridades regionales y locales, sociedad civil, empresas, particulares) a trabajar conjuntamente en la consecución de los objetivos que se plantean. Destacadamente, entre las propuestas se incluye la implantación de la llamada "lente rural" (*rural proofing*), que pretende fomentar que, previamente a la implantación de políticas públicas, se realice un análisis de su impacto en las zonas rurales que tenga en cuenta y se alinee con las necesidades y la realidad del mundo rural. Supone que se debe garantizar normativamente la participación activa de las entidades locales en la elaboración y ejecución de las políticas públicas. Este principio se ha reflejado en la Ley 27/2022, de 20 de diciembre, de institucionalización de la evaluación de políticas públicas en la Administración General del Estado, cuya disposición adicional sexta establece que el Gobierno impulsará un mecanismo rural de garantía que incorpore la evaluación de los efectos territoriales y sobre el medio y la sociedad rural de las políticas públicas. La implantación de este mecanismo rural de garantía permitiría poner esa lente local que integraría la visión rural y daría visibilidad al mundo local en la legislación general del Estado, en beneficio de los territorios rurales y sus instituciones de gobierno[20]. Y que, por tanto, a los municipios se les reconozca un papel protagonista, un rol determinante, definidor, no de mero ejecutor de polí-

---

19. En este sentido, Font i Llovet (2020: 28-30), para el que el papel de los municipios, en el futuro inmediato, irá más allá del municipio clásico: también los servicios a las personas alcanzarán esa dimensión urbana y ciudadana predominante.

20. Navarro *et al.* (2023: 15-16), Picón Arranz (2023: 125).

Despoblación rural y envejecimiento: políticas públicas y servicios municipales de protección y atención a las personas mayores

Fundación Democracia y Gobierno Local
Serie: Claves del Gobierno Local, 40
ISBN: 978-84-125912-6-2

201

ticas ajenas, a través del mecanismo rural de garantía (*rural proofing*), que vendría a ser como el principio de subsidiariedad aplicado a la garantía de la participación de las Administraciones locales, y que se vincula con el principio constitucional de la autonomía local del art. 137 CE[21].

Los intentos por corregir las corrientes migratorias de huida del ámbito rural tendrán mayores posibilidades de prosperar si parten de las propias comunidades afectadas, si tienen en cuenta las necesidades y preferencias de los municipios, que tengan voz y sean tomados en consideración como entidades fuertes, dotadas de autonomía para la gestión de sus propios intereses y agentes activos del proceso de dinamización del ámbito rural. Hasta ahora, parece que la promoción del desarrollo rural por impulsos externos produce escasos efectos positivos y de débil permanencia temporal, además de poder activar reticencias de las propias entidades locales ante la amenaza de una posible pérdida de su identidad[22].

---

21. Bello Paredes (2023: 145), que señala que la primera plasmación de este principio tuvo lugar en el año 2016, en la "Declaración de Cork 2.0. Una vida mejor en el mundo rural", en la que se propuso para toda Europa este mecanismo con el objetivo de que las comunidades rurales fuesen escuchadas y tenidas en cuenta, tanto en el diseño de las políticas y los presupuestos como en su aplicación. El punto 1 de la Declaración afirma que debe existir un mecanismo rural de garantía que asegure que este aspecto se refleje en las estrategias y políticas de la Unión Europea.

22. Esto explicaría, precisamente y como ejemplo, la resistencia mostrada a utilizar la opción de las fusiones de municipios, que conlleva la desaparición de las entidades jurídicas de origen y que ha tenido una casi nula aceptación por parte de los municipios españoles. López Ramón (2020a); Domínguez Martín (2021b).

202

Despoblación rural y envejecimiento: políticas públicas y servicios municipales de protección y atención a las personas mayores

Fundación Democracia y Gobierno Local
Serie: Claves del Gobierno Local, 40
ISBN: 978-84-125912-6-2

REFERENCIAS
BIBLIOGRÁFICAS

Abellán García, A., Pujol Rodríguez, R., Ramiro Fariñas, D. y Pérez Díaz, J. (2015). Pirámide rural. *Envejecimiento en red* [blog], 29-4-2015. Disponible en http://envejecimiento.csic.es/documentos/blog/Piramide-rural.pdf.

Aguado i Cudolà, V. (2012). Estudio preliminar: la incidencia del derecho de la Unión Europea y de la Directiva de Servicios en los diversos sectores de intervención administrativa: una panorámica general. En V. Aguado i Cudolà y B. Noguera de la Muela (coords.). *El impacto de la Directiva de Servicios en las Administraciones Públicas: aspectos generales y sectoriales* (pp. 19-41). Barcelona: Atelier.

Albi, F. (1960). *Tratado de los modos de gestión de las corporaciones locales*. Madrid: Aguilar.

Alemán Bracho, C. (2013). Políticas públicas para mayores. *Gestión y Análisis de Políticas Públicas*, Nueva Época, 9, 7-21.

Almeida Cerreda, M. (2011). Las competencias de los municipios en materia de servicios sociales (pp. 2701-2734). En S. Muñoz Machado (dir.). *Tratado de Derecho Municipal*, III. Madrid: Iustel.

— (2014). El incierto futuro de los servicios sociales municipales. *Anuario de Derecho Municipal 2013*, 93-120.

— (2023a). La inaplazable apuesta por la diversificación del régimen de los pequeños municipios. *Acento Local* [blog], 20-9-2023. Disponible en https://www.gobiernolocal.org/acento-local/la-inaplazable-apuesta-por-la-diversificacion-del-regimen-de-los-pequenos-municipios/.

Despoblación rural y envejecimiento:
políticas públicas y servicios municipales
de protección y atención a las personas mayores

Fundación Democracia y Gobierno Local
Serie: Claves del Gobierno Local, 40
ISBN: 978-84-125912-6-2

203

— (2023b). Un posible régimen especial para los pequeños municipios: justificación, naturaleza, contenido y articulación. *Revista de Estudios de la Administración Local y Autonómica*, 19, 59-81.

Ares Castro-Conde, C. (2018). Envejecimiento y política: un debate politológico. *Revista de Estudios Políticos*, 179, 171-198.

Arias Martínez, M.ª A. (2014). Las competencias locales en materia de servicios sociales tras la aprobación de la Ley 27/2013, de 27 de diciembre, de racionalización y sostenibilidad de la Administración local. *Revista de Administración Pública*, 194, 373-410.

— (2020). Las políticas de vivienda. Apuntes desde la perspectiva de la despoblación rural. *Istituzioni del Federalismo*, 2, 475-494.

Ariño Ortiz, G. y López de Castro, L. (1999). Economía y derecho. *Principios de derecho público económico*. Granada: Comares.

Arroyo Jiménez, L. y Domínguez Martín, M. (2012). Municipios y comunidades autónomas en la gestión del sistema de autonomía y atención a la dependencia. En J. M.ª Rodríguez de Santiago y S. Díez Sastre (coords.). *La Administración de la Ley de Dependencia* (pp. 53-94). Madrid/Barcelona: Marcial Pons.

Astier, C., Errasti, A. y Tejada, L. (2018). Políticas públicas municipales de personas mayores: gestionando el envejecimiento de las ciudades y municipios para una sociedad para todas las edades. *TransJus Working Papers Publications*, 6, 71-92.

Baño León, J. M.ª (2011). Reserva de Administración y Derecho Comunitario. *Papeles de Derecho Europeo e Integración Regional*, 7.

— (2019). Autonomía y competencias locales. *Documentación Administrativa*, 6, 8-15.

Barnés Vázquez, J. (2011). *Transformaciones (científicas) del Derecho Administrativo. Historia y retos del Derecho Administrativo contemporáneo*. Sevilla: Derecho Global.

Bello Paredes, S. (2023). La despoblación en España: balance de las políticas implantadas y propuestas de futuro. *Revista de Estudios de la Administración Local y Autonómica*, 19, 125-147.

Boix Palop, A. (2014). Sentido y orientación de la Ley 27/2013, de racionalización y sostenibilidad de la Administración local: autonomía local, recentralización y provisión de servicios públicos locales. *Revista de Estudios de la Administración Local y Autonómica*, 2, 27-47.

Cabrera Cabrera, P. J. (2023). Las personas sin hogar en España: el alojamiento y la vivienda como derecho social. En A. Blanco, S. Mora y J. A. López-Ruiz (coords.). *Informe España 2023* (pp. 323-395). Madrid: Universidad Pontificia Comillas.

Cañal-Fernández, V. y Álvarez, A. (2022). The role of infrastructures in rural depopulation. An econometric analysis. *Economía Agraria y Recursos Naturales*, 22 (2), 31-52.

204

Despoblación rural y envejecimiento:
políticas públicas y servicios municipales
de protección y atención a las personas mayores

Fundación Democracia y Gobierno Local
Serie: Claves del Gobierno Local, 40
ISBN: 978-84-125912-6-2

Carbonell Porras, E. (2023). Las competencias locales diez años después de la LRSAL. *Revista de Estudios de la Administración Local y Autonómica*, 19, 8-28.

Carlón Ruiz, M. (2016). La gestión de los servicios públicos: sus condicionantes desde el derecho europeo en el contexto de la transposición de las directivas sobre contratación pública. *Revista Española de Derecho Europeo*, 59, 45-75.

Carro Fernández-Valmayor, J. L. (2001). La cláusula general de competencia municipal. *Anuario del Gobierno Local 1999-2000*, 37-60.

Castillo Abella, J. (2020a). La organización de residencias de mayores como política local. En S. Díez Sastre y J. M.ª Rodríguez de Santiago (dirs.). *Ciudades envejecidas. El derecho y la política local para la protección y cuidado de las personas mayores* (pp. 231-259). Pamplona: Thomson Aranzadi.

— (2020b). Tipología y régimen jurídico de los sujetos gestores de residencias de mayores. *InDret*, 2, 457-507.

— (2023). Las decisiones ASADE del TJUE como punto de inflexión en la prestación de servicios sociales en España: cuando la acción concertada (casi siempre) es un contrato público. *IDL-UAM* [blog], 10-5-2023. Disponible en https://www.idluam.org/blog/las-decisiones-asade-del-tjue-como-punto-de-inflexion-en-la-prestacion-de-servicios-sociales-en-espana-cuando-la-accion-concertada-casi-siempre-es-un-contrato-publico/.

Cátedra Barcelona de Estudios de Vivienda e Instituto Pascual Madoz de la Universidad Carlos III de Madrid. (2022). *Conclusiones del Ciclo de Encuentros sobre el Derecho a la Vivienda* (abril-diciembre 2022). Disponible en https://www.aepda.es/AEPDAEntrada-3830-Conclusiones-ciclo-de-encuentros-sobre-el-derecho-a-la-vivienda--abril-diciembre-2022.aspx.

Cerrillo Martínez, A. (2015). Sobre la interdisciplinariedad en el derecho administrativo. Las utilidades de la ciencia política y de la administración para el derecho administrativo. *Revista Española de Derecho Administrativo*, 168, 39-66.

Chinchilla Peinado, J. A. (2019). Personas mayores y enajenación de viviendas sociales. Ventas a fondos de inversión y concursos de acreedores de las sociedades municipales de vivienda. Las consecuencias de la crisis económica y la tenue respuesta de las Administraciones. *Revista de Derecho Urbanístico y Medio Ambiente*, 333, 19-78.

— (2020a). La participación en los procesos de regeneración de las ciudades envejecidas y menguantes. El modelo de las ciudades amigables con las personas mayores. En S. Díez Sastre y J. M.ª Rodríguez de Santiago (dirs.). *Ciudades envejecidas. El derecho y la política local para la protección*

Despoblación rural y envejecimiento:
políticas públicas y servicios municipales
de protección y atención a las personas mayores

Fundación Democracia y Gobierno Local
Serie: Claves del Gobierno Local, 40
ISBN: 978-84-125912-6-2

205

y cuidado de las personas mayores (pp. 283-299). Pamplona: Thomson Aranzadi.

— (2020b). *Proyecto investigador presentado a concurso de Plaza de Profesor Titular* (inédito).

— (2021). La agenda urbana española y las leyes de vivienda autonómicas. La garantía del derecho a una vivienda digna y adecuada para las personas mayores como elemento de cohesión social y de construcción de una ciudad inclusiva. En M.ª R. Alonso Ibáñez (dir.). *Políticas urbanas y localización de los objetivos de desarrollo sostenible* (pp. 315-358). Valencia: Tirant lo Blanch.

Chinchilla Peinado, J. A. y Domínguez Martín, M. (2018). Servicios de interés general y mercado interior. En I. González Ríos (dir.). *Servicios de interés general y protección de los usuarios (Educación, Sanidad, Servicios Sociales, Vivienda, Energía, Transportes y Comunicaciones Electrónicas)* (pp. 59-85). Madrid: Dykinson.

— (2021). El derecho a la vivienda de las personas mayores. La desarticulación del territorio entre el ámbito rural y las grandes urbes. *Cuadernos de Derecho Local* (*QDL*), 56, 147-175.

— (2024). *La acción pública en materia de vivienda como servicio de interés general no económico*. RDU Ediciones.

Chinchilla Peinado, J. A., Domínguez Martín, M. y Rodríguez Chaves, B. (2020). Dignidad y adecuación de las viviendas sociales para las personas en riesgo de exclusión. Un elemento en la construcción del derecho a la ciudad. *Actas del Congreso de la AEPDA*.

Cidoncha Martín, A. (2017). La garantía constitucional de la autonomía local y las competencias locales: un balance de la jurisprudencia del Tribunal Constitucional. *Cuadernos de Derecho Local* (*QDL*), 45, 12-100.

Collantes, F. y Pinilla, V. (2019). *¿Lugares que no importan? La despoblación de la España rural desde 1990 hasta el presente*. Zaragoza: Prensas de la Universidad de Zaragoza.

Comisión Europea. (2022). *Eighth report on economic, social and territorial cohesion*.

Darnaculleta Gardella, M.ª M., García-Andrade Gómez, J., Leñero Bohórquez, R. y Salvador Armendáriz, M.ª A. (2022). Presentación. *La colaboración público-privada en la gestión de servicios sociales* (pp. 17-23). Madrid: Marcial Pons.

Defensor del Pueblo. (2019a). *La situación demográfica en España. Efectos y consecuencias*. Disponible en https://www.defensordelpueblo.es/wp-content/uploads/2019/06/Separata_situacion_demografica.pdf.

— (2019b). *La vivienda protegida y el alquiler social en España*.

Díaz Lema, J. M. (2017). La reserva de suelo destinado a vivienda protegida, nuevo paradigma del urbanismo español. *Revista de Derecho Urbanístico y Medio Ambiente*, 316, 17-67.

206

Despoblación rural y envejecimiento:
políticas públicas y servicios municipales
de protección y atención a las personas mayores

Fundación Democracia y Gobierno Local
Serie: Claves del Gobierno Local, 40
ISBN: 978-84-125912-6-2

Díez Sastre, S. (2015). La formación de conceptos dogmáticos en el derecho público. *RJUAM*, 31, 105-135.

— (2018). Las instituciones jurídicas de nuestro tiempo: los conceptos clave (*Schlüsselbegriffe*). *Blog Facultad de Derecho*, 24-1-2018.

— (2020a). Ciudades envejecidas y envejecimiento activo. Participación y protección de las personas mayores. En S. Díez Sastre y J. M.ª Rodríguez de Santiago (dirs.). *Ciudades envejecidas. El derecho y la política local para la protección y cuidado de las personas mayores* (pp. 177-202). Pamplona: Thomson Aranzadi.

— (2020b). Los servicios municipales para mayores en el entorno rural y urbano. *Istituzioni del Federalismo*, 2, 441-460.

— (2024). Organización municipal. En F. Velasco Caballero (dir.). *Tratado de Derecho Local* (pp. 263-292). Madrid: Marcial Pons.

Doherty, J. (2005). El origen del sinhogarismo: perspectivas europeas. *Documentación Social*, 138, 41-62.

Doménech Pascual, G. (2014). El impacto de la crisis económica sobre el método jurídico (administrativo). En J. L. Piñar Mañas (dir.). *Crisis económica y crisis del estado de bienestar. El papel del Derecho Administrativo* (pp. 389-396). Madrid: Reus.

Domínguez Martín, M. (2019). Los contratos de prestación de servicios a las personas. Repensando las formas de gestión de los servicios sanitarios públicos tras las Directivas de contratos de 2014 y la Ley 9/2017 de Contratos del Sector Público. *Revista General de Derecho Administrativo*, 50.

— (2020a). La acción social municipal en la gestión de la emergencia sanitaria producida por la COVID-19 y en el proceso de salida de la crisis sanitaria y social. *Cuadernos de Derecho Local* (QDL), 53, 75-106.

— (2020b). Los servicios sociales a mayores (en tiempos ordinarios y extraordinarios): una competencia compartida entre municipios y comunidades autónomas. En S. Díez Sastre y J. M.ª Rodríguez de Santiago (dirs.). *Ciudades envejecidas. El derecho y la política local para la protección y cuidado de las personas mayores* (pp. 61-93). Pamplona: Thomson Aranzadi.

— (2021a). Políticas públicas y configuración de los servicios de protección y atención a las personas mayores. El protagonismo de los municipios. *Anuario de la Facultad de Derecho de la UAM*, 25, 249-279.

— (2021b). Fusión de municipios y lucha contra la despoblación (a propósito del caso de Don Benito y Villanueva de la Serena). *IDL-UAM* [blog], 15-12-2021.

— (2022). El TJUE respalda la normativa valenciana sobre acción social que excluye a las entidades sin ánimo de lucro (STJUE de 14 de julio de 2022, Asunto C-436/20). *IDL-UAM* [blog], 19-10-2022. Disponible en https://www.idluam.org/blog/el-tjue-respalda-la-normativa-valenciana-

Despoblación rural y envejecimiento: políticas públicas y servicios municipales de protección y atención a las personas mayores

Fundación Democracia y Gobierno Local
Serie: Claves del Gobierno Local, 40
ISBN: 978-84-125912-6-2

207

sobre-accion-social-que-excluye-a-las-entidades-con-animo-de-lucro-stjue-de-14-de-julio-de-2022-asunto-c-436-20/.

— (2023). Los servicios públicos locales en la lucha contra la despoblación: su reflejo en los programas electorales de los principales partidos políticos con implantación nacional. *IDL-UAM* [blog], 21-5-2023. Disponible en https://www.idluam.org/blog/los-servicios-publicos-locales-en-la-lucha-contra-la-despoblacion-su-reflejo-en-los-programas-electorales-de-los-principales-partidos-politicos-con-implantacion-nacional/.

— (2024). Competencias y potestades municipales. En F. Velasco Caballero (dir.). *Tratado de Derecho Local* (pp. 235-262). Madrid: Marcial Pons.

Domínguez Martín, M. y Chinchilla Peinado, J. A. (2019). La acción concertada en la gestión de servicios sanitarios en la Ley 9/2017 de Contratos del Sector Público. *Derecho y Salud*, 29 (1), 186-193.

Domínguez Martín, M. y Rodríguez-Chaves Mimbrero, B. (2013). *El régimen de constitución, organización y contratación de las Sociedades Mercantiles Locales. Estudio desde la normativa y la jurisprudencia de la Unión Europea*. Madrid: La Ley.

EAPN España. (2022). XII Informe: *El Estado de la pobreza en España. Seguimiento de los indicadores de la Agenda UE 2030. 2015-2021*. Madrid: EAPN España. Disponible en https://www.eapn.es/estadodepobreza/.

Egea de Haro, A. (2020). La definición y localización de la política de mayores. En S. Díez Sastre y J. M.ª Rodríguez de Santiago (dirs.). *Ciudades envejecidas. El derecho y la política local para la protección y cuidado de las personas mayores* (pp. 21-60). Pamplona: Thomson Aranzadi.

— (2022). Una mirada a la despoblación desde distintos niveles de gobierno. En C. Navarro Gómez, Á. R. Ruiz Pulpón, F. Velasco Caballero y J. Castillo Abella (eds.). *Actas del I Congreso interdisciplinar sobre despoblación. Diagnóstico, territorio y gobierno local. CIUDAD REAL. 22 y 23 de septiembre de 2022* (pp. 235-248). Madrid: IDL-UAM.

Egea de Haro, A. y Navarro, C. (2019). *Mayores. Análisis comparado de políticas locales de mayores en municipios de la Comunidad de Madrid*. Madrid: IDL-UAM.

Escudero Gómez, L. A., García González, J. A. y Martínez Navarro, J. M.ª (2023). Un nuevo proceso de despoblación en España: las ciudades medias en decrecimiento. En C. Navarro, Á. R. Ruiz Pulpón y F. Velasco Caballero (dirs.). *Despoblación, territorio y gobiernos locales* (pp. 76-99). Madrid: Marcial Pons.

Esteve Pardo, J. (2015). *Estado Garante. Idea y Realidad*. Madrid: INAP.

Eurostat. (2016). *Urban Europe. Statistics on cities, towns and suburbs*. Disponible en https://ec.europa.eu/eurostat/web/products-statistical-books/-/ks-01-16-691.

208

Despoblación rural y envejecimiento: políticas públicas y servicios municipales de protección y atención a las personas mayores

Fundación Democracia y Gobierno Local
Serie: Claves del Gobierno Local. 40
ISBN: 978-84-125912-6-2

— (2019). *Ageing Europe. Looking at the Lives of Older People in the EU*. Disponible en https://ec.europa.eu/eurostat/web/products-statistical-books/-/ks-02-19-681.

Fariña Tojo, J. (2016). Espacios públicos para una vida activa. *El blog de José Fariña* [blog], 3-10-2016. Disponible en https://elblogdefarina.blogspot.com/2016/10/espacios-publicos-para-una-vida-activa.html.

Fernández, T.-R. (1999). Del servicio público a la liberalización. Desde 1950 hasta hoy. *Revista de Administración Pública*, 150, 57-73.

Fernández Montalvo, R. (2005). La presencia de la Carta Europea de la Autonomía Local en los pronunciamientos jurisprudenciales sobre autonomía local de 2004. *Anuario del Gobierno local 2004*, 307-334.

Fernández-Carro, C. y Evandrou, M.ª (2014). Envejecer en casa: ¿preferencia habitacional o falta de alternativas? Un análisis del contexto europeo. En H. Cairo Carou y L. Finkel Morgenstern (coords.). *Crisis y cambio: propuestas desde la sociología. Volumen II. XI Congreso Español de Sociología* (pp. 694-704). Madrid: Universidad Complutense de Madrid.

Font i Llovet, T. (2016). Organización y gestión de los servicios de salud. El impacto del derecho europeo. *Revista de Administración Pública*, 199, 253-288.

— (2020). Gestión de servicios sociales en el ámbito local. Nuevos planteamientos sobre la ciudad y la contratación pública. En L. Tolivar Alas y M. Cueto Pérez (dirs.). *La prestación de servicios socio-sanitarios. Nuevo marco de la contratación pública* (pp. 21-45). Valencia: Tirant lo Blanch.

Font i Llovet, T. y Galán Galán, A. (2014). La reordenación de las competencias municipales: ¿una mutación constitucional? *Anuario del Gobierno Local 2013*, 11-45.

Fuentes Goyanes, E. y Solé Blanch, J. (2012). Las condiciones de vida de las personas mayores y los servicios sociales municipales. *Pedagogía social. Revista Interuniversitaria*, 19, 83-98.

Funcas. (2023). *El reto de la solidaridad intergeneracional en sociedades envejecidas: una mirada a las familias*. Disponible en https://www.funcas.es/wp-content/uploads/2023/04/230429_DIG.pdf.

Galán Galán, A. (2009). La descentralización de competencias autonómicas y el pacto local. En A. Galán Galán y C. Prieto Romero (dirs.). *La descentralización de competencias autonómicas en la ciudad de Madrid. Nuevas oportunidades para la gestión desconcentrada* (pp. 21-50). Barcelona: Huygens.

Gallego Anabitarte, A. (1971). *Derecho general de organización*. Madrid: INAP.

García Álvarez, G. (2014). La Unión Europea como "Estado regulador" y las Administraciones independientes. *Revista de Administración Pública*, 194, 79-111.

García Pérez, E. y Janoschka, M. (2016). Derecho a la vivienda y crisis económica: la vivienda como problema en la actual crisis económica. *Ciudad y Territorio*, 188, 213-228.

Despoblación rural y envejecimiento, políticas públicas y servicios municipales de protección y atención a las personas mayores

Fundación Democracia y Gobierno Local
Serie: Claves del Gobierno Local, 40
ISBN: 978-84-125912-6-2

209

García Rubio, F. (2017). Las novedades de la nueva Ley de Contratos del Sector Público en materia de concesiones de servicios. Una reflexión sobre dos aspectos concretos. *Documentación Administrativa*, 4, 119-135.

— (2020). *El derecho local tras la "racionalización". Entre la transparencia, la remunicipalización y el ajuste presupuestario* (pp. 53-65). Valencia: Tirant lo Blanch.

García-Andrade Gómez, J. (2020). La regulación de la política macroeconómica: un desafío para el derecho público. *Revista de Derecho Público: Teoría y Método*, 2, 125-160.

García-González, J. y Rodríguez-Rodríguez, P. (2005). "Rompiendo Distancias": un programa integral para prevenir y atender la dependencia de las personas mayores en el medio rural. *Revista Española de Geriatría y Gerontología*, 40 (1), 22-33.

Garrido Juncal, A. (2020). *Los servicios sociales en el s. XXI. Nuevas tipologías y nuevas formas de prestación*. Pamplona: Aranzadi.

Gimeno Feliu, J. M.ª (2017). La remunicipalización de servicios públicos locales: la necesaria depuración de conceptos y los condicionantes jurídicos desde la óptica del derecho europeo. *Cuadernos de Derecho Local (QDL)*, 43, 31-78.

Gómez Jiménez, M.ª L. (2015). Repensando el derecho a la vivienda: derecho humano o principio rector? *Revista Europea de Derechos Fundamentales*, 25, 359-382.

González Bustos, M. Á. (2023). *Régimen jurídico administrativo de la dinamización rural*. Barcelona: Atelier.

Guillén Navarro, N. A. (2022). La garantía del acceso a la vivienda en el derecho comparado: una perspectiva a nivel mundial. *Cuadernos de Derecho Local (QDL)*, 59, 65-95.

Hernando Rydings, M.ª (2020). *La racionalización y sostenibilidad del régimen municipal de Madrid*. Pamplona: Aranzadi.

Iglesias González, F. (2000). *Administración pública y vivienda*. Madrid: Montecorvo.

Iglesias Souto, P. M.ª, Real Deus, J. E., Dosil Maceira, A., Mayo Pais, M.ª E. y Taboada Ares, E. M.ª (2018). Asignación de servicios sociales a personas mayores: revisión y modelo de toma de decisiones. *Cuadernos de Trabajo Social*, 31 (2), 417-430.

Jiménez Asensio, R. (2016). ¿Quién prestará los servicios sociales el 1 de enero de 2016? *La Mirada Institucional* [blog], 8-11-2015. Disponible en http://rafaeljimenezasensio.com/2015/11/08/quien-prestara-los-servicios-sociales-el-1-de-enero-de-2016/.

— (2020). Pandemia, vulnerabilidad social y Administración Pública. *Hay Derecho* [blog], 24-5-2020. Disponible en https://www.hayderecho.

210

Despoblación rural y envejecimiento:
políticas públicas y servicios municipales
de protección y atención a las personas mayores

Fundación Democracia y Gobierno Local
Serie: Claves del Gobierno Local, 40
ISBN: 978-84-125912-6-2

com/2020/05/24/pandemia-vulnerabilidad-social-y-administracion-publica/.

Johnson, K. M. y Lichter, D. T. (2019). Rural Depopulation: Growth and Decline Processes over the Past Century. *Rural Sociology*, 84 (2).

Laguna de Paz, J. C. (2016). Los servicios de interés general en la Unión Europea. *Derecho PUCP*, 76, 19-50.

Lambea Llop, N. (2020). Sinhogarismo y exclusión residencial en tiempos de alarma. *Housing: Revista de la Cátedra de Vivienda de la Universidad Rovira i Virgili*, 13, 44-47.

Lauroba Lacasa, M.ª E. (2018). Escuchar a las personas mayores como elemento clave para garantizar un envejecimiento activo. *TransJus Working Papers Publications*, 6, 48-70.

Lebrusán Murillo, I. (2018). *Envejecer en casa. ¿Mejor en el pueblo o en la ciudad?* Disponible en https://elobservatoriosocial.fundacionlacaixa.org/es/-/envejecer-en-casa-pueblo-o-ciudad-.

López de Castro García-Morato, L. (2014). La configuración jurídica poliédrica del servicio de abastecimiento de agua a poblaciones ante el mercado interior: mucho más que un servicio de interés económico general. *Revista Española de Derecho Administrativo*, 163, 181-215.

— (2017). Formas de gestión de los servicios públicos locales. En F. Velasco Caballero (dir.). *Tratado de Derecho Económico Local*. Madrid: Marcial Pons.

— (2022). Comunidades Energéticas de carácter local y lucha frente a la despoblación: condicionantes legales y papel de los entes locales. En C. Navarro Gómez, Á. R. Ruiz Pulpón, F. Velasco Caballero y J. Castillo Abella (eds.). *Actas del I Congreso interdisciplinar sobre despoblación. Diagnóstico, territorio y gobierno local. CIUDAD REAL. 22 y 23 de septiembre de 2022* (pp. 561-580). Madrid: IDL-UAM.

López de Castro García-Morato, L. y Ortega Bernardo, J. (2024). Los servicios públicos locales. En F. Velasco Caballero (dir.). *Tratado de Derecho Local* (pp. 479-514). Madrid: Marcial Pons.

López Ramón, F. (2014). El derecho subjetivo a la vivienda. *Revista Española de Derecho Constitucional*, 102, 49-91.

— (2020a). La lucha contra la despoblación rural. *Anuario del Gobierno local 2019*, 125-147.

— (2020b). El reconocimiento legal del derecho a disfrutar de una vivienda. *Revista de Administración Pública*, 212, 297-308.

Malaret, E. (2006). Municipios, democracia cosmopolita y cooperación al desarrollo descentralizada. *Revista de Estudios de la Administración Local y Autonómica*, 300-301, 73-96.

Maragall Garrigosa, C. (2018). Envejecimiento: modelos de vivienda y convivencia en el contexto demográfico actual. *TransJus Working Papers Publications*, 6, 27-47.

Despoblación rural y envejecimiento:
políticas públicas y servicios municipales
de protección y atención a las personas mayores

Fundación Democracia y Gobierno Local
Serie: Claves del Gobierno Local, 40
ISBN: 978-84-125912-6-2

211

Martínez Gutiérrez, R. (2020). Carácter esencial y consolidación de la e-Administración en los Ayuntamientos en tiempos del COVID-19. *El Consultor de los Ayuntamientos*, 6.

Martínez Rodríguez, T. y Díaz Pérez, B. (2009). *El desarrollo de nuevos servicios de proximidad para la atención de las personas mayores que viven en zonas rurales.* Portal Enclave rural. IMSERSO.

Martínez Sánchez, C. (2020). Las corporaciones locales podrán emplear su superávit en ayudas sociales. *IDL-UAM* [blog], 1-4-2020. Disponible en https://www.idluam.org/blog/las-corporaciones-locales-podran-emplear-su-superavit-en-ayudas-sociales/.

— (2023). La necesaria revisión del sistema de financiación local para combatir la despoblación. En C. Navarro, Á. R. Ruiz Pulpón y F. Velasco Caballero (dirs.). *Despoblación, territorio y gobiernos locales* (pp. 252-272). Madrid: Marcial Pons.

Maziarz, A. (2016). Services of General Economic Interest: Towards Common Values? *European State Aid Law Quarterly*, 15 (1), 16-30.

Mellado Ruiz, L. (2023). Prólogo. En M. Á. González Bustos. *Régimen jurídico administrativo de la dinamización rural.* Barcelona: Atelier.

Mercado Pacheco, P. (2013). Calidad de la ley, evaluación de impacto normativo y argumentos económicos. *Anales de la Cátedra Francisco Suárez*, 47, 85-108.

Molina Ibáñez, M. (2019). Dimensión territorial de la despoblación. Aproximación al papel de las políticas públicas en un entorno europeo. En J. Farinós Dasí, J. F. Ojeda Rivera y J. M. Trillo Santamaría (eds.). *España: Geografías para un Estado posmoderno* (pp. 153-170). Madrid/Barcelona: AGE/Geocrítica.

Morales Romo, N. (2018). Despoblación y juventud rural: elementos impulsores hacia el éxodo o la permanencia. *Revista de Estudios de Juventud*, 122, 33-48.

Moreno Molina, Á. M. (2017). Organización administrativa, servicios sociales y crisis: el cambio de modelo arbitrado por la reforma local. En T. de la Quadra-Salcedo Fernández del Castillo (dir.). *Los servicios públicos tras la crisis económica. En especial la asistencia sanitaria en la Unión Europea* (pp. 172-226). Valencia: Tirant lo Blanch.

Navarro, C., Ruiz Pulpón, Á. R. y Velasco Caballero, F. (2023). Análisis interdisciplinar de la despoblación: territorio y gobiernos locales. En C. Navarro, Á. R. Ruiz Pulpón y F. Velasco Caballero (dirs.). *Despoblación, territorio y gobiernos locales* (pp. 7-23). Madrid: Marcial Pons.

Navarro Gómez, C. (2014). El proceso decisional y las políticas públicas. En J. M. Canales Aliende y J. J. Sanmartín Pardo (eds.). *Introducción a la Ciencia Política* (pp. 273-288). Alicante: Universitas.

— (2020). Los ayuntamientos ante la crisis del COVID: innovación y resiliencia. *IDL-UAM* [blog], 20-5-2020.

Despoblación rural y envejecimiento:
políticas públicas y servicios municipales
de protección y atención a las personas mayores

Fundación Democracia y Gobierno Local
Serie: Claves del Gobierno Local, 40
ISBN: 978-84-125912-6-2

Observatorio Vasco de la Vivienda. (2018). *Evaluación de las políticas de vivienda. Análisis histórico comparado por Comunidad Autónoma de la edificación de VPP y rehabilitación protegida.*

Oficina Nacional de Prospectiva y Estrategia del Gobierno de España. (2021). *España 2050. Fundamentos y propuestas para una Estrategia Nacional de Largo Plazo.* Madrid: Ministerio de la Presidencia.

Organización de las Naciones Unidas. Consejo Económico y Social. (2007). *Estudio Económico y Social Mundial 2007: el desarrollo en un mundo que envejece.* Disponible en http://www.un.org/es/.

Ortega Álvarez, L. I. (2000). Las competencias como paradigma de la autonomía local. *Justicia Administrativa*, Extra 1, 33-54.

Ortega Bernardo, J. (2014). *Derechos fundamentales y ordenanzas locales.* Madrid: Marcial Pons.

— (2020). La interrelación entre servicios sociales y mercado en USA, especialmente en los servicios a mayores: la aplicación del derecho de la competencia a las organizaciones sin ánimo de lucro. En S. Díez Sastre y J. M.ª Rodríguez de Santiago (dirs.). *Ciudades envejecidas. El derecho y la política local para la protección y cuidado de las personas mayores* (pp. 95-138). Pamplona: Thomson Aranzadi.

Pacheco-Mangas, J. (2022). La prestación del Servicio de Ayuda a Domicilio en Andalucía: retos para la sostenibilidad financiera y la cooperación interadministrativa. En C. Navarro Gómez, Á. R. Ruiz Pulpón, F. Velasco Caballero y J. Castillo Abella (eds.). *Actas del I Congreso interdisciplinar sobre despoblación. Diagnóstico, territorio y gobierno local. CIUDAD REAL. 22 y 23 de septiembre de 2022* (pp. 395-406). Madrid: IDL-UAM.

Parejo Alfonso, L. (1981). *Garantía institucional y autonomía locales.* Madrid: Instituto de Estudios Locales.

— (1991). La potestad de autoorganización de la Administración Local. *Documentación Administrativa*, 228, 13-43.

— (2004). Servicios públicos y servicios de interés general: la renovada actualidad de los primeros. *Revista de Derecho de la Unión Europea*, 7, 51-68.

Paricio Rallo, E. (2013). El concepto europeo de servicio de interés general y los servicios municipales. *Cuadernos de Derecho Local* (QDL), 32, 103-116.

Pastor Merchante, F. (2020). Las subvenciones municipales para mayores. En S. Díez Sastre y J. M.ª Rodríguez de Santiago (dirs.). *Ciudades envejecidas. El derecho y la política local para la protección y cuidado de las personas mayores* (pp. 139-176). Pamplona: Thomson Aranzadi.

Pazos-Vidal, S. (2023). La despoblación en Europa: diagnósticos y estrategias en perspectiva comparada. En C. Navarro, Á. R. Ruiz Pulpón y F. Velasco Caballero (dirs.). *Despoblación, territorio y gobiernos locales* (pp. 49-75). Madrid: Marcial Pons.

Despoblación rural y envejecimiento:
políticas públicas y servicios municipales
de protección y atención a las personas mayores

Fundación Democracia y Gobierno Local
Serie: Claves del Gobierno Local, 40
ISBN: 978-84-125912-6-2

213

Picón Arranz, A. (2023). Estudio comparado del denominado "Mecanismo rural de garantía". Una propuesta para Castilla y León. *Revista de Estudios de la Administración Local y Autonómica*, 20, 124-145.

Piernas López, J. J. (2017). La definición de Servicio de interés económico general en la Unión Europea... ¿De qué margen disponen los Estados miembros? *Revista Española de Derecho Europeo*, 61, 101-128.

Pinilla, V. y Sáez, L. A. (2021). La despoblación rural en España: características, causas e implicaciones para las políticas públicas. *Presupuesto y Gasto Público*, 102, 75-92.

Pinilla, V., Ayuda, M.ª I. y Sáez, L. A. (2008). Rural Depopulation and the Migration Turnaround In Mediterranean Western Europe: A Case Study of Aragon. *Journal of Rural and Community Development*, 3.

Pisarello Prados, G. (2011). Del derecho a la vivienda al derecho a la ciudad: elementos para la democratización del espacio urbano. En AA. VV. *Los retos de las políticas públicas en una democracia avanzada*. Ararteko.

Ponce Solé, J. (2008). La provisión de viviendas destinadas a políticas sociales como servicio de interés general. Servicio público y viviendas dotacionales. En J. Ponce Solé y D. Sibina Tomàs (coords.). *El derecho de la vivienda en el siglo XXI: sus relaciones con la ordenación del territorio y el urbanismo* (pp. 177-216). Madrid: Marcial Pons.

— (2011). *El servicio de interés general de la vivienda. Las consecuencias derivadas de la gestión pública y la actividad privada*. Leioa: Universidad del País Vasco.

— (2014). Ciencias sociales, Derecho Administrativo y buena gestión pública. De la lucha contra las inmunidades del poder a la batalla por un buen gobierno y una buena administración mediante un diálogo fructífero. *Gestión y Análisis de Políticas Públicas*, 11, 23-42.

— (2017a). Cincuenta años de relaciones entre derecho urbanístico y vivienda asequible en España. *Revista de Derecho Urbanístico y Medio Ambiente*, 311, 343-372.

— (2017b). Reforma constitucional y derechos sociales: La necesidad de un nuevo paradigma en el derecho público español. *Revista Española de Derecho Constitucional*, 111, 67-98.

— (2019). *El derecho de la Unión Europea y la vivienda. Análisis de experiencias nacionales e internacionales*. Madrid: INAP.

Prieto Romero, C. (2012). Las competencias municipales. Las competencias impropias y los servicios duplicados en la ciudad de Madrid. *Anuario de Derecho Municipal 2011*, 97-125.

Quintana López, T. (2018). La cláusula general habilitante de competencias locales (municipales) y sus límites. Artículo 7.4 LBRL. En F. J. Jiménez de Cisneros (dir.). *Homenaje al profesor Ángel Menéndez Rexach* (pp. 627-646). Aranzadi: Cizur Menor.

Despoblación rural y envejecimiento: políticas públicas y servicios municipales de protección y atención a las personas mayores

Fundación Democracia y Gobierno Local
Serie: Claves del Gobierno Local, 40
ISBN: 978-84-125912-6-2

Ramos Gallarín, J. A. (2010). Los municipios en el Sistema para la Autonomía y la Atención a la Dependencia. *Anuario de Derecho Municipal 2009*, 195-220.

Rivero Ysern, J. L. (2014). *Manual de Derecho Local* (7.ª edición). Pamplona: Thomson-Civitas.

Rodríguez de Santiago, J. M.ª (2007). *La administración del Estado social*. Madrid: Marcial Pons.

— (2015). Administración pública española y Derecho internacional público en la nueva Ley de Tratados. *Almacén de Derecho* [blog], 6-7-2015. Disponible en https://almacendederecho.org/administracion-publica-espanola-y-derecho-internacional-publico-en-la-nueva-ley-de-trata-dos-y-otros-acuerdos-internacionales-de-2014.

— (2017). No puedo subir a mi casa. Instrumentos jurídicos para la accesibilidad de las personas mayores a su vivienda. *Anuario de Derecho Municipal 2016*, 94-115.

— (2020). Los ajustes razonables en la decisión sobre dónde viven los mayores. En S. Díez Sastre y J. M.ª Rodríguez de Santiago (dirs.). *Ciudades envejecidas. El derecho y la política local para la protección y cuidado de las personas mayores* (pp. 203-230). Pamplona: Thomson Aranzadi.

— (2022). Una escala de la planificación en atención a la función directiva de los planes. El ejemplo de los planes contra la despoblación. *Revista de Derecho Público: Teoría y Método*, 6, 7-49.

— (2023). *Planes administrativos. Una teoría general como forma de actuación de la Administración*. Madrid: Marcial Pons.

Rodríguez Domenech, M.ª Á. (2022). El papel de las ciudades medias ante el reto demográfico. El caso de Ciudad Real en Castilla-La Mancha. En C. Navarro Gómez, Á. R. Ruiz Pulpón, F. Velasco Caballero y J. Castillo Abella (eds.). *Actas del I Congreso interdisciplinar sobre despoblación. Diagnóstico, territorio y gobierno local. CIUDAD REAL. 22 y 23 de septiembre de 2022* (pp. 407-424). Madrid: IDL-UAM.

Ruffert, M. (2013). Public law and the economy: A comparative view from the German perspective. *International Journal of Constitutional Law*, 11 (4), 925-939.

Sáez Pérez, L. A. (2021). Análisis de la Estrategia Nacional frente a la Despoblación en el Reto Demográfico en España. *Ager: Revista de Estudios sobre Despoblación y Desarrollo Rural*, 33, 7-34.

Salvador Armendáriz, M.ª A. (2022). Los servicios sociales como servicios a las personas en el derecho de la Unión Europea. En M.ª M. Darnaculleta Gardella, J. García-Andrade Gómez, R. Leñero Bohórquez y M.ª A. Salvador Armendáriz. *La colaboración público-privada en la gestión de servicios sociales* (pp. 25-70). Madrid: Marcial Pons.

Salvador Crespo, M. (2014a). El nuevo sistema de competencias de los entes locales: redefiniendo las relaciones interguberna mentales. Las Diputacio-

Despoblación rural y envejecimiento:
políticas públicas y servicios municipales
de protección y atención a las personas mayores

Fundación Democracia y Gobierno Local
Serie: Claves del Gobierno Local, 40
ISBN: 978-84-125912-6-2

215

nes Provinciales en el proyecto de Ley de Racionalidad y Sostenibilidad de la Administración local. En AA. VV. *¿Un nuevo modelo de gobierno local? Municipios, diputaciones y Estado autonómico* (pp. 35-52). Sevilla: Fundación Pública Andaluza Centro de Estudios Andaluces.

— (2014b). Las competencias de las diputaciones provinciales en la Ley 27/2013, de 27 de diciembre, de racionalización y sostenibilidad de la Administración Local. *Cuadernos de Derecho Local* (*QDL*), 34, 126-144.

— (2015). Los servicios sociales como paradigma de los cambios operados en el sistema competencial al amparo de la Ley 27/2013, de racionalización y sostenibilidad de la administración local. En J. Tudela Aranda y M. Kölling (eds.). *Costes y beneficios de la descentralización política en un contexto de crisis: el caso español* (pp. 105-145). Zaragoza: Fundación Manuel Giménez Abad.

Sanmartín Pardo, J. J. (2014). La Ciencia Política y la Ciencia de la Administración. En J. M. Canales Aliende y J. J. Sanmartín Pardo (ed.). *Introducción a la Ciencia Política* (pp. 35-52). Alicante: Universitas.

Sanz Larruga, F. J. (2022). Hacia una nueva ordenación jurídica del desarrollo rural en España. En C. Navarro Gómez, Á. R. Ruiz Pulpón, F. Velasco Caballero y J. Castillo Abella (eds.). *Actas del I Congreso interdisciplinar sobre despoblación. Diagnóstico, territorio y gobierno local. CIUDAD REAL. 22 y 23 de septiembre de 2022* (pp. 307-322). Madrid: IDL-UAM.

— (2023). Hacia una nueva ordenación jurídica del desarrollo rural en España. En C. Navarro, Á. R. Ruiz Pulpón y F. Velasco Caballero (dirs.). *Despoblación, territorio y gobiernos locales* (pp. 143-159). Madrid: Marcial Pons.

Sauter, W. (2015). Public Services and the Internal Market: Building Blocks or Persistent Irritant? *European Law Journal*, 21 (6), 738-757.

Sauter, W. y Hancher, L. (2014). Public services and EU law. En C. Barnard y S. Peers (eds.). *European Union law* (pp. 539-566). Oxford: Oxford University Press.

Schmidt-Assmann, E. (2012). Cuestiones fundamentales sobre la reforma de la teoría general del Derecho Administrativo. Necesidad de la innovación y presupuestos metodológicos. En J. Barnés Vázquez (ed.). *Innovación y reforma en el derecho administrativo*. Sevilla: Global Law Press.

Schmidt-Assmann, E. y Vosskuhle, A. (2012). Elementos metodológicos centrales de la nueva ciencia del Derecho Administrativo. En J. Barnés (ed.). *Innovación y reforma en el derecho administrativo*. Sevilla: Global Law Press.

Sevillano, A. (2023). Despoblación y jóvenes: análisis de la integración de políticas para jóvenes en los planes estatal y autonómicos contra la despoblación. En C. Navarro, Á. R. Ruiz Pulpón y F. Velasco Caballero (dirs.). *Despoblación, territorio y gobiernos locales* (pp. 317-352). Madrid: Marcial Pons.

216

Despoblación rural y envejecimiento:
políticas públicas y servicios municipales
de protección y atención a las personas mayores

Fundación Democracia y Gobierno Local
Serie: Claves del Gobierno Local, 40
ISBN: 978-84-125912-6-2

Sierra Morón, S. de la (2023). Los procesos de transformación digital, las brechas y la lucha contra la despoblación: ¿hacia una procura existencial digital? En C. Navarro, Á. R. Ruiz Pulpón y F. Velasco Caballero (dirs.). *Despoblación, territorio y gobiernos locales* (pp. 120-142). Madrid: Marcial Pons.

Sosa Wagner, F. (1997). *La gestión de los servicios públicos locales* (3.ª edición). Madrid: Civitas.

Tejedor Bielsa, J. (2013). La política de vivienda social como servicio social de interés general en Europa. *esPublico* [blog], 15-5-2013. Disponible en https://www.administracionpublica.com/vivienda-social-europa/.

Tornos Mas, J. (2016). La remunicipalización de los servicios públicos locales. Algunas precisiones conceptuales. *El Cronista del Estado Social y Democrático de Derecho*, 58-59, 32-49.

Toscano Gil, F. (2014). El nuevo sistema de competencias municipales tras la Ley de racionalización y sostenibilidad de la administración local: competencias propias y competencias distintas de las propias y de las atribuidas por delegación. *Revista Española de Derecho Administrativo*, 165, 285-320.

Trilla Bellart, C. y Bosch Meda, J. (2018). El parque público y protegido de viviendas en España: un análisis desde el contexto europeo. *Documentos de trabajo (Laboratorio de alternativas)*, 197.

Vallès, J. M. (2006). *Ciencia Política. Una introducción*. Barcelona: Ariel.

Vaquer Caballería, M. (2010). De nuevo sobre la doctrina europea de los servicios de interés general: los problemas para definir la familia de los "servicios sociales" y su aplicación en materia de vivienda. *Revista General de Derecho Administrativo*, 25.

— (2015). El derecho a la vivienda en su relación con los derechos a la ciudad y al medio ambiente. *Asamblea: Revista Parlamentaria de la Asamblea de Madrid*, 32, 121-154.

— (2017). Planes urbanísticos y planes de vivienda: la extraña pareja. *Revista de Estudios de la Administración Local y Autonómica*, 7.

— (2022). El Proyecto de Ley por el Derecho a la Vivienda y la intervención local en la materia. *Cuadernos de Derecho Local (QDL)*, 59, 96-117.

Vaquero García, A. y Losa Muñiz, V. (2020). Actuaciones desde la Administración Pública para evitar la despoblación del medio rural. ¿Qué se puede hacer desde los ayuntamientos y diputaciones? *Revista Galega de Economía*, 29 (2).

Velasco Caballero, F. (2005). Nuevo régimen jurídico-organizativo de los municipios de gran población. En *Jornadas sobre la Ley de Medidas para la Modernización del Gobierno Local*. Madrid: Ayuntamiento de Madrid.

— (2009). *Derecho local. Sistema de fuentes*. Madrid: Marcial Pons.

Despoblación rural y envejecimiento:
políticas públicas y servicios municipales
de protección y atención a las personas mayores

Fundación Democracia y Gobierno Local
Serie: Claves del Gobierno Local, 40
ISBN: 978-84-125912-6-2

217

— (2012). Convenios administrativos en el sistema de promoción de la autonomía personal y atención a la dependencia. En J. M.ª Rodríguez de Santiago y S. Díez Sastre (coords.). *La Administración de la Ley de Dependencia* (pp. 101-142). Madrid: Marcial Pons.

— (2013). Nuevo régimen de competencias municipales en el Anteproyecto de Racionalización y Sostenibilidad de la Administración Local. *Anuario de Derecho Municipal 2012*, 23-60.

— (2014). Aplicación asimétrica de la Ley de Racionalización y Sostenibilidad de la Administración Local. *Anuario de Derecho Municipal 2013*, 23-68.

— (2017). Juicio constitucional sobre la LRSAL: punto final. *Anuario de Derecho Municipal 2016*, 21-44.

— (2018). Derecho urbanístico y envejecimiento demográfico. *InDret*, 4.

— (2019). Reformas de la Administración pública: fenomenología, vectores de cambio y función directiva del derecho administrativo. *Anuario de la Facultad de Derecho de la Universidad Autónoma de Madrid 23 (2019)*, 107-143.

— (2020a). *Administraciones Públicas y Derechos Administrativos*. Madrid: Marcial Pons.

— (2020b). Residencias de mayores y derecho urbanístico. En S. Díez Sastre y J. M.ª Rodríguez de Santiago (dirs.). *Ciudades envejecidas. El derecho y la política local para la protección y cuidado de las personas mayores* (pp. 261-281). Pamplona: Thomson Aranzadi.

— (2022). Despoblación y nivelación financiera municipal en el marco de la Carta Europea de Autonomía Local. *Revista de Estudios de la Administración Local y Autonómica*, 18, 6-31.

— (2023). Reformas urgentes en la LBRL y un nuevo régimen local para Cataluña. *Blog de Francisco Velasco* [blog], 20-12-2023. Disponible en https://franciscovelascocaballeroblog.wordpress.com/2023/12/20/reformas-urgentes-en-la-lbrl-y-un-nuevo-regimen-local-para-cataluna/.

Vida Fernández, J. (2017). Los servicios públicos de solidaridad en la Unión Europea: los límites del mercado único y la competencia en los servicios de interés general. En T. de la Quadra-Salcedo Fernández del Castillo (dir.). *Los servicios públicos tras la crisis económica. En especial la asistencia sanitaria en la Unión Europea* (pp. 27-135). Valencia: Tirant lo Blanch.

Villalba Pérez, F. (2017). Externalización de servicios sanitarios: nuevas perspectivas y orientaciones. *Revista Española de Derecho Administrativo*, 182, 323-353.

Villar Rojas, F. J. (2016). Implicaciones de los principios de sostenibilidad y estabilidad presupuestaria en los modos de gestión de los servicios públicos locales. *El Cronista del Estado Social y Democrático de Derecho*, 58-59, 96-106.

218

Despoblación rural y envejecimiento:
políticas públicas y servicios municipales
de protección y atención a las personas mayores

Fundación Democracia y Gobierno Local
Serie: Claves del Gobierno Local, 40
ISBN: 978-84-125912-6-2

— (2018). El impacto de la nueva Ley de Contratos del Sector Público en la gestión de los servicios públicos locales. *Anuario de Derecho Municipal 2017*, 75-101.

Zafra Víctor, M. (2014). Doble inconstitucionalidad del Proyecto de Ley de Racionalización y Sostenibilidad de la Autonomía Local. En AA. VV. *¿Un nuevo modelo de gobierno local? Municipios, diputaciones y Estado autonómico* (pp. 9-34). Sevilla: Fundación Pública Andaluza Centro de Estudios Andaluces.

Zambonino Pulito, M.ª (2016). Reformas en la gestión directa de los servicios sanitarios, ¿huida o vuelta al derecho administrativo? *Revista General de Derecho Administrativo*, 41.

Zemánek, J. (2016). Access to Services of General Economic Interest Under Article 36 of the Charter of Fundamental Rights EU and the National Law. En R. Arnold (ed.). *The Convergence of the Fundamental Rights Protection in Europe* (pp. 199-214). Dordrecht: Springer.

Despoblación rural y envejecimiento:
políticas públicas y servicios municipales
de protección y atención a las personas mayores

Fundación Democracia y Gobierno Local
Serie: Claves del Gobierno Local, 40
ISBN: 978-84-125912-6-2

219